KB275966

공부를 안하는 게 아니라 못하는 겁니다

공부장첸, 〈공부장첸〉 제작팀 지음

공부장첸의 공부, 성적, 입시
팩폭 솔루션

시원
북스

"넌 원래 이런 애가 아니었는데⋯⋯"

아동기, 특히 초등학교 시절까지 아이들은 학교에서 '우리 모두는 친구'라는 메시지를 반복적으로 학습합니다. 하지만 초등 고학년에서 중학교 초반에 이르는 시기, 즉 청소년기에 접어들면서 아이들은 비로소 인간관계의 위계와 복잡성을 체감하게 됩니다. 친구 무리와 그렇지 않은 무리가 나뉘고, 그 안에서 특정한 역할과 위치가 생겨나며 비교와 경쟁, 배제와 소속의 문제들이 미세한 결을 타고 드러나게 되는 것입니다. 모두가 '상'이던 초등 시절과 달리 이 시기의 세계에는 중간도, 하위도 존재하며 어제의 친구가 오늘은 적이 되고 다시 내일은 아무렇지 않게 어울릴 수도 있는 세계가 펼쳐집니다.

바로 이 시점부터 아이들은 누가 옳고 그른지, 누가 상처를 주었고 누가 상처를 받은 건지, 혼란스러운 판단과 해석으로 속을 끓이게 됩니다. 친구라고 믿었던 아이에게 들은 뜻 모를 한마디에 하루 종일 마음을 졸이고 '내가 뭘 잘못한 걸까' 자책도 하며, 이유 없는 죄책감과 수치심, 혹은 분노와 억울함에 가슴이 조여들곤 합니다. 인간과 인간 사이 그 어디쯤에 선을 그어야 하는지, 어느 지점에서 물러서고 어떻게 표현해야 하는지 모든 게 낯설고 두려운 격랑 속에 놓여 있는 그 순간, 부모의 무심한 한마디가 날아옵니다.

“너 시험 공부는 안 하니?”

그 말을 들은 아이의 마음에는 갑작스러운 파문이 일게 됩니다.

‘내가 얼마나 힘든 줄도 모르고 엄마는 왜 항상 공부 타령만 하는 걸까?’
‘나를 걱정해서 하는 말일까? 아님 나를 비난하고 싶은 걸까?’

결국 아이는 이해받지 못했다는 감정, 나 자신을 변호할 수 없는 답답함, 그리고 애써 참았던 모든 감정이 뒤섞인 거친 말과 행동을 부모에게 쏟아 냅니다.

아이의 성장을 응원해줄 단 한 사람, 부모

동시에, 부모 또한 이전과는 완전히 다른 아이를 마주하게 됩니다. 사춘기라는 이름으로 모든 것이 정당화되기엔 버거울 만큼 예민하고, 거칠고, 매일같이 달라지는 아이의 태도에 부모는 당혹스럽고 두렵기만 합니다. 더이상 통제되지 않는 아이를 앞에 두고 부모는 종종 무력함을 느끼며 ‘잘못된 길로 들어서는 걸 막기 위해서라도 더 깊이 개입해야 한다’는 충동에 사로잡히게 되는 것입니다. 그러면서 아이가 겪고 있는 부정적인 감정을 차단하고 싶은 유혹은 점점 커져만 갑니다.

특히 어릴 때부터 모범생처럼 자라온 아이들, 그리고 그런 아이를 키웠다는 자부심이 강한 부모일수록 사춘기 이후의 변화 앞에서 받는 충격은 더욱 클 수밖에 없습니다. 그리고 결국 이 모든 개입은 부모 자신의 혼란과 불안을 다스리기 위한 또 다른 '통제'의 형태로 나타나게 됩니다. 정작 부모 스스로는 아이를 '사랑'하는 것일 뿐, '통제'하는 것이 아니라고 착각하며 말입니다.

"우리 애는 원래 말도 잘 듣고 공부도 잘하는 착한 아이였는데……"

하지만 '원래의 아이로 돌아와달라'는 부모의 간곡한 요구는 아이에게 지금 이 순간의 자신을 부정당하는 경험으로 다가오게 됩니다. 지금의 혼란스러운 자신의 모습이 '잘못된 상태', 즉 예전과 다른 지금의 나는 '실패한 버전'이라는 인식으로 각인되는 것입니다.

이 시기 부모들이 반드시 알아야 할 사실은, '원래의 아이'란 존재하지 않는다는 겁니다. 아이는 끊임없이 변화하는 존재이며, 진짜 성장은 종종 타인이 이해하지 못하는 거칠고 낯선 모습을 동반합니다. 청소년기 아이들은 여전히 미숙한 상태이며 이 시기의 아이들은 때로는 아동기에 가르쳤던 모든 예절과 규범을 한순간에 잊은 듯한 행동을 보이기도 합니다.

부모 입장에서 마치 아이가 퇴행하는 것처럼 보이는 그 모습이 발달적으로 매우 자연스러운 과정일 수 있다는 뜻입니다. 남들과 다른 속도, 남들과 다른 방식이 불안해 보일지라도, 지금 아이에게는 자신의 고유한 성장 궤적을 묵묵히 응원해주는 단 한 사람의 믿음이 필요합니다.

100명의 아이에게는 100가지 성장 과정이 있다!

100명의 아이에게는 100가지의 성장 과정, 그리고 100가지의 결과가 있습니다. 옆집 아이의 수학 성적을 올려주었던 학원과 윗집 아이의 학습 동기를 끌어올려줬던 방법이 내 아이에겐 맞지 않은 이유도 바로 그 때문입니다.

그러니 걱정하지 마십시오. 여러분의 아이는 지금 잘못된 게 아니라, 자기만의 방식으로 세상을 견디고 있는 중입니다. 아이를 건강하게 키운다는 것은 세상이 정한 모범 답안에 아이를 끼워 맞추는 게 아니라, 매끄럽지 않은 성장의 과정 전체를 견디는 일입니다.

우리는 아이가 겪고 있는 혼란과 방황을 지켜보며 죄책감, 위기감, 그리고 어떻게든 아이를 '되돌려놔야 한다'는 사명감에 휩싸여 고뇌의 시간을 보내고 계신 모든 부모들을 위해 이 책을 썼습니다.

우리는 부모가 일방적으로 설정한 '정상'과 '성공'의 기준을 허물고, 부모로 하여금 아이가 자기 자신을 회복하는 과정을 긴 호흡과 기다림으로 바라볼 수 있도록 하기 위해 기꺼이 이 책을 썼습니다. 이 책이 힘겨운 성장통을 겪고 있는 아이와 그 곁을 지키는 부모 모두에게 사랑과 행복을 되찾는 치유의 시간이 되기를 간절히 바랍니다.

2025년 12월 공부장첸, 〈공부장첸〉 제작팀 일동

일러두기

본문에 나오는 인명은 모두 가명이며, 특정 인물의 이야기가 아님을 밝힙니다.

목차

2부.
수능만 치면 끝? 삶은 태도가 전부입니다
인생 멘토링 솔루션

3부.
잘못된 입시 상식 팩트 체크!
팩폭 솔루션

4부.
이대로만 따라 하세요!
학원 망할 각오로 알려주는 **실전 솔루션**

1부.

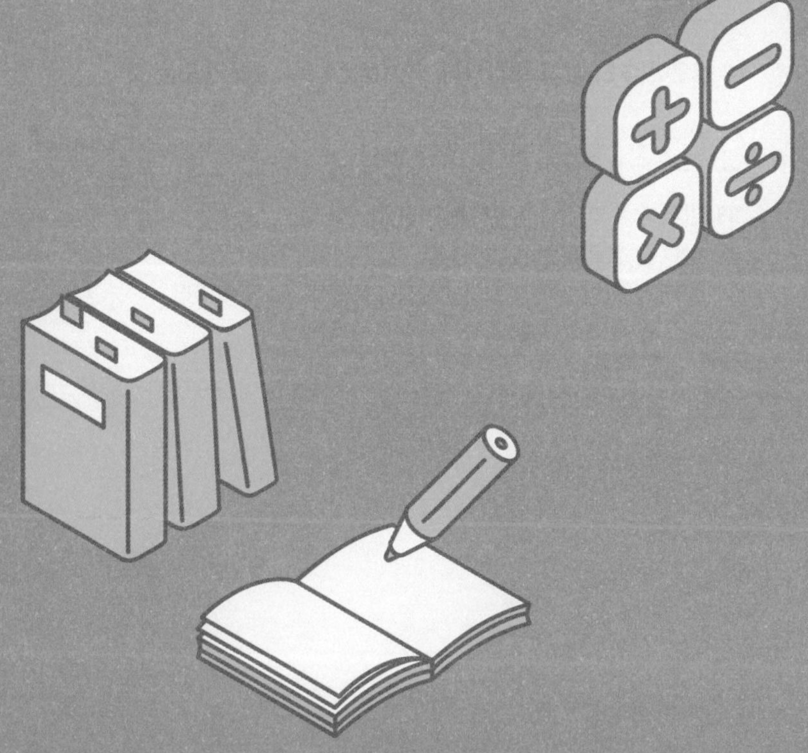

엄마와 아이 모두 행복해지는 입시 공감 솔루션

어머님,
수능 세대세요?
현 중학생들 긴급 진단

차라리 코로나 탓을 하고 싶었다. 명확한 근거를 제시할 수 없는 이 뚜렷하고 거대한 현상 앞에 교육 전문가로서 무력감마저 느껴졌다.

그저 '코로나 때문에 애들 기초 학력이 낮아졌다'고 진단해버리면 누구 하나 딴지 거는 이 없이 모두가 원하는 편안한 결론에 이를 것만 같았다.

현장에서 느낀 현 중학생들, 대략 2010년을 전후해서 태어난 이 아이들은 이전과는 극명하게 다른 양상을 보이는 신인류 같았다.

우리는 그들을 초등학교 7학년이라고 부른다.

우선 재미있다, 재미없다는 말을 가장 많이 사용한다. 모든 일의 가치를 '재미'라는 기준으로 판단한다. 또한 이전 세대 아이들이 공부 못하는 자신을 부끄러워했다면 초등학교 7학년으로 불리는 이 아이들은 그 사실을 전혀 개의치 않는다. 모르거나 못하는 자신을 결코 부끄러워하지 않는다.

책임감, 의무감이 매우 부족하고 아이가 원하는 것만이 중요하다. 원하지 않으면 그 누구도, 무엇도 강제하지 않는다. 어휘력, 집중력, 공부 습관 등 학습과 관련된 모든 부분에서 이전 세대 아이들보다 훨씬 더 미숙하다.

"요즘 아이들 다 그렇지 않나요? 스마트폰, 유튜브에 노출돼 있으니 어휘력은 다 비슷할 것 같은데요?"

그런 자녀를 당연하게 여기는 부모의 지극한 보호 아래 아이들은 어떠한 위기 의식도 느끼지 못한 채 존중만을 받으며 커간다. 부모들은 지식과 정보가 없는 아이의 생각과 판단이 선생님의 그것과 동등하게 옳고 이를 존중해줘야 한다고 생각한다.

신체만 자랐을 뿐 마치 초등학교를 졸업하지 못한 것 같다는 느낌에서 우리는 그들을 초등학교 7학년이라 부르게 되었다.

매일같이 마주치며 관찰과 분석을 반복한 결과, 아이들에게서 한 가지 공통점을 발견할 수 있었다. 아니, 아이들이 아닌 그들의 부모에게서 발견한 사실이었다.

"어머님, 혹시 수능 치셨어요?"

10년 전만 해도 학부모 상담을 할 때 삼촌, 숙모를 만나는 느낌이었지만 지금은 사촌 형, 누나와 상담하는 느낌이 든다. 1975년생부터 대학 수학 능력 시험(수능)을 경험했고 현장에서 만나는 학부모들이 70년대 중후반에서 80년대 후반에 태어난 분들이라는 사실을 감안했을 때 그들은 높은 확률로 수능을 치른 세대다.

수능 이전의 학력고사 세대 학부모와 수능 세대 학부모는 그 성향과 태도에서 뚜렷한 차이를 보인다.

수능이 도입되기 이전 세대는 대학만 나오면 좋은 곳에 취직이 가능했던 시대를 경험했다. 오직 공부에만 집중하며 대학에 갈 수 있는 여건이 되는 집이 많지 않았기 때문에 1990년대 초반까지만 해도 대학 진학률이 40% 미만이었고 그들에게 대학은 곧 사회적 성공을 의미했다. 대학의 서열에 따라 인생의 서열이 정해진다는 그 믿음으로 인해 《수학의 정석》과 《성문 영문법》을 닳고 닳을 때까지 반복했다. 가정에서의 엄격한 양육 방식, 학교의 강압적인 야간 자율 학습, 그리고 체벌을 당연시 여기며 자랐다.

　반면 수능을 경험한 세대 학부모들은 대학을 잘 나온다 한들 내가 원하는 곳에 취직할 수 없고 원하는 곳에서 미래가 시작되지 않을 것이라 생각한다. 이 세대의 학부모라면 1997년 발생한 IMF 외환 위기 사태를 경험했거나 익히 들어 잘 알고 있다. 멀쩡히 잘 다니던 회사에서 하루아침에 내쫓기고 힘들게 공부한 대가가 성공과 행복으로 이어지지 않았던 탓에 내 아이만큼은 자신처럼 힘들게 공부하지 않길 바란다.

　이들은 자신보다 공부를 못했던 사람들이 장사나 사업을 해서 더 큰 부를 쌓고, 대학 나온 사람보다 좋은 수저를 물고 태어난 사람이 더 잘 먹고 잘산다고 생각하는 이른바 집단적 회의주의, 집단적 무력감에 빠진 듯하다. 우리 애가 저렇게까지 힘들어하는데, 애가 행복하지 않다는데 굳이 공부를 시킬 필요가 있냐고 되려 묻는다.

　공부를 잘하든 못하든, 대학을 잘 나왔던 못 나왔던 사는 데 큰 의미가 없다고 생각하는 학부모. 그보다 내가 자라면서 받았던 공부 스트레스, 공부로 인한 상처와 힘듦을 내 아이에게 결코 물려주지 않겠다는 생각이 지배적인 신新 학부모 세대의 출현이다.

01

죄송하지만
방치하신 것 맞습니다

"학원 보냈는데 왜 방치했다고 하나요?"

〈공부장첸〉 유튜브 채널 영상에 달린 어느 학부모의 날 선 댓글에서 단순한 분노를 넘어선 절박함이 느껴졌다. 그것은 지금 이미 위태롭거나 이제 곧 위태로울 것이라는 절박한 호소였다.

아이가 재미와 즐거움만을 추구했던 초등 시절 그 와중에도 부모들은 꾸준히 자녀를 학원에 보냈다. 이전 세대에 비해 수능 세대 학부모들 중 아이를 위해 사교육비를 지출하는 게 돈 아깝다라고 생각하는 분들이 많아진 건 사실이다. 차라리 그 돈으로 적금을 들어 훗날 아이가 필요로 할 때 주는 게 맞지 않냐라는 합리적이고 경제적인 이유를 드는 분들도 많다. 하지만 내 아이를 불행하게 만들 수도 있는 과도한 사교육을 경계하면서도 여전히 남들 다 다니는 영어, 수학 학원 하나쯤은 부모 된 의무라고 생각한다. 혹은 본인이 학창 시절 수학, 영어 과목에서 어려움을 겪었던 경험으로 인해 내 아이는 같은 고통을 되풀이하지 않도록 조금 더 일찍부터 학원을 보낸다.

이는 모두 학원을 다니지 않고는 공부를 할 수 없다는 생각이 고정관념처럼 단단히 박혀 있기 때문에 벌어진 현상이다. 그렇게 과목당 30만 원만 잡아도 자녀 1명에게 영어, 수학 학원 60만 원, 자녀가 둘이라면 120만 원의 가계 지출이 생긴다. 자녀 2명에게 월 사교육비만 300만 원 정도 지출한다는 집들도 상당수다. 그 정도 금액을 쏟아붓고 있는데도 아이를 방치했다고 하니 노기등등한 게 당연하다.

그렇게 아이가 중학교 2학년이 되는 해에 본격적인 문제가 발생한다. 우리 아이는 초등학교 때 학습에 문제가 있다는 피드백을 받은 적이 없고, 오히려 공부를 잘하는 편이었으며, 학원도 꾸준히 다녔는데 왜 중학교 와서 지필 성적이 20~30점대인지, 한 번도 상상해 본 적 없는 충격적인 점수에 많은 학부모가 무너진다.

"초등학교때는 공부를 잘하는 편이었는데 갑자기 중학교 가서 아이가 달라졌어요."

실제 학부모 상담을 해보면 초등학교 때 잘하는 편이었다는 기준이 기초 학력 평가를 다 맞았다는 것인데 실상 기초 학력 평가 시험은 최하위권, 그러니까 학력 미달인 아이들을 변별하기 위한 시험이라 큰 의미가 없다. 상중하위권을 골고루 가려내는 시험이 아닌 것이다. 이는 사교육도 마찬가지인데 초등 학원에선 평가 없이 선행 학습 위주로만 커리큘럼이 짜여 있어 정확한 평가 체계가 전무하다고 보는 것이 맞다. 상황이 이렇다 보니 학교나 학원 모두에서 '괜찮다' '잘 따라온다'고만 들어오던 학부모들이 뒤통수 세게 맞은 듯 억울해하는 것도 일견 이해는 간다.

학원은 다수의 아이들을 대상으로 진도를 나가는 곳이지 개별적으로 내용 점검을 해주는 곳이 아니다. 또한 특정 과목을 가르치는 선생님에게 우리 아이의 공부 상태와 삶에 대한 전반적인 진단을 기대하는 건 무리가 있다. 역할 자체가 다르다는 뜻이다. 아이가 기본 바탕이 되는 지식들을 충실히 채워넣고 있는지, 학년별 교과 내용이 차곡차곡 쌓여가고 있는지 아이 스스로도, 가정에서 학부모도 점검한 게 하나도 없다. 초등 과정에서 반드시 형성되어야 할 가장 중요한 상식이 갖춰지지 않은 채 학년만 떠밀려 올라가 엄마도 아이도 불행해진다.

"학원에서는 잘한다고 했는데 생각보다 성적이 안 나와요. 공부법을 바꾸면 될 것 같아요."

생각보다 성적이 안 나오는 게 아니라 그 성적이 아이의 현재 학습 상태라는 사실을 인정해야만 한다. 학원은 보냈지만 아이가 공부를 할 수 없는 상태로 방치되어 있었다. 학원 수업을 그때그때 이해만 했을 뿐 복습을 통해 내 것으로 체화하고 익히지 않은 결과다. 나를 이해시켜주는 학원 강사의 수업이 아니라면 스스로 이해하고 깨우치는 과정을 체득한 경험이 전무한 채 자라나게 된다.

어느 날 갑자기 새롭게 생긴 문제가 아니다. 이미 존재했던 문제를 이제야 발견한 것이다. 진단이 틀리면 엉뚱한 처방이 내려지고 결국 증상은 개선되지 않는다. 보통 수준은 된다고 생각했지만 보통 수준의 결과가 나오지 않았다면, 보통 수준으로 살지 않았다는 결론에 도달해야 한다. 아프지만 그간 회피하고 외면하고 방치한 것에 대해 담담히 인정하고 정확한 평가를 적극적으로 수용하는 자세가 반드시 필요하다. 성적이 나오지 않을 때마다 우리 아이에게 찰떡궁합인 학원과 선생님을 찾아다닐 게 아니라, 같은 학원을 다녔지만 성적이 다르고 사고력, 생활 습관, 삶의 기준이 다른 친구들이 있다는 사실에 집중해야 한다.

우리 아이에게 문제가 없다고 생각하기보다 아이가 겪은 실패 경험이 더 큰 성공의 밑거름이 될 수 있도록 정확한 원인 분석 및 해결책을 제시해주는 것이 중요하다. 부모가 먼저 앞장서지 않는다면 아이는 성적이 나오지 않을 때마다, 나아가 인생에서 크고 작은 고배를 맛볼 때마다 그에 걸맞은 핑계를 찾는 사람으로 성장할 것이다.

학원 탓, 선생님 탓, 친구 탓, 상황 탓, 회사 탓, 세상 탓, 그리고 그 종착점엔 항상 나를 이렇게 키운 '부모 탓'이 도사리고 있다.

"그래도 서울에 있는 대학은 갔으면 좋겠는데, 갈 수 있겠죠?"

현장에서 만난 다수의 수능 세대 학부모들은 '어릴 땐 좀 충분히 놀다가 중학교 가서 때 되면 알아서 공부하겠지'라는 막연한 믿음을 갖고 있다. 대입은 인생의 중요한 목표가 아니며 아이가 싫어하는 공부를 억지로 시킬 생각이 없다는 학부모들 신념의 마지노선은 소위 말하는 인서울 대학 정도인데, 대입 현실은 그리 녹록치 않다. 인서울 대학의 합격선은 9등급 체계 기준에서 3등급 정도의 성적이고 3등급은 상위 23%까지의 성적, 중상위권을 말한다. 전교생 200명인 학교에서 전교 석차 46등까지가 3등급이란 소리다.

이제는 공부를 시작해야 한다며 중2가 된 자녀의 손을 잡고 이러저러한 학원을 찾지만 이미 아이에게 가장 중요한 인생의 가치는 '즐거움'이 돼버렸다. 공부를 잘하고 싶다는 마음이 없진 않지만 종종 즐거움 앞에서 무력해진다. 책상 앞에 앉아 집중하는 능력은 20분이 채 되지 않는다. 집중력, 끈기, 사고력, 학습 습관, 문제 해결력, 과제 지속력 등이 형성되지 않은 채 초등 시절을 그저 즐겁게만 보낸 아이가 중학교에 진학했다고 해서 이 능력치들이 '때 되면' 알아서 생겨나진 않는다. 초등 시절보다 더 어렵고 방대한 내용의 중등 과정을 공부하고 있노라면 그나마의 집중력도 사라지고 만다. 기본적인 한글 어휘조차 몰라서 교과서의 내용을 제대로 이해할 수 없다.

"지하 경제에서 벌어들인 돈이 왜 국내총생산에 포함 안 돼요? 땅 밑에서 하는 일도 일이잖아요?"

지하 경제법에 어긋나는 경제 활동과 합법적이지만 공식 통계에는 나타나지 아니하는 여러 가지 경제 활동의 뜻을 몰랐던 이 학생은 놀랍게도 상위권이었다. 흔히 쓰는 단어의 뜻조차 몰라 초겨울의 어느 날, '꽃샘추위'가 아닌 '꼽셈추위' 때문에 패딩을 꺼내 입었다고 말하는 중학생 제자는 무척 해맑고 사랑스럽지만, 현실적인 걱정이 앞선다.

요즘은 대놓고 공부를 하지 않는 아이들이 너무 많다. 예전 하위권들이 알던 것을 지금 하위권들은 모른다. 하기 싫은데 억지로 공부하는 아이들이 없어진 것이다. 반면 공부를 잘하는 아이들은 과하게 잘한다. 어느 정도 잘하는 상위권들의 비율이 줄고 최상위권, 극상위권 아이들만 남은 느낌이다. 예전 같았으면 중상위권이라 할 수 있는 평균 75점~80점대의 아이들이 지금은 내가 잘한다는 느낌을 못 받는 경우가 많다. 아이들의 성적대가 대체로 30점 위아래, 그리고 80점 위아래에 많이 쏠려 있고 60점에서 80점 사이, 어느 정도 해내는 중간 성적대 아이들이 없어졌다. 하기 싫고 어려운 공부를 억지로라도 놓지 않으려는 아이들이 없어졌단 뜻이다. 학원만 보냈을 뿐 아이의 공부 상태를 점검하는 실질적인 교육이 이루어지지 않은 결과다.

학원 관계자분들께는 죄송하지만, 학원은 성적을 만들어주는 곳 또한 아니다. 적어도 수능 시스템하에서 '학원빨'로 대입 결과가 달라지는 일은 없다.

학력고사는 문제 은행식 평가 방식을 통해 더 많은 문제를 암기하고 습득한 학생이 좋은 점수를 받을 수 있었던 시험이다. 학문에 대한 깊이 있는 이해가 수반되지 않고도 오랜 시간 끈기 있게 암기해 출제될 문제들을 미리 외워두면 승리할 수 있는 게임이었던 것이다. 이러한 학력고사 시대에는 '학원이 대학을 보내준다'는 말이 아주 틀린 말은 아니었다. 예상 문제와 적중률을 필두로 한 쪽집게 강사, 스타 강사의 수업을 들은 학생과 듣지 않은 학생의 결과가 극명하게 달랐던, 지금의 대치동을 만들어낸 교육 방식이 바로 이 시기였다.

하지만 수능은 학력고사와는 차원이 다른 시험이다. 수능은 단순 암기를 너머 사실적·비판적·창의적·추론적 사고력, 그리고 문제 해결 능력을 요하는 시험이다. 이는 단기간의 집중과 노력을 통해 길러지는 능력이 아니다. 학원이나 기타 사교육 강사들에게 그저 배우기만 해서는 절대 기를 수 없는 능력이다. 수능을 잘 치기 위해선 유아교육부터 치밀하게 설계된 대한민국의 교육 과정을 스스로 정확하게 이해하고 따르며 이 능력들을 오랫동안 훈련하고 쌓고 획득해야 한다. 다시 한번 강조한다. '스스로 오랫동안' 훈련하고 쌓아야 한다.

수능의 출제 범위는 초1부터 고3까지의 모든 교과 내용이다. 현재 학년 진도를 이해하고 학습하기 위해선 이전 학년에서 배운 내용이 차곡차곡, 단단하게 누적되어 있어야 하는데 막상 발등에 불이 떨어져 공부를 시작하려 해도 그동안 쌓아온 기본기가 전무하다. 이 경우 내 아이에게 닥친 다년간의 학습 공백을 메워줄 수 있는 학원은 없다. 아무리 좋은 학원, 좋은 강사를 찾아다녀도 공부 실력이 늘지 않는 이유다. 수능은 '때 되면' 시작해 짧은 시간 동안 집중적으로 노력하는 것만으로 감당할 수 있는 시험이 아니라는 사실을 명심해야 한다.

수능이 어려운 또 한 가지 이유는 매년 신유형의 문제, 많은 학생들이 혀를 내두르는 난생 처음 보는 문제가 출제되기 때문이다. 인터넷만 연결되면 언제 어디서나 대한민국의 모든 학생이 스타 강사의 강의를 들을 수 있는 이 축복 같은 시대에 더 이상 '쌤빨' '학원빨'이 통할 리 없을뿐더러, 스타 강사들의 예상 문제를 아무리 풀어본들 그 문제가 그대로 출제되지 않는다. 내신 문제도 수능형으로 출제되기 시작한 지 꽤 오래다. 내신과 수능 시험이 크게 다르지 않다는 뜻이다. 학부모들이 이 단순 명료한 사실만 잘 인지하고 있다면 시험이 끝날 때마다 풍문으로 들었던 더 좋은 학원을 찾아 헤매는 수고로움을 반복할 필요가 없게 된다. 단언하건대 학원은 성적을 만들어주는 곳이 아니다.

02

공부는 대학 간판 때문에 하는 것이 아니다

"굳이 힘들여서 좋은 대학 갈 필요가 있나요?"

공부에 지친 여느 학생들의 푸념 같이 들리지만 실제로는 학부모 상담 시 종종 듣게 되는 말이다. 초등학생 4명 중 1명이 의대 진학을 목표로 공부한다는 말이 있을 만큼 요즘 초등 의대반 열풍이 학원 가를 강타하고 있다. 이와는 정반대로 명문대 진학이 목표가 아니며 아이에게 과도하게 공부 스트레스를 주지 않겠다는 학부모들도 꾸준히 증가 추세다. 어느 쪽이건 정답은 없다. 삶의 지향점, 개인의 신념 문제를 옳고 그름으로 판단하는 것 자체가 어불성설이다.

그러나 부모가 아이에게 과도한 공부를 강요하지 않겠다고 해서 기본도 시키지 않는 건 전혀 다른 이야기다. 청소년기에는 자아 정체

성을 확립하려는 욕구와 함께 또래 집단 내에서 자신의 위치를 확인
하려는 경쟁 의식이 강해진다. 평가 체계가 없는 초등 때와는 달리
중학교에서 고등학교로, 절대 평가에서 상대 평가로 나아가는 그 과
정 속에서 아이는 주변과 끊임없이 비교하며 자신의 가치를 측정하
게 된다.

이 시기에 공부를 잘하고 싶지 않은 학생은 거의 없다. 아니, 없다.
오직 공부를 '잘하고 싶은' 학생과 공부를 '잘하는' 학생만이 있을 뿐
이다. 부모님, 선생님으로부터의 인정, 또래 친구들의 부러움, 사회적
관계성, 자기효능감, 자존감, 성취감 등 공부를 잘하는 것만큼 아이
의 다양한 욕구를 단박에 충족시키는 수단은 많지 않다. 하지만 명
문 대학이 목표가 아니라는 부모의 신념하에 중고등 6년 동안 줄곧
평가에서 뒤처지는 경험이 누적되다 보면 아이의 속마음은 어느새
곪아 있다. 아이가 인식하는 자기 자신의 모습은 이미 열패감에 휩
싸여 있고 그렇게 성장한 청년은 많은 기회와 도전을 상실하게 된다.

"대통령이 국가의 원수元首, 한 나라에서 으뜸가는 권력을 지니면서 나라를 다스리
는 사람라는데 대통령이 뭘 그렇게 잘못했기에 원수怨讐, 원한이 맺힐 정도
로 자기에게 해를 끼친 사람가 됐어요?"

숨 쉴 틈 없이 아찔한 제자들의 질문 공세를 받고 있노라면 얼마
전 매스컴에서 크게 화제가 되었던 '우천시 추후 공고' 사건(?)이 떠

오른다. 유치원 알림장에 적힌 '우천시'는 어느 지역이고, '추후 공고'
는 또 어느 학교냐고 물었다던 원생의 부모에게서 제자들의 모습이
비쳐 보이는 건 결코 확대 해석이 아닐 것이다. ('우천雨天시'는 '비가 오
면'을 뜻하고, '추후 공고'는 '얼마 뒤 알림'을 말한다.) 기본도 하지 않은 채
그대로 성인이 된 아이들을 사회는 더 이상 이해해주지 않는다. 학교
를 떠나는 순간부터 내 아이가 감당해야 될 사람들의 냉소와 조소
를 떠올려본다면 부모로서 참담한 심경이 아닐 수 없게 된다.

공부를 하지 않았다는 것은 학창 시절의 학업 성취도가 낮다는
단순한 의미를 넘어선다. 그 의미를 확장해보면 기본 지식이 전무해
서 타인의 생각과 맥락과 상황을 파악하고 이해하는 데 어려움을
겪는다는 것이다. 또한 공부 과정에서 획득할 수 있는 다양한 두뇌
의 경험 자체가 부족하다는 것, 어려운 과제에 머무르며 스스로 해
결해본 경험이 없고 사고력이 깊어질 기회가 없어 업무를 추진하거
나 참여할 수 없다는 것으로도 풀이될 수 있다. 잦은 실패로부터 나
를 보호하기 위해 남 탓을 습관처럼 반복하거나 '나는 역시 운이 없
다'고 생각하는 것 또한 예상 가능한 시나리오다.

장황하게 설명했지만 요약하자면 '내 아이는 앞으로의 인생에서
남들은 굳이 겪지 않아도 될 수많은 풍파를 겪으며 살아갈 것'이란
뜻이다. 성별, 학력 등의 개인 정보를 배제한 채 능력과 역량만으로
직원을 뽑겠다는 기업들의 블라인드 채용 과정에서도 여전히 명문

대생들의 합격률이 높은 이유는 무엇일까?

계급장 떼고 붙어도 그들의 역량과 경쟁력이 월등하기 때문이다. 초등 시절부터 오랫동안 깊이 있게 공부하는 과정에서 길러진 능력들과 몰입도, 성실성, 자신감은 명문대 타이틀 없이도 쉽게 증명되기 때문이다. 역으로 생각하면 굳이 명문대생이 아니더라도 제대로 된 공부를 통해 위의 능력치들을 습득한 아이는 거뜬히 생존할 수 있다는 의미가 된다.

그러니 분명히 말씀드리겠다. 짧게는 2~3년 후, 길게는 5~6년 후 내 아이가 마주하게 될 현실을 부모가 미리 예측하고 대비해야 한다. 공부는 오직 명문 대학을 가기 위해 하는 것이 아니다.

03

학습 상태 진단과 점검, 분석은 필수

매일 학원에 10분씩, 20분씩 지각을 하는 친구들이 있다. 참다못한 학부모는 학원으로 전화해 따져 묻는다.

"애가 매번 지각을 하는데 도대체 어떻게 관리하신 거예요?"

아이가 등원할 때 집에 계셨냐고 물어보면 여지없이 '네'라는 대답이 돌아온다. 사회적 약속과 규칙, 생활 태도는 1차적으로 가정 내에서 훈육해야 할 대상이지만 지나치게 허용적인 방식으로 자라난 사춘기 아이는 이미 부모의 잔소리를 들을 생각이 없다.

"제가 말하면 안 듣는데 어떡합니까?"

아이와 맞서고 싸우고 갈등하는 걸 극도로 두려워하는 게 요즘 부모들의 양육 방식인 것 같다. 강요하거나 명령, 쓴소리를 하게 되면 아이의 정서 발달에 부정적인 영향을 미칠 거라 생각해 그 역할을 타인에게 미룬다. 아이의 학습 상태에 대해서도 마찬가지다. 학습 습관은 사춘기가 시작되기 전인 어릴 때부터 형성되어야 하는데 그렇지 않은 채로 학령기가 되면 문제가 생긴다. 아이에게 이미 공부는 재미없고 힘든 것으로 인식되어 있는데 부모가 뒤늦게 학습 상태를 점검하려 들면 이때부터 갈등과 저항이 발생하는 것이다. 상처받은 부모는 아이와의 충돌이 두려워 상태 점검을 하지 않고 학습 과정에 전혀 개입하지 않다가 성적 결과가 나오면 최악의 비난을 쏟아낸다.

"너 그렇게 공부 안 하더니 시험 망칠 줄 알았다!"

공부를 잘하면 얻을 수 있는 미래의 보상, 선물, 꿈이나 직업으로 아이를 동기 부여해 억지로 공부시키는 학부모도 있다. 온갖 감언이 설로 설득했는데도 아이가 공부하는 모습을 보이지 않으면 때때로 불같이 화를 내기도 한다. 이 경우 아이들은 혼나지 않으려고, 혹은 약속한 용돈이나 선물을 받기 위해 어렵고 하기 싫은 공부를 한다. 운 좋게 성적이 잘 나와 약속한 보상을 획득한 아이는 '시험 끝났으니 나 좀 건드리지 말라'는 태도로 전환하여 평소처럼 다시 대충 살아간다. 시험에서 만족할 만한 결과가 나오지 않은 아이는 세상에서 가장 큰 잘못을 한 것처럼 주눅 들어 운다. 하위권의 성적을 마주했을 때 가장 암담하고 당황스러운 사람은 엄마도 아빠도 아닌 아이 자신이다.

부모와 자녀가 평소 생각과 감정을 교류하며 좋은 관계를 유지하는 것과 교육이 일어나는 것은 별개의 문제다. 물론 관계가 좋은 것이 교육이 일어나기에 더 좋은 조건인 것은 맞지만 필수 조건은 아니기 때문이다. 부모의 역할은 아이에게 정서적 지원을 하는 멘토의 역할에만 그치진 않는다. 일반적으로 초중등생 자녀의 학부모라면 아이의 학습 상태를 점검하는 학습 코치의 역할을 해낼 수 있다.

하지만 갑작스러운 부모의 직접 개입으로 인해 자녀와의 갈등을 피할 수 없는 상황이라면 외부의 도움을 받는 것도 방법이다. 가장 간단한 방법은 현재의 성적과 학습 결과에 대해 아이를 직접 지도하고 있는 사람에게 솔직한 피드백을 듣는 것이다. 여기서 주의할 점은 그저 아이가 잘 따라온다고만 하는 일부 학원 강사들은 신뢰할 수 없다는 것이다. 단순히 현재 단원의 풀이법과 개념을 알려주고 그것을 잘 푸는 모습을 확인한 뒤 아이의 학습 실력에 문제가 없다고 말하는 가짜 전문가들이 너무도 많기 때문에 각별히 주의해야 한다.

학습 상태 진단을 위해서는 크게 네 가지 요소를 측정해야 한다.

I. 속도 측정

다양한 학습 관련 검사들이 시중에 존재하지만 시간과 비용을 들여 모두 테스트할 필요는 없다. 여기서 말하는 속도란 문제 푸는 단계가 아닌 '배우는 단계에서의 속도'를 말한다. 보통의 교육자라면 누구나 학생의 이해 정도와 암기 정도를 측정할 수 있기 때문에 내 아이를 가르치는 교사나 강사에게 직접 피드백을 받는 것이 가장 손쉽고 정확하다. 그들은 또래 아이들을 현장에서 가르치고 있기 때문에 내 아이의 수준을 객관적으로 비교할 수 있다.

학부모가 직접 자녀의 이해도를 측정할 땐(일부 미숙한 교육자들 또한 해당되겠지만) 먼저 내용을 설명한 후 "알겠지?" "네~"로 끝나는 대화를 필히 경계해야 한다. 아이가 끄덕였다고 해서 이해를 잘했다고 착각해선 안 된다. 이해를 점검할 땐 반드시 아이가 직접 설명하게 하는 것이 원칙이다. 아이가 책에 있는 용어와 문장들을 적절히 사용해 잘 설명한다면 충분히 이해하고 암기한 상태라고 해석해도 좋다. 반면 아이가 제대로 이해하지 못한 채 무작정 암기한 내용을 앵무새처럼 따라 하는 것 같다고 생각되면 같은 내용을 다른 방식으로 물어봐야 한다. 문제의 오답과 연결해서 질문하면 쉽게 확인할 수 있다. 이렇게 점검했을 때 이해와 암기가 빠르다면 그 아이는 '빠른 아이'다. 설명을 여러 번 되풀이해도 이해와 암기가 힘들다면 그 아이는 '느린 아이'가 맞다.

이를 두고 '공부는 지능이다' '공부는 유전이다'라고 주장하는 사람들이 있지만 결코 동의하지 않는다. 지능 지수IQ는 학습 잠재력의 지표 중 하나일 뿐이다. 지능 검사는 주로 문제 해결 능력, 패턴 인식, 논리적 사고 등을 평가하는데 이는 공부에서 매우 적은 부분을 차지하는 영역이고 훈련과 준비, 노력으로 극복 가능한 영역이다. 그렇기에 이 영역을 '지능'이 아닌 '속도'라 부를 것을 권장한다. 미국 세인트존스 대학교 조석희 박사의 조사에 의하면 서울대 입학생들의 평균 IQ는 110~120 정도라고 한다. 천재도 둔재도 아닌 지극히 평범한 지능의 소유자들인 것이다. 수능은 천재들의 싸움이 아니다. 성실함의 싸움이다.

빠른 아이는 제한된 시간 안에 많은 공부를 할 수 있고, 느린 아이는 시간을 많이 확보하여 오래 준비하면 된다. 여기서 오래 준비하라는 말은 하루 학습 시간을 무리해서 늘리란 뜻이 아니다. 학습 기간을 길게 잡고 '일찍부터 준비'하란 뜻이다. 느린 아이는 하루에 학습할 수 있는 분량이 많지 않다. 아이가 할 수 있는 공부 시간을 측정하여 가능한 분량을 정하고 계획한다. 그 분량으로 계산했을 때 이번 학기 공부를 끝내는 데 얼마의 시간이 소요될지 미리 고민하고 계획하여 최대한 일찍부터 공부를 시작해야 한다. 타고난 속도에 따라 습득의 시간은 다를 수 있어도 활용의 시간은 거의 동일하다. 정교하게 연습하고 많이 반복된 기억은 빠르게 출력될 수 있고 이를 좌우하는 것은 속도가 아닌 훈련량임을 명심해야 한다.

느린 아이일수록 예습은 필수다. '예습'은 중2에게 고1 수학을 가르치는 학원의 선행 학습 커리큘럼을 뜻하는 것이 아니다. 예습이란 학교 수업을 온전히 이해하기 위하여 앞으로 배울 것을 미리 익히는 행위를 뜻한다. 그러므로 예습의 기준은 무조건 현행이 되어야 한다. 현행을 완벽하게 마스터하기 위해 이번 학기 전 과목 교과의 내용을 미리 공부하는 것이 예습이다. 느린 아이는 학교 수업을 한 번에 이해하지 못할 가능성이 크기 때문에 개념과 내용을 미리 학습해야만 진도를 따라갈 수 있다. 스스로 예습하는 것이 힘들다면 사교육의 도움을 받는 것도 추천한다. 예습의 취지에 맞는 학원 혹은 개인 교습을 선택할 땐, 우리 반 1등이 다닌다고 해서 이를 무턱대고 좇아선 안 된다. 내 아이의 속도와 상태를 잘 이해하고 사려 깊게 다음 학기를 준비해줄 수 있는 강사를 선택하는 안목이 무엇보다 중요하다.

내신 시험의 출제자는 학교 선생님이다. 빠르지만 성실하지 않은 아이들은 학원의 선행 학습만 믿고 출제자가 직접 가르치는 수업을 등한시하다 높은 확률로 내신 시험에서 좋지 않은 결과를 만난다. 반면 예·복습을 통해 학교 수업에 성실히 집중한 느린 아이는 고득점을 받게 된다. 수능에서의 양상도 내신 시험과 크게 다르지 않다.

내 아이가 빠른 아이라고 판단된다면 영수 위주의 지나친 선행을 가장 경계해야 한다. 학교 진도를 이해하는 데 어려움이 없는 빠른 아이라면 다음 학기 예습보다 해당 학기에 대한 철저한 복습과 확인 과정이 절대적으로 중요하다. 학교 수업이 너무 쉽거나 이미 다 아는 내용일지라도 재학습의 목적으로 더욱 열심히 수업을 들어야 한다. 또한 내가 이해하고 있는 내용이 맞는지 선생님의 설명과 비교하며 겸손하게 점검해야 한다. 이번 학기 내용 중 내가 완벽하게 마스터하지 못한 내용은 없는지 재학습하고, 반복 학습을 했음에도 여유가 있다면 수능 범위까지 직진해도 좋다.

II. 학습 기초 측정

초1부터 고3까지의 교과 과정은 모두 이전 학년에서의 내용을 바탕으로 전개된다. 예를 들면 고1에서 배우게 될 내용은 중3까지의 공부가 전제된 상태로 설계된다는 것이다. 중3까지 배웠던 내용은 고1에서 다시 가르치지 않고 교과서에 설명되어있지도 않다. 표면상 수능의 출제 범위가 고등학교 전 교과 내용이라고 해서 고등 과정만 공부해서도 안 되고 공부할 수도 없는 이유가 바로 이것이다. 실상은 초1부터 고3까지 배우는 모든 내용을 총망라한 시험이 수능인 것인데, 이 때문에 뒤늦게 공부를 시작하려는 아이들은 도대체 어디서부터 손을 대야 할지 엄두가 나질 않는다.

공부를 하고 있음에도 성과가 나오지 않거나 학습 습관이 들지 않은 아이를 분석할 때에는 이러한 시각으로 접근해야 한다. 지능이나 학습력의 문제가 아니라 기초의 부재로 인해 내 아이가 지금 공부를 할 수 없는 상태라는 사실을 제대로 인식할 필요가 있다.

초1부터 직전 학기까지의 내용을 얼마나 완벽하게 알고 있는지 점검할 때 '설마 이 정도는 알겠지?'라는 고정관념을 버려야 한다. 사소한 것도 의심하고 질문하며 교재에 나온 개념 어휘와 고급 어휘는 학년과 상관없이 반드시 물어보고 점검해야 한다. 다수의 아이들에게서 국어 어휘력이 부족해 내용 이해가 전혀 안 된 채로 개념을 마치 이미지처럼 외워버리는 경우를 목격하곤 한다. 국어뿐만 아니라 사회, 과학 과목 등에서도 자주 관찰되는 현상이다. 물론 성실하게 암기한 노력 자체는 칭찬받아 마땅하나 이해가 수반되지 않은 암기는 조금의 변형에도 쉽게 무너지기 때문에 점검이 필요하다.

문제가 어려워 잘 풀리지 않는 아이의 경우 기초 학습 능력 중 하나인 문제 해결 능력이 부족한 상태일 수 있다. 이럴 땐 강사의 설명이나 해답지처럼 타인의 힘에 의존해 문제를 해결하지 말고 개념 학습으로 돌아가야 한다. 완벽하게 이해 및 암기될 때까지 개념을 재학습한 후 교과서 문제를 시작으로 쉬운 문제집을 찾아 반복해서 풀 것을 추천한다. 모르는 개념을 하나라도 남겨둬서는 안 된다. 내가 풀 수 있는 기초 단계의 문제가 충분히 쉬워질 때까지 반복하여 마스터한 후엔 문제집 수준을 단계별로 천천히 올린다.

그리고 해당 단계가 쉬워질 때까지 반복하는 과정을 연속한다. 문제가 풀리지 않는다고 해서 곧장 질문하거나 남의 풀이에 의존해선 안 된다. 꼭 질문을 해야 할 땐 내가 어느 단계까지 생각했고 무엇을 모르는지 정확하게 소통해야 한다. 질문을 통해 얻어야 할 건 풀이법이 아니다. 막힌 부분을 뚫어줄 수 있는 최소한의 개념과 힌트다.

이러한 과정을 통해 우리 아이의 기초가 얼마나 부실한지, 어느 학년부터 학습 결손이 발생했는지 알 수 있다. 이렇게 정밀하게 측정된 결과를 바탕으로 재학습 시키는 데 보통 반년에서 2년 정도가 소요된다.

III. 공부 마인드 측정

십 수년간 현장에서 공부에 관하여 아이와 진지하게 소통해본 결과, 대다수의 학생들이 크게 다섯 가지 케이스로 분류됨을 알 수 있었다. 이는 지극히 개인적인 의견이니 참고만 하길 권장한다.

a) 중하위권이면서 '공부를 왜 해야 되는지 모르겠다' '공부가 어렵다' '재미없다' '꿈이 없어서 공부를 안 한다'라고 말하는 아이들의 경우다. 공부에 대한 마인드셋이 전혀 안 되어 있어 지금 당장 공부를 포기할 수 있는 고위험군의 학생들이다. 아이의 이야기를 진지하게 들어주고 충분한 대화를 통해 공부 마인드를 만들어줘야 한다. 이때 잔소리나 꿈, 진로에 대한 토론은 지양해야 한다. 공부가 얼마나 어려운지에 대해 진지하게 이야기를 나누고 아이가 공부할 수 있는 상태로 만들어주는 것이 우선이다. 지금 당장의 성적이 중요한 것이 아니다. 사회인으로서의 소양을 갖추기 위한 공부의 필요성에 대해 설득하고 좋은 어른으로 성장할 수 있게 도와줘야 한다.

b) 중하위권이면서 ‘좋은 대학에 가서 좋은 직업을 얻으려고 공부한다’고 말하는 아이들의 경우다. 실상 열심히 하지도 않고 마인드와 성적이 연결되지 않는 이 친구들은 부모와의 정서적 독립이 이루어지지 않은 상태라고 볼 수 있다. 부모의 언어를 그대로 따라 하고 어른들이 좋아하는 말만 골라하며 반항하지 않고 말 잘 듣는, 겁많고 사교적인 친구들이다. 이 아이들은 첫 번째 케이스보다 더 어렵다. “우리 애는 착하고 공부도 열심히 하는 것 같은데 왜 성적이 안 나올까요?”라고 묻는 학부모들 중 이러한 자녀 유형에 해당하는 케이스가 많다. 착한 것이 아니라 나쁘지 않은 것이다.

자세히 관찰해보면 공부를 싫어한다. 부모가 원하는 대로 적당히 학원이나 가주고 시험 기간에만 과몰입하는 모습을 보인다. 이럴 땐 학원을 모두 그만두게 한 후 아이가 공부에 집중할 수 있는 상태인지 아닌지, 스스로 공부하려는 의지가 있는지 없는지 직접 확인해봐야 한다. 십중팔구 타인의 도움이나 관리가 없으면 혼자서 할 수 있는 것이 없는 상태다. 공부 습관 형성에 집중하며 공부의 재미를 체득하도록 도와줘야 한다.

c) 상위권이면서 부모 말 잘 안 듣고 놀 거 다 놀며 적당히 하는 아이들이다. “우리 애는 더 할 수 있는데 노력이 부족해요.” “머리만 믿고 공부를 더 안 해요.” 학부모가 자녀에 대해 이렇게 하소연한다면 그 아이는 얼마 못 가 반드시 무너진다. 현재 중학생이라면 고등학교 진학 후 무조건 성적이 떨어지고, 고등학생이라면 수능을 못 칠 예정이

다. 성실함과 인생을 대하는 태도에 대해 적극적인 훈육이 필요하다.

d) 묵묵히 뚝심 있게 공부하지만 상위권은 아닌 '모범생' 아이들이다. 학교 선생님들 사이에서 칭찬이 자자하고 언행도 바르며 어른들 말씀 잘 듣는 그야말로 모범생 말이다. 이 아이들 역시 공부를 좋아하진 않는다. 공부를 힘들어한다. 하지만 힘듦의 종류가 조금 다르다. 못하는 공부를 억지로 버티고 있기 때문에 힘든 게 아닌, 최선을 다하기 때문에 힘든 친구들이다. '공부가 좋니?'라고 물으면 한숨부터 쉬는 성실하고 귀한 아이들이다. 우직하게 최선을 다했기 때문에 모범생으로 인정받지만 지금 당장은 성과가 나지 않을 수도 있다. 하지만 결국 고3 수능에서 빛을 보는 건 이들이다.

e) 중하위권 혹은 최하위권이지만 갑자기 공부가 잘하고 싶어진 아이들이다. 이들은 내가 과연 할 수 있는지 수없이 의심하고 시작조차 꺼리다 힘들지만 할 수 있다는 누군가의 말에 순수하게 감화된다. 열정적으로 책을 펼쳤다가도 곧장 좌절한다. 좌절하고 극복하기를 반복하며 밑 빠진 독에 물을 때려 붓는다. 때문에 지속적인 멘탈 관리와 학습 관리, 메타인지 훈련이 매우 중요한 케이스다. 그러다 기본 개념에 대한 완벽한 숙지와 반복을 통해 기본 역량이 올라오면 그제서야 치고 나간다. 마지막 결과까지 좋은 이 아이들이 결국 해낼 수 있는 이유는 목표 역시도 역량에 맞게 객관적으로 접근하기 때문이다. 3등급도 불가능해 보이는 이들에게 명문대를 요구하면 시작조차 안 한다.

여기서 말하는 공부 자세란 척추 정렬을 바르게 하여 앉아 있는 상태만을 뜻하는 것이 아니다. 물론 엎드리거나 기대지 않은, 말 그대로 '바르게' 앉아 있는 모습도 중요하다. 하지만 이와 더불어 얼마나 오랫동안 하나의 과제에 집중할 수 있는지, 선생님께 지도받은 공부법대로 행하고 있는지 등을 관찰해야 한다. 괜찮은 학습 자세를 만들기 위해서는 오랜 관리가 필요하다. 이는 하루아침에 만들어지는 습관이 아니기 때문에 학습 내용을 익히는 것보다 더 어려운 과정일 수 있다.

아이의 공부 자세를 관찰하고 바로잡기 위해 거실에 큰 테이블을 두고 가족 구성원들이 함께 공부하는 방법을 추천한다. 이를 통해 아이가 얼마나 공부를 힘들어하고 있는지 측정할 수 있으니 자녀를 이해하고 격려하며 정서적 지원을 하는 데에도 큰 도움이 될 거라 확신한다. 주말 2시간 정도라도 좋다. 아이가 조금씩, 사려 깊게 훈련하고 성장할 수 있도록 부모의 지속적인 관심과 노력이 필요하다.

이상으로 학습 상태의 측정 및 진단 방법에 대해 알아보았다. 공부는 단순한 대입을 너머 자기 개발과 자아 실현을 위한 중요한 수단이다. 아이가 공부에 대해 긍정적인 시각을 갖게끔 도와주며 학습 과정에서 겪는 어려움을 이해하고 격려해준다면, 여러분의 자녀는 한층 지혜롭고 윤택한 삶을 영위하게 될 것이다.

좋게 말해도 안 듣고
화를 내도 안 듣는 아이
– 엄마의 권위를 되찾는 법

 낮잠 자는 고등학생 재영이

고1 재영이는 등원 첫날부터 30분 지각을 했다. 본인과는 연락이 안 돼 집으로 전화해보니 지금 깨워서 보내겠다는 학부모의 대답이 돌아왔다. 다음 날에도, 그다음 날에도 재영이는 어김없이 지각을 했고 이유는 모두 낮잠 때문이었다. 마치 어른의 몸에 신생아의 영혼이 깃든 것 같았다.

"재영이가 어렸을 적부터 낮잠 자는 버릇이 있어서 학교 마치고 오면 꼭 자야 해요."

아이가 게임을 한다거나 친구들과 어울려 노는 게 아닌 부족한 잠을 보충하는 행동이라고 생각해 어머님은 아들의 낮잠을 적극 만류하지 않았다. 아니, 오히려 '우리 애는 원래 그렇다'며 익숙해했고 학원 선생님의 이해를 바랐다. 습관적으로 5분씩, 10분씩 늦는 아이들이 많은 가운데서도 재영이가 유독 걱정스러웠던 건 지각하는 시간조차 일정치 않아서였다. 다른 아이들보다 한참 늦은 시간에 등원했을뿐더러 그 시간도 들쑥날쑥이었다.

사실 낮잠은 죄가 없다. 하루 20~30분의 낮잠은 피로 회복과 집중력 향상이라는 순기능이 있어 권장할 만하다. 현장에서 만나는 수많은 중고등학생들 중 학교를 마치면 매일 낮잠을 자고 등원하거나 학원에서 꼭 낮잠을 자야 하는 아이들 또한 의외로 많다. 하지만 그들 모두가 재영이처럼 지각을 하진 않는다. 이상적인 낮잠 시간을 과도하게 초과한 재영이의 낮잠은 아이의 일상 루틴을 장악하고 있었다. 지나친 낮잠으로 인해 밤마다 늦게 잠들고 아침엔 등교 시간 직전까지 늦잠을 잔다. 비몽사몽 등교해서도 잠이 깨질 않아 학교 수업 시간에 집중할 수 없다. 밤 사이 누적된 재영이의 피로는 하교 후 낮잠을 통해서야 비로소 회복된다.

“어제는 진짜 일찍 자려고 누웠는데 도저히 잠이 안 오더라고요.”

매일같이 반복되는 재영이의 억울한 표정에서 반항이나 거짓말의 흔적은 찾을 수 없었다. 분명 하려고 하는 의지는 있었으나 그 의지의 강도가 물렁했다. 한번의 도전으로 원하는 결과가 나오지 않으면 쉽게 포기하고 이내 익숙한 쉬운 길을 택한다. 삶의 기준 자체가 낮은 데 반해 목표는 높다. 예를 들면 보통의 아이들이 5시에 등원해서 11시까지 공부를 하고도 공부량이 부족할까 불안해한다면, 재영이는 9시에 느지막이 등원하여 2시간도 채 공부하지 않으면서 명문대를 바라는 식이다. 편한 인강만 계속 듣고 있으면서 공부를 많이 했다고 생각하는 등 현실 인식 자체가 떨어진다. 집에서 큰 부담을 주지 않기 때문에 공부를 놓진 않지만 그렇다고 제대로 된 공부를 하는 것도 아닌 애매한 상태. 결국 재영이가 규칙, 약속, 의지, 인내, 현실 감각 등이 탑재되지 않은 애매한 어른으로 자라날 것은 자명해 보였다.

재영이와의 밀당 한 달 차, 등원 시간이나 숙제 같은 기본적인 규칙은 가정 내에서도 훈육을 해주십사 학부모에게 전화를 드렸다. 상황의 심각성을 인지한 재영이 어머님이 뒤늦은 울분을 쏟아냈다.

“아무리 말을 해도 안 고쳐져요. 고등학교 가면 알아서 할 줄 알았는데…… 제가 잘못 키운 것 같아요.”

01

'어른아이'가 되기 전
해야 할 훈련과 훈육, 교육

모든 아기들은 낮잠을 잔다. 어린이집에서도 낮잠을 재운다. 하지만 유치원을 다니기 시작하면서부터 대부분의 아이들은 낮잠 자는 습관을 자연스럽게 없애고 일찍 잠드는 연습을 한다.

재영이와 같은 아이들은 영아기 때의 습관을 그대로 가지고 있다. 성장 과정에 따른 발달 과업, 다양한 규칙과 약속, 의무, 책임, 사회적 스킬, 기초 학습, 공부 습관을 훈련하지 않은 채 몸만 훌쩍 커버린 것이다.

보편적으로 한 아이가 태어나 어른으로 성장하기까지의 과정 중 두 번의 큰 고비가 찾아온다. 모든 부모들이 두려워 마지 않는 질풍노도의 사춘기 시기(초4~중2)가 그 첫 번째 위기이고, 사춘기 직후부터 성인이 되기 직전까지의 시기가 바로 두 번째 위기다.

사춘기를 겪고 나서 형성된 아이들의 자아는 엄마와 아빠가 알고 있던, 카톡 프사 속 그 귀엽고 말랑한 '내 새끼'가 아니다. 다시 태어난 '내 새끼 버전2'는 감정이 요동치는 사춘기가 끝나고 발달상으로 어른이 되어버렸지만 정신적으론 여전히 미숙한 녀석이다. 전두엽이 상당히 성숙해 있기 때문에 지식과 지혜, 경험, 기술, 가치관이 갖춰지지 않은 채로 자신만의 무논리 철옹성을 구축한다. 자아가 단단히 굳어져 도무지 설득이 되지 않는 만 16~18세까지의 두 번째 위기를 우리는 '어른아이'라고 이름 붙였다. 어른 같은 아이라는 뜻이 아니다. 아이 같은 '어른'이란 뜻이다.

부모의 역할, 즉 가정 교육의 범주는 보육, 양육, 교육, 훈육, 크게 이 네 가지로 설명할 수 있다. 간단히 정의하자면 '보육'이란 아이의 안전과 건강을 책임지고 돌보는 것을 뜻한다. '양육'이란 사랑과 관심을 주며 아이를 키우는 것, '교육'은 지식과 지혜를 전하는 일이며, '훈육'은 아이에게 올바른 행동과 태도를 가르치는 것을 말한다.

부모는 아이가 태어나고 영유아기를 거치며 걸음마, 배변 훈련 및 언어 습득과 같은 과업을 달성하도록 모든 노력과 지원, 교육을 아끼지 않는다. 이는 주로 보육과 양육의 역할에 해당한다. 하지만 아이가 유치원에 가기 시작하면서부터 부모들은 '육아 탈출'이라는 달콤한 해방감을 만끽하며 '이제 아이는 기관이 알아서 키워주는 것'이라고 생각하게 된다.

고된 육아 노동을 보상이라도 받듯 그즈음부터 부모의 교육 참여율은 점점 떨어지기 시작해 자녀가 청소년기에 이르렀을 땐 거의 0에 수렴한다. 실제 현장에서 만난 상당수의 학부모들이 이 중요한 시기에 아이들이 그들의 과업을 스스로 해결하도록 내버려두거나 공교육, 사교육에만 의존하려 했다. 가정 내에서의 교육과 훈육의 역할이 사라진 것이다.

사교육은 학업적인 영역을, 공교육은 보다 광범위한 전인적 교육의 영역을 담당하고 있지만 두 기관 모두 다수를 대상으로 한 평균적이고 일반적인 교육에만 초점이 맞춰져 있다. 그렇기 때문에 그들 기관에서 놓치고 넘어갈 수 있는 (혹은 관심이 없는) 내 아이만의 고유하고 독특한 특성, 개별적인 발달 속도 등은 부모가 직접 가정 교육을 통해 보살피고 챙겨야 한다.

가령 아이가 기본적인 규칙과 도덕적 가치에 대해 학습하는 것을 거부하거나 어려워한다면 '꼭 지금 알지 않아도 더 크면 저절로 알게 될 것'이라고 허용적인 분위기를 만들어주기보다 한 번 더 강력하게 훈련시켜야 한다. 힘들면 안 해도 된다는 암묵적이고 반복적인 가르침을 끊어내야 한다는 뜻이다. 대학 가서 저절로 빠지는 살은 없듯이 크면 저 혼자 알아서 하는 아이는 없다. 아동기에서 청소년기에 이르는 모든 발달 과업들은 서로 깊이 연결되어 있으며 순서를 바꾸거나 어느 것 하나 누락시켜선 안 된다. 이 과정 속에서 부모의 교육 역할은 점차로 줄어드는 것이 아니라 성격을 바꾸어가며 자녀 곁에서 항시 건재해야 한다.

상담을 하다 보면 많은 학부모들이 강요, 명령 등의 지시적인 대화, 혹은 자녀와의 갈등 상황을 극도로 꺼려해 교육과 훈육, 훈련에 실패한다는 사실을 알 수 있다. 대부분의 아이들과의 대화가 비지시적이고 공감적 대화로 이루어져야 한다는 것엔 동의하지만, 교육은 다양한 형태를 띨 수 있어야 한다고 생각한다. 명령만으로 교육이 되지 않는 것처럼 설득만 한다고 해서 교육이 일어나는 것도 아니다. 교육은 아이가 가르침 받은 것을 직접 행동으로 옮기고 그 결과를 체험하며 새로운 깨달음을 얻었을 때 일어난다. 정서적 지지가 필요할 때와 옳고 그른 행동의 기준, 가치를 배워야 할 때, 부모는 자녀가 처한 상황과 시기에 따라 다양한 얼굴로 다양한 역할극을 수행할 수 있어야 한다. 내 아이에게 이 순간 가장 적절한 교육 방식은 무엇인가를 끊임없이 고민하며 공감, 경청, 설득, 제안, 코칭, 명령, 강요 등 상황에 맞는 다양한 방법을 최대한 활용해야 하는 것이다.

사춘기란 단어가 자유와 반항의 상징으로 불리우는 데 큰 이견은 없지만, 의외로 이 시기 아이들은 부모가 어느 정도의 가이드라인(경계선)을 주고 그 속에서 안정감 있게 성장하려는 욕구가 있다. 새로운 환경과 변화에서 오는 막연한 불안감을 부모의 적절한 통제와 조언 안에서 안정적으로 처리하고 싶어하기 때문이다.

존중과 통제의 적절한 균형을 보호막 삼아 아이들은 기꺼이 변화에 도전한다. 아이들은 혹 도전에 실패하더라도 스스로 책임을 다 떠안기보다 부모에게 도움을 요청할 수 있다는 사실에 안도한다. 실패와 성공, 좌절과 기쁨의 담금질을 통해 아이들은 비로소 크고 깊고 단단한 마음과 정신을 갖추게 된다.

통제는 부모가 자녀를 위해 한 땀 한 땀 공들여 빚어놓은 안전장치이자 그들이 마음껏 삶을 탐색하도록 도와주는 훌륭한 교육 방식이다. 그러므로 사춘기 시절은 부모가 통제와 훈육을 멈춰야 하는 시기가 아니라 더욱 적극적으로 교육과 훈련에 매진해야 하는 시기다.

교육에 있어 통제란 어떠한 행위를 하지 못하도록 제한하는 것이 아니다. '해야 할 것을 하도록 유도'하고 '하지 말아야 할 것을 하지 않도록 가이드를 알려준다'는 뜻이다. 자율성의 반대말이 아니라 자녀를 위험으로부터 보호하고 그들의 행동, 결정 등이 올바른 방향으로 나아갈 수 있도록 넓고 안전한 경계를 둘러주는 행위인 것이다.

물론 통제의 범위를 어떻게 설정할 것인가에 대해서는 신중해야 한다. 예를 들어 일주일 동안 용돈 3만 원을 주되 그 안에서 자유롭게 사용하라고 정한다면, 이는 아이의 합리적인 소비 습관과 자율성 훈련을 위한 적절한 통제라고 할 수 있다. 반면 3만 원 중 만 원은 교통비로, 만 원은 간식으로, 만 원은 문구 용품을 사야 한다고 정하는 것은 통제를 넘어 자율성을 위협하는 간섭으로 해석될 수 있겠다.

집단의 규칙 안에 들어오지 않는 아이가 교사나 어른에게 통제를 받았을 때 '내 아이가 비난을 받았다'고 생각하는 학부모들이 종종 있는 것 같아 안타깝다. 통제와 비난은 그 뜻과 용처가 엄연히 다른 별개의 용어다. 비난은 상대의 부족한 부분을 찾아서 부정적인 평가를 하는 것으로 자존감을 낮추는 행위가 될 수 있지만, 통제는 본디 부정적이거나 긍정적인 감정을 동반하는 용어가 아니다. 그럼에도 통제와 비난을 한데 묶는 원인은 아마도 학부모 본인의 성장 과정 중 규칙을 위반하거나 통제를 벗어났을 때 비난도 함께 받았던 경험이 누적된 탓이 아닐까 조심스레 추측해본다. 혹은 반대로 학부모 자신이 아이를 통제하려 할 때 통제의 메시지와 더불어 비난, 부정적인 감정을 함께 전달한 것은 아닐까 생각한다. 다시 한번 강조하자면 통제와 비난은 엄격히 구분되어야 하며 제대로 된 통제는 어떠한 감정도 동반하지 않는다.

교육적 목적의 통제에는 때때로 명령이나 훈육이 동반된다. 세상의 규칙과 규범, 법령, 약속, 의무, 책임 등의 가치는 아이에게 일일이 설명하고 설득시킬 수 있는 대상이 아니기 때문이다. 설명하고 설득하려는 순간 아이의 입장에서는 '설득당하지 않으면 규칙을 준수하지 않아도 된다'는 그럴싸한 명분이 생긴다. 혹자는 아이의 행동 변화를 원한다면 눈높이에 맞게 충분히 설명해줘야 한다고 조언하는데, 경험상 이 조언이 통하는 시기는 정서 발달과 애착이 중요한 아동기까지다.

이미 영유아기, 아동기를 거치며 습득되었어야 할 사회 규칙, 예를 들어 엘리베이터에서 뛰지 않는 것, 학교에 지각하지 않는 것 등은 청소년기 자녀에게 더 이상 설명할 필요가 없다. 청소년에게 의무, 책임, 약속, 규칙을 훈육할 땐 의견을 물을 필요도 없고, 영유아기 교육 방식을 유지할 필요도 없다. 이런 종류의 훈육에 감정과 의도가 끼어들 필요는 더더욱 없다.

보편적으로 부모가 자녀에게 직접 규칙의 훈련과 훈육, 순차적 발달 과업을 교육시킬 수 있는 마지노선을 중2 시기 즈음으로 본다. 공부가 조금이라도 더 쉬울 때, 사고가 조금이라도 유연할 때, 스스로 실패하고 재도전하고 작은 성공을 맛보며 더 큰 노력을 해야만 다음 단계로 진출할 수 있다는 일상적이고 소중한 삶의 가치들을 교육시켜야 하는데 그 시기가 보통 사춘기까지다.

그리하여 본격적으로 학업과 입시, 진로와 관련하여 열린 대화, 협상, 타협을 하게 되는 고등학생, 즉 자녀가 어른아이가 됐을 때 이 모든 것이 가능하도록 하기 위해서 그전까지 훈련과 훈육을 탄탄하게 갖춰놓아야 하는 것이다.

사춘기 이전과 사춘기 시절 제대로 된 훈육과 교육을 받지 못한 아이들은 어른이 될 준비가 안 된 채로 어른아이 시기에 돌입하게 된다. 고등학교에 진학하면서부터는 잦은 시험, 상대 평가, 석차 공개 등 경쟁과 평가에 강하게 노출되기 때문에 교육과 훈련에서 부족함이 없던 아이들까지도 불안정해지기 십상이다.

하물며 사춘기 시절 학교생활을 성실하게 수행하지 않았고 가정에서 책임과 의무, 약속과 규칙 같은 중요한 가치들을 훈련받은 적 없는 아이들은 지금까지의 일상과는 차원이 다른, 견디기 힘든 시련에 맞닥뜨리게 된다. 이때 더 이상은 안 되겠다며 뒤늦게 부모로부터 훈육, 훈련이 시도될 경우 아이는 '오늘도 엄마랑 싸웠고 학교생활 너무 힘들고 다 포기하고 싶다'며 엄마 아빠의 명치에 니킥을 꽂는다.

고등학교는 입시뿐만 아니라 인생의 방향성이 결정되는 매우 중요한 시기로 성인이 되는 과정의 마지막 시기다. 이때마저 놓쳐 공부하고 훈련하지 않는다면 내 아이는 이 모습 그대로 '진짜' 어른이 될 것인데 상상만으로도 아찔하다.

입시 외에 청소년기에 반드시 달성해야 할 중요한 발달 과업들은 정규 교육 과정을 따라 충실히 공부하는 과정에서 의외로 쉽게 달성할 수 있다. 이것이 당장의 성적 결과보다 제대로 된 공부를 하는 것에 집중해야 한다고 매일같이 현장에서 부르짖는 이유다.

02

"안 돼. 안 된다면 안 되는 거야"

부모와 자녀 간에 교육이 일어나기 위해선 끊임없는 문제 인식과 갈등이 필연적으로 동반된다. 중학교에 지각하지 않으려고 7시에 일어나는 기상 습관이 익숙해질 때쯤 아이들은 고등학교에 지각하지 않기 위해 6시에 일어나는 연습을 시작해야 한다. 인성, 태도, 습관 및 학습의 다양한 영역에서 지속적으로 상향 조정되는 목표들과 마주해야 하는 것이다.

부모는 그 과정에서 발생하는 문제 상황과 갈등을 당연하고 의연하게 받아들여야 한다. 최대한 어릴 때부터 가정 내의 약속과 규칙을 정하고 훈육과 교육을 시작해야 저항과 갈등이 적다.

규칙의 이유를 설명하거나 설득하지 말고 "다음 주부터는 초등학생이 되니까 낮잠을 자지 않는 연습을 할 거야"라고 미리 예고 및 단언한 후 "이제부터 낮잠은 안 돼"라고 일관성 있게 실행에 옮겨야 한다. 규칙과 통제에 예외나 허용이 끼어들어서도 안 된다. 두 번 이상 지각하면 휴대폰을 정지시키겠다고 규칙을 정했음에도 아이가 따르지 않는다면, 아니 따르지 않을 것이 자명하기 때문에 반드시 휴대폰을 정지시켜 의지를 보여줘야 한다. 아이가 난리를 치더라도 결국 변화된 행동을 보인다는 것을 부모도, 아이도 경험해야 한다.

공감해줘야 할 것은 '힘들다'고 말하는 아이들의 감정이지 그들의 의견이 아니다. 아이의 의견을 묻는 순간, 지각할 수밖에 없었던 백 가지 이유만 듣게 될 것이다. 어떠한 부정적 감정의 개입 없이 "지각하면 안 돼" "절대 안 돼" "안 된다면 안 되는 거야"라고 단호히 메시지를 전달하는 것으로 충분하다.

막상 말을 내뱉어보면 생각보다 그리 어렵지 않고 생각보다 훨씬 강력하다는 것을 알 수 있을 것이다. 지금부터라도 감정과 의도를 빼고 단호하게 말하는 연습을 시작해보자.

명령과 통제를 할 때 아이의 의무나 도덕성을 자극하는 말을 곁들이는 것은 불필요하다. 특히 사춘기 아이의 경우 반발심을 일으킬 수 있으니 각별한 주의가 필요하다. 예를 들어 "지각하면 안 돼"에 사족이 붙어 "지각하면 안 된다고 했잖아. 근데 어제 수학 점수는 또 그게 뭐야?"라든가 "지각하면 안 된다고 그렇게 얘기를 했는데 왜 이렇게 말을 안 듣니?" 등의 말은 부적절하다. 사춘기 아이에게 원하는 구체적인 행동이 있다면 상황을 객관적으로 분석한 언어를 추가하는 것이면 충분하다. 지각한 아이에게 "또 왜 늦었어?"가 아니라 "15분 지각했네. 어제도 지각했는데 내일은 지각하지 마라"고 해야 한다.

물론 아이가 내일도 지각할 수 있다. 하지만 훈련은 한 번 말한다고 되는 것이 아니며 반복해서 말하기만 한다고 되는 것도 아니다. 교육에서 가장 중요한 것은 관심과 기다림이다. 오랜 시간에 걸쳐 내 아이가 반복과 시행착오를 겪는 모습을 곁에서 지켜봐주고 연습시켜야 한다.

교사나 어른으로부터 자녀가 통제를 받았다고 해서 내 아이의 불편함이 부모의 불편함으로 전이되어서도 안 된다. 휴대폰 사용을 통제하는 학원 규칙에 아이가 불편함을 느껴 다른 학원으로 옮기고자 할 때, 자녀의 불편함에 맞장구 치며 순순히 동조하는 부모의 행동은 과연 옳을까?

늘 해오던 행동을 통제당한 자녀의 불편함은 본능적이고 일시적인 반응에 가까운 반면, 부모의 불편함은 감정에 가깝다. 내 아이의 훈육은 자신만이 할 수 있다는 불편한 감정, 혹은 내 아이가 비난을 받았다는 부정적 감정, 어느 쪽도 옳지 않다.

"아이가 가출을 했어요. 3일째 집에 안 들어오고 있습니다."

평소 〈공부장첸〉 인스타와 유튜브를 즐겨 보신다는 한 구독자로부터 절망과 비통함 가득한 상담 요청 전화가 걸려왔다. 부산 내에서도 해운대와는 꽤 거리가 먼 지역에 거주하고 있어 직접 등원까진 힘든 상황이었지만, 마치 꺼져가는 촛불처럼 미약하고 위태로운 그녀의 목소리를 차마 외면할 순 없었다. 고1 준호 엄마가 털어놓은 이야기는 이러했다.

준호는 초등 시절 학교나 학원에서 제법 모범생이라는 평가를 받았다고 한다. 특히 수학을 좋아하고 선행도 곧잘 따라가 고등 수준까지 진행하고 있었는데 갑자기 초5 때부터 문제가 발생하기 시작했다. 방과 후 엄마 몰래 학원을 빠지거나 숙제를 해가지 않아 학원에서 연락이 온 것이다. 제멋대로 친구들과 놀러가 연락이 두절되는 일도 종종 있어 그 무렵부터 집안 분위기는 급격하게 어두워졌다.

그러던 중 준호는 부모님께 공부를 왜 열심히 해야 되는지 모르겠다며 학원을 그만두고 혼자 공부하겠다고 선언했다. 엄마는 준호와의 갈등이 더 심해질까 봐 집에서 함께 계획을 세워 공부하는 조건으로 학원을 그만두게 했다. 이전보다 아이와의 싸움이 더 잦아지긴 했지만 억지로라도 앉혀서 공부를 시키면 성적이 나왔기 때문에 엄마는 아이폰, 데스크탑 등

온갖 보상으로 어르고 달래며 준호를 끌고 갔다. 준호의 공부량은 하루 고작 1시간 정도가 다였다. 공부 할당량을 채우고 나면 그 후부턴 게임이나 휴대폰을 하거나 친구를 만나러 나갔다.

고등학교 진학 후부터 준호는 그마저도 안 하겠다며 방문을 잠그고 들어가 엄마와의 대화를 일절 거부했다. 학교도 지각을 하기 시작하더니 이젠 엄마 면전에다 대고 안 하던 욕까지 서슴지 않았다. 참다 못한 아빠가 방문을 부수고 들어갔고 아이와 아빠 사이엔 일촉즉발의 대치 상황이 펼쳐졌다.

그렇게 아이가 집을 나간 지 3일째. 학교 선생님으로부터 준호가 등교는 했다는 소식을 전해들었는데 집에는 여전히 들어오지 않고 있다. 예전에도 하루 정도씩 가출한 전력이 있고 그때마다 친구 집에서 잤다고는 했는데 지금은 3일째 어디서 먹고 자는지조차 모르니 엄마는 하늘이 무너지는 기분이라고 했다. 아이에게 문자로 '제발 가출만 하지 마라' '엄마가 잘못한 게 있으면 용서해달라'는 말까지 했는데 과연 이게 맞는 건지 후회와 자책으로 엄마는 3일째 먹지도 잠들지도 못했다.

생각해보면 갈등 상황이 생길 때마다 준호는 '엄마가 공부를 무리하게 강요한 게 아직도 화가 난다'는 말을 자주했다고 한다. 엄마는 부모가 아들 공부시키는 게 뭐가 그리 미안해야 할 일이고 언제까지 미안하다고 해야 이 전쟁이 끝날지 도무지 알 수가 없다며 괴로워했다.

03

성적 일변도의
일관성 없는 통제, 지나친 개입

앞서 부모가 자녀의 발달 과업을 충실히 교육, 훈련, 훈육하지 않아서 문제가 발생한 경우를 살펴보았다면, 준호는 그와 정반대의 이유라 할 수 있다. 부모의 지나친 통제와 훈육, 일관성 없는 규칙과 교육이 아이의 반발심을 자극하다 결국 겉잡을 수 없는 갈등 상황에 봉착하는 케이스가 바로 이것이다. 가출이라는 행위까지 동일하진 않더라도 상담을 하다 보면 준호처럼 부모와 극한 대립 중인 아이들을 빈번하게 만날 수 있는데, 그들의 공통된 전사는 대략 이러하다.

우선 부모가 억지로 공부를 시키면 시키는 대로 곧잘 성적이 나오는, 이해력과 암기력 등 학습 능력이 좋은 친구들이 많다. 그러다 보니 부모의 관심은 온통 학습과 성적에만 집중되어 있고 다른 부분들에선 방치가 일어나고 있다. 아이가 공부에 대한 생각이 어떤지, 어릴 때부터 시작한 선행 진도에서 힘들거나 어려운 부분은 없는지 부모는 관심이 없다. 공부와 성적 이외에 아이가 스스로에 대해 어떻게 생각하고 있는지, 삶의 가치와 인식 등이 아이의 내면에서 어떻게 채워지고 있는지 부모는 알지 못한다.

시키는 대로 아이가 잘 따라가다 보니 특목고, 자사고를 꿈꾸며 과목별, 종류별로 학원을 보낸다. 아이를 픽업하고 학원에 라이드 해주는 게 부모의 가장 중요한 일과이자 사명이다. 어느 시점부터 아이의 테스트 결과가 점점 떨어지고 있는데 부모 눈엔 그저 숫자만 보일 뿐 무너져내리는 내 아이는 보이지 않는다.

아이를 강제로 끌고 가는 데 필수 요건은 다디단 보상이다. 부모가 내거는 보상은 대개 학원을 다녀오면 1시간씩 게임을 하게끔 허락해준다거나 이번 시험의 성적이 좋으면 아이폰을 사준다거나 하는 것들이다.

문제는 부모가 정한 규칙과 보상에 일관성이 없을 때 발생한다. 학원 숙제를 안 해 갔다는 이유로 부모 마음대로 1시간 게임 보상을 없애고 시험 성적이 떨어졌다는 이유로 아이폰을 강제 회수한다. 아이는 엄마가 약속을 어겼다며 반발한다. 엄마 역시 숙제를 안 해 간 건 잘못이라며 물러서지 않는다.

아이의 반발이 계속되면 엄마는 결국 새로운 규칙과 약속으로 타협을 한다. 하지만 예외의 상황은 언제든 또다시 발생할 것이고 아이의 반발과 저항은 점차 대범해진다. 부모를 거역할 내적인 힘이 생긴 것이다.

아빠는 보통 훈육에서 빠져 있다가 엄마와 아이의 갈등이 절정에 달하는 때에 갑자기 등장해 폭력적인 모습을 보인다. 이제 가정 내에서 아이가 정서적으로 기댈 수 있는 곳은 없다. 그렇게 격동의 사춘기가 지나고 비로소 부모를 이길 수 있는 고등학생의 시기가 도래한다. 부모가 좋게 말해도 안 듣고 화를 내도 안 되고 울며 호소해도 소용이 없는 무적의 어른아이가 탄생한 것이다.

부모는 어렸을 적 말 잘 듣고 똑똑하던 아이를 기억하며 여전히 성적, 공부로만 애걸복걸하고, 이를 지켜보는 아이는 그런 부모가 만만하다. 아이는 이미 부모를 이기는 방법을 터득했다.

초등학교 5학년이 된 아이가 갑자기 잘 다니던 학원이 다니기 싫다고 한다면 그 이유가 무엇일까? 이유를 알기 위해선 부모가 직접 아이의 학습 상태를 점검하고 공부에 대한 자녀의 속마음과 생각을 이해하려 대화해야 한다. 그동안 아이를 가르쳐온 선생님들과의 대화도 필요하고 학교생활은 어떤지도 점검해야 한다. 또래의 영향이 매우 커지는 사춘기 시기에 돌입했다는 전제하에 아이가 어울리는 친구들에 대해서도 조심스럽게 알아봐야 한다. 남의 말에 의존하거나 맹신하는 건 좋지 않다. 그 누구도 엄마인 나만큼 내 아이를 잘 관찰하고 알 수 있는 사람은 없기 때문이다.

또한 학업, 성적의 관점에서만 교육적 선택이 이루어져서도 안 된다. 때로는 더 장기적인 성장을 위해 지금 당장의 성적을 포기하는 결단도 필요하다. 사실은 포기가 아니라 잠시 숨을 고르거나 새로운 방식으로 공부하게 한다는 뜻이지만 말이다.

하지만 안타깝게도 많은 학부모들이 아이의 상태를 직접 점검하는 과정을 거치지 않고 단지 학원을 옮기는 것만으로 문제를 일단락 지으려 한다. 사춘기는 저항도 대화의 일부일 수 있다. 지금 다니는 학원을 가기 싫다는 아이의 뜻이 과연 다른 학원으로 갈아타야 할 시점이라는 단순한 의미인지, 부모로서 진지하게 생각해봐야 한다. 지금까지 내 아이를 가르치고 관찰해온 선생님이 아닌 처음 만난 선생님과의 새로운 대화가 정말 해결책이 될 수 있을지 깊이 고민해보기 바란다.

04

대화와 협상,
그리고 멘토의 중요성

아마도 준호는 가진 돈이 떨어지고 배고프고 추우면 제 발로 집에 들어올 것이다. 이때 체벌이나 폭력을 사용해선 안 되고 학업과 성적으로 아이를 몰아붙여서도 안 된다. 감정에 호소하는 것도 그때뿐일 것이다.

많이 늦었지만 아이와는 이제 협상을 시작해야 한다. 부모가 자녀에게 원하는 걸 말하고, 아이도 부모에게 원하는 걸 말하는 방식으로 대화의 물꼬를 트고 서로의 의견을 조금씩 좁혀나갈 수 있도록 협상할 것을 권장한다. 의견을 자유롭게 표현할 수 있는 환경을 조성하고 서로의 입장을 이해하며 신뢰를 쌓을 수 있게 시간과 공을 들여야 한다.

규칙 없는 통제, 학업과 성적 위주의 지나친 간섭에 준호는 온몸으로 저항해왔다. 그러나 이미 어른아이가 되어버린 준호는 더 이상

이전 시절의 보상 시스템으로는 교육할 수 없다. 미숙하지만 하나의 완성된 인격체로 자녀를 대해야 하는 시기가 온 것이다. 많은 것을 기대하기보다 아이가 보통의 생활로 안전하게 돌아오는 것을 최우선으로 하여 스스로 공부하고 경험하며 성찰하는 과정을 통해 진짜 어른이 될 수 있도록 정서적 지원을 아끼지 않아야 하겠다.

준호의 이야기를 빌려 다시 한번 강조하자면 교육과 훈육은 무조건 일찍부터 시작하는 것이 좋다. 하지만 이미 사춘기에 접어든 아이라면 부모가 일거수일투족, 혹은 아이의 모든 생각을 통제하려고 시도해선 안 된다.

대신에 결코 타협할 수 없는, 반드시 지켰으면 하는 구체적인 행동 수칙 한두가지를 놓고 아이와의 전쟁을 준비해야 한다. 예를 들어 아이가 지각도 하고 말대꾸도 하며 숙제도 안 하고 성적도 엉망인, 그러면서 하루 종일 휴대폰만 만지고 있는 상황에서 이 모든 행동들에 대해 잔소리하는 것은 절대 해결책이 될 수 없다.

우선 한 가지 문제 행동에 집중한 다음 그것이 완전히 해결된 후 또 다른 것을 훈육하는 방식으로 아이를 이끌어야 한다. 이때 갑자기 성적부터 끌어올리겠다고 부모가 욕심을 부려서도 안 된다. 나름의 우선 순위를 정하여 가장 쉽고 간단하게 해결할 수 있는 것부터 선택해야 실패를 줄일 수 있다. '집에서 5분만 일찍 출발하기'처럼 노력하면 충분히 달성할 수 있을 정도의 쉬운 과제를 하나씩 해결하다

보면 아이는 조금씩 성공을 맛보며 결국 부모의 권위 안으로 자연스럽게 들어온다.

한 번 정한 규칙은 부모의 감정이나 상황에 따라 바뀌지 않고 일관성과 신뢰성을 유지할 수 있어야 한다. 아이가 규칙을 지키지 않았을 때의 패널티까지 생각해 미리 예고하는 계획성, 언제든 패널티를 실행할 수 있는 용기와 결단력 또한 중요하다.

구체적인 수칙과 패널티를 제시해도 아이들은 쉽사리 변하지 않는다. '설마, 진짜 엄마가 휴대폰을 정지할까?'라는 생각으로 끊임없이 부모를 시험하기도 하고 '이번 한 번만 용서해달라'며 타협을 시도하기도 한다.

타협의 분위기만 조성되어도 완전한 실패는 아니니 고무적인 일이다. 실망, 비난, 짜증과 같은 감정적인 대응을 지양하고 아이가 변화된 행동을 보일 때까지 목표를 잊지 않고 기다리는 강인한 의지가 필요하다.

제3자에게 도움을 받는 방법도 있다. 부모의 말을 듣지 않고 관계도 좋지 않지만 선생님의 말은 듣는 사춘기 아이들에겐 엄마, 아빠가 아닌 제3의 멘토를 찾아주는 것도 좋은 방법이 될 수 있다. 그 멘토가 열심히 살아왔던 대학생이어도 좋고 학교나 학원 선생님이어도 좋다. 이모나 삼촌이어도 괜찮다. 실제 현장에서도 멘토와의 상담을 통해 그간 말로 표현하지 못했던 아이의 고충이 해소되고 마음이 안정되는 일이 빈번하게 일어나곤 한다.

부모 중 엄마와의 관계가 안 좋은 아이라면 아빠가 제3의 멘토가 되어줄 수 있고 그 반대가 될 수도 있다. 이때 멘토가 된 쪽에서는 배우자와 자녀 사이의 갈등을 봉합하고 가족이 화합할 수 있도록 아이에게 적절한 감정 표현법과 행동을 교육해야 할 의무가 있다. 어느 한쪽만이 좋은 부모 역할을 도맡으면서 배우자와 자녀의 갈등을 부추기고 있다면 그들 부모의 권위는 절대로 바로설 수 없으니 주의가 필요하다.

만약 현재 아이와의 정서적 거리가 너무 멀어 다가가기 힘들고 막막하다면 함께 영화를 보는 것을 추천한다. 꼭 영화가 아니어도 상관없다. 아이가 좋아하는 유튜브 채널이어도 좋다. 그러면서 조금씩 대화와 마음의 문을 열고 서로의 느낀 점과 가치, 삶에 대한 성찰을 공유하다 보면 자연스럽게 각자의 위치로, 보통의 일상으로 돌아가는 진귀한 경험을 하게 될 수도 있다.

 부모와의 갈등 점수가 0인 고2 유빈이

아주 작은 피드백에도, 심지어 중립적인 피드백에 대해서도 '기분이 상했다'라고 반응하는 아이들이 있다. 유빈이가 바로 그런 케이스였다.

첫 등록 상담을 할 때 학생이 직접 체크하는 검사 문항 중 부모와의 갈등 수준을 점수로 표시하는 항목이 있다. 보통의 경우 부모와의 갈등 점수는 10점 만점에 최소 4~6점, 많게는 7~9점 정도의 양상을 보이는데 유빈이는 0으로 표시되어 있었다. 아이가 생각했을 때 부모와의 갈등이 전혀 없다고 느낀다는 뜻이다.

그제껏 0점이라는 갈등 점수를 본 적도 없을뿐더러 성적에 관계없이 청소년기는 부모와 본격적으로 갈등을 겪는 시기이기 때문에 유빈이의 결과가 더욱 놀랍게만 느껴졌다. 실제로 유빈이는 집에서 엄마와 많은 시간 대화를 나눈다고 했고 그 두 사람은 마치 돈독한 우정을 뽐내는 친구 사이처럼 보이기도 했다.

유빈이가 풀리지 않는 수학 문제를 들고 와 도움을 요청한 어느 날, 사건(?)은 발생했다. 기초가 부족한 유빈이에게 log6을 알기 위해선 log2+log3이라는 부분을 먼저 알아야 한다고 설명한 후, 관련 개념과 공식이 적혀 있는 부분을 찾아주었다. 공식에 대한 암기가 먼저라는 설명과 함께 나아가 log600을 어떻게 처리할 수 있는가에 대해 구구단만으로도 풀 수 있는 방법을 알려주었다.

그런데 두어 시간 뒤 유빈이 어머님으로부터 전화가 걸려왔다.

"유빈이가 학원 선생님한테 상처를 받았다고 하네요. 아이한테 뭐라고 하신 건가요?"

유빈이에게 log6을 설명해주는 과정에서 비난이나 조롱 등의 부정적인 피드백은 단 한마디도 섞이지 않았다. 하지만 유빈이는 엄마에게 상처를 받았다고 전달했다. 아이가 정확히 뭐라고 말한 건지 궁금해지는 건 오히려 우리 쪽이었다.

"유빈이가 수학을 어려워하는데 더 천천히 알기 쉽고 친절하게 설명하셨어야죠."

설명 과정에서 스스로가 얼마나 모르고 있는지를 한 번 더 확인하게 되어 수치심을 느꼈고, 아이의 감정을 건드린 건 분명 강사의 잘못이니 사과를 하라는 뜻이었다. 학생 입장에서 더 천천히, 더 쉬운 설명을 요구하는 건 잘못이 아니다.

하지만 고2에게 이보다 더 쉬운 설명이 어디 있거니와 상처를 받아야할 부정적인 메시지가 전혀 없음에도 상처를 받는 건 과연 누구의 잘못이며 어디서부터 잘못된 걸까?

05

친구 같은 엄마?
부모와 자식 간의
올바른 관계 정립

최근 학부모들 사이에 '아이가 느끼는 감정과 생각은 항상 옳고 존중받아야 한다'는 주장이 교육의 제1원칙처럼 만연해 있는데 결코 이에 동의할 수 없다.

잘못에 대해 훈육했을 때 '아이가 학원에서 마음이 상했다고 한다'거나 '아이가 혼나는 기분이 들었다고 한다'는 학부모 피드백이 돌아오면 안타까움을 너머 그야말로 참담한 심경이 되곤 한다. 혼을 낸 것이 맞는데 혼나는 기분이 들었다는 건 대체 무슨 뜻일까? 아이들이 자라면서 경험해야 하는 감정이 오로지 긍정적인 감정뿐일까? 교육을 하기로 하고 돈을 받았는데 교육을 하지 말라고 하니 일이 줄어 좋다고 해야 할지 판단이 잘 서질 않는다.

친구란 동등한 위치에서 서로의 기쁨과 아픔을 공유하는 정서적 유대 관계를 말한다. 가르침과 교육이 일어나는 관계는 아닌 것이다. 때문에 교육적인 측면에서 보았을 때 부모와 자녀가 친구 같은 사이라는 말은 썩 좋은 뜻이 아니다. 부모가 자녀에게 친구로서의 역할을 추가로 제공해줄 수는 있지만 하지 않아도 무방하다. 부모는 자녀의 친구로서 기능하기보다 가르침을 줄 수 있는 교육적 역할을 최우선으로 수행해야 하며, 완벽한 타인들의 세상에서 아이가 무사히 생존할 수 있도록 필요한 준비를 갖춰줘야 한다.

부모로부터 사랑과 존중만을 받으며 갈등 없이 친구처럼 자란 아이들의 가장 큰 특징은 어른과 아이에 대한 관계 설정이 잘못되어 있다는 것이다. 이들은 선생님이나 어른에 대한 위계가 모호하고 부모에게서 받은 존중과 동일한 방식의 대우를 기대한다. 즉, 선생님과 나는 서로를 존중해야 하는 동등한 관계인 셈이다. 감정뿐만 아니라 의견이나 판단 역시 존중받아야 할 대상이기 때문에 선생님 입장도 이해가 되지만 내 입장에서는 나의 판단도 옳다.

결론적으로 선생님의 생각도 맞고 나의 생각도 맞으므로 교육이 이루어지지 않는다. 공부는 타인의 훌륭한 지식과 지혜를 흡수하고 생각의 수준을 끌어올리는 가장 훌륭한 도구다. 내 생각은 항상 존중받아야 하며 옳다고 생각하는 수용력 없는 아이가 공부를 제대로 할 수 있을 리 없고 성장하는 것 또한 불가능하다.

이 아이들은 친구에겐 할 수 있어도 어른에겐 차마 할 수 없는 말을 구분하지 않고 거의 모든 이야기를 필터 없이 전달한다. 아이의 입장에서만 각색된 많은 이야기를 듣다 보면 부모는 판단이 흐려지게 마련인데 이 때문에 아이가 클 때까지 잘못된 부분을 잘 인지하지 못하는 경우가 대부분이다.

자녀와 친구처럼 지내는 부모도 때론 어른의 관점에서 나름의 훈육을 시도하긴 하지만, 이것도 맞고 저것도 맞는 훈육이란 애초부터 존재할 수 없다. 내가 설명하고 설득하는 것들에 대해 아이가 수긍했고 알아들었기 때문에 훈육을 했다고 생각한다면 큰 오산이다.

세상에는 이유를 몰라도 반드시 지켜야 할 규칙들과 책임, 의무, 약속들이 매우 많다. 더군다나 아동기를 훌쩍 넘긴 고등학생 자녀를 훈육하는 데 있어 더 이상의 설명과 설득은 불필요하다. 그러나 여전히 많은 부모들이 왜 재미없고 어려운 공부를 해야 되냐는 아이의 질문에 최대한 자세히, 친절하게 설명해줘야 한다는 쓸데없는 책임감에 갇혀 있다.

애석하게도 이러한 부모의 노력은 그들의 자녀를 '이유가 납득되지 않으면 행동하지 않는 아이'로 키워내고 있다. 이들은 먼 훗날 직장에서도 '이 일을 해야 할 이유를 모르겠으니 하지 않겠다'고 당당히 말하는 어른이 될 것이며, 누구도 함께 일하고 싶어하지 않는 무능한 어른으로 자라고 말 것이다.

제 아무리 훌륭한 티처가 있어도 배우는 사람의 실력과 정신이 미천하면 아무런 효과가 없다. 모든 교육은 교육자의 능력이 아닌 학습자의 수용력과 태도에 따라 그 결과가 달라지기 때문이다. 수용력이 넓고 깊은 아이를 만들기 위한 진짜 교육은 가정에서부터 시작된다. 아이가 먼저 타인과 세상을 이해하고 그 속에 섞여 들어가 건강한 사회 구성원으로 기능할 수 있도록 부모의 현명하고 지혜로운 교육이 그 어느 때보다 절실해지는 요즘이다.

미숙한 아이의 결정권을 존중하지 말 것

부모가 '권위'를 가져야 한다고 말하면 '권력'과 혼동하는 사람들이 있다. 권력은 '다른 사람의 행동이나 생각을 강제로 통제하거나 영향력을 행사할 수 있는 능력'을 말하고 힘이나 제도 등을 통해 복종을 유도하는 것이다. 하지만 권위는 '타인으로부터 자발적인 존중과 신뢰를 기반으로 따르게 하는 힘'을 말하며 정당성, 도덕성, 전문성 등을 갖추어 상대로 하여금 존경을 이끌어내는 것이다. 따라서 부모의 권위를 갖는다는 것은 폭력 혹은 권력의 모습이 되어서는 결코 안 되며 반드시 존중과 신뢰를 쌓을 시간이 누적되어야만 가능하다.

미성년자는 단순히 법적인 기준을 너머 신체적, 정서적, 인지적, 사회적 발달이 진행 중인 개인을 의미한다. 아직 완전한 자율성과 독립성을 갖추지 않은 상태이기 때문에 어른의 보호와 지도가 필요하며 법적으로 중요한 모든 결정은 보호자의 동의가 필수다. 그럼에도 불구하고 상당수의 학부모들이 진로, 진학과 같은 인생의 중요한 결정권을 아이들에게 내어주고 그들의 의사를 존중해준다. 아이 삶의 주인공은 아이라는 이유에서다.

사안의 심각성을 고려해 조금은 거칠게 말하겠다. 미숙한 아이의 결정권을 존중하는 건 아이에게 책임을 전가하기 위한 비겁한 행동이다. 결과가 실패로 돌아갔을 때 '네가 하겠다고 해놓고 왜 열심히 하지 않느냐'는 말로 부모의 실수를 아이에게 떠넘기는 잘못된 행동이다. '엄마 때문에 이렇게 됐다'는 말이 듣기 싫어 아이를 무책임한 낙오자로 만드는 위험한 행동이다. 미숙하고 근시안적인 미성년 자녀에게 중요한 결정을 맡긴다는 건 아이에게 실패 경험을 반복하게 한다는 뜻과 다르지 않다.

아이를 한 인간으로서 존중하는 것은 중요한 결정과 권한을 모두 아이에게 넘기고 책임까지 위임하라는 뜻이 아니다. 또한 책임감을 가르친다는 것은 아이 스스로 감당할 수 있는 것을 감당하게 한다는 의미이지, 모든 중요한 결정을 아이에게 맡긴다는 뜻이 아니다. 아이들이 책임져야 할 것은 과정이지 결과가 아니다. 결과는 책임지는 것이 아니라 받아들여야 하는 것이며 목표한 과정이 잘 실천되도록 지원하고 훈련시키는 건 어른의 몫이다. 선택의 과정에서 아이가 그것을 지속할 수 있는지 없는지에 대해 예측, 판단하고 조언하는 것 또한 부모의 몫이다. 그리고 아이가 또다시 도전에 실패하더라도 이전보다 한 단계 더 나아간 수준까지 도달할 수 있도록 도와주고 보호하는 것이 부모의 역할이다.

결정권이 부모에게 있어야 한다고 해서 어느 고등학교에 진학할 것인지, 어느 대학을 갈 것인지를 부모가 일방적으로 결정해도 된다는 것은 아니다. 부모는 아이에게 고등학교의 종류와 대학의 종류, 대학을 가는 것과 가지 않는 것, 각각의 장점과 단점 등에 대하여 현실적이고 구체적인 정보를 제공해야 한다. 아이들 각자의 잠재력을 폭발시키거나 한계를 메우는 데 있어 멘토나 스승의 존재는 필수다. 부모가 이 모든 역할을 직접 하기 힘든 상황이라면 컨설팅이나 전문가의 의견을 구하는 방법을 적극 권장한다.

튜닝의 끝은 순정이라고 했던가. 부모의 권위를 되찾기 위한 수많은 방법론 속에서도 고고하게 빛을 발하는 원론이자 가장 쉽고 효과적인 방법은 바로 부모가 직접 자신의 삶을 훌륭하게 살아가는 모습을 아이에게 보여주는 것이다. 내가 아이에게 기대하는 삶의 모습을 부모인 내가 먼저 실천하고 보여주는 '모델링'은 매우 강력하고 훌륭한 교육 방식이다. 공부법을 익혀 자녀를 가르치는 것보다 부모가 직접 공부하는 모습을 보여주는 것이 더 효과적이고, TV를 보지 말라고 잔소리하는 것보다 부모 자신부터 TV를 시청하지 않는 행동이 더욱 강력하다.

아이와 함께 하는 시간의 절대량은 크게 중요치 않다. 집에 있는 시간이 많지 않은 워킹맘의 경우 아이와 함께 있는 짧은 시간 동안 중요하고 가치 있는 대화를 깊이 있게 나눈다면 충분히 효과적인 교육이 일어날 수 있다. 전업맘이라면 운동을 하면서 자기 관리를 열심히 하는 모습을 아이에게 보여줘도 좋고, 자격증이나 시험을 준비하는 모습을 보여줘도 좋다. 아이를 변화시키고 싶다면 부모인 나부터 변화해야 한다는 절대 불변의 진리를 꼭 기억했으면 좋겠다.

I. 아동기(6~12세)의 과업

근면성 vs. 열등감 발달 (에릭슨)

- 새로운 기술과 지식을 습득하며 성취감을 경험하는 것이 중요하다.
- 학업이나 놀이에서 성공을 경험하면 자신감을 얻고, 반복적인 실패는 열등감을 형성할 수 있다.

논리적 사고 발달 (피아제)

- 구체적 조작기 단계로, 사물을 논리적으로 사고하는 능력이 발달한다.
- 보존 개념(물체의 양이나 무게가 변하지 않는다는 것)을 이해하고, 수학적 사고가 가능해진다.

도덕성 발달 (콜버그)

- 옳고 그름을 이해하고, 규칙과 도덕적 가치에 대해 학습한다.
- 처음에는 처벌과 보상을 기반으로 행동하다가 점차 타인의 관점을 고려하는 수준으로 발전한다.

사회성 및 또래 관계 형성

- 또래 집단에서 소속감을 느끼고 우정을 쌓으며 사회성을 키운다.

- 경쟁과 협력을 경험하며 사회적 기술을 익힌다.

기본 학습 능력 습득

- 읽기, 쓰기, 계산 등의 학습을 통해 지적 능력을 확장한다.

- 자기주도학습 태도를 기르는 것이 중요하다.

자아 개념 및 자신감 형성

- 자신의 능력과 가치를 인식하며, 자존감을 형성하는 시기다.

- 부모, 교사, 친구의 피드백이 아이의 자아 형성에 큰 영향을 미친다.

II. 청소년기(12~18세)의 과업

자아 정체감 vs. 역할 혼미 (에릭슨)

- "나는 누구인가?"에 대한 고민이 시작되며, 자아 정체감을 확립

  하는 것이 핵심 과업이다.

- 진로, 가치관, 성 역할 등에 대한 탐색이 이루어진다.

형식적 조작기 발달 (피아제)

- 추상적 사고 능력이 발달하여 논리적·가설적 사고가 가능해진다.

- 비판적 사고와 자기 성찰이 증가하며, 철학적·도덕적 고민을 하게 된다.

자율성과 독립성 발달

- 부모의 보호에서 벗어나 독립적인 결정을 내리려는 경향이 강해진다.

- 자신의 행동에 대한 책임감을 배워야 하는 시기다.

또래 관계 및 사회적 정체성 확립

- 또래 집단이 중요한 영향을 미치며, 친구 관계가 정서적 안정에
  큰 역할을 한다.

- 집단 내에서 인정받고 싶어 하는 욕구가 강해진다.

도덕적 판단 및 가치관 형성

- 사회적 규범과 도덕적 가치에 대해 깊이 고민하고, 자신의 신념
  을 정립한다.

- 사회 문제나 윤리적 이슈에 관심을 갖게 된다.

진로 탐색과 미래 계획

- 자신의 관심사와 능력을 탐색하며, 진로에 대한 고민이 시작된다.

- 현실적인 목표 설정과 준비가 중요한 시기다.

정서 조절 및 대인관계 기술 습득

- 감정 기복이 심해지지만, 점차 정서 조절 능력을 배워야 한다.

- 부모, 교사, 친구 등과 건강한 관계를 형성하는 것이 중요하다.

할 수만 있다면
학원 없이 공부시키고
싶은데……

　유튜브 채널과 인스타그램 계정에 달린 댓글들 중 어느 하나 소중하지 않은 것이 없지만, 그중에서도 유난히 눈에 띄는 사연, 혹은 고민이 발견될 때가 있다. 사연자의 걱정과 불안이 고스란히 느껴지는 이러한 댓글의 경우 대댓글을 통해 공감과 위로를 전달하기엔 한계가 있어 따로 영상을 제작해 솔루션을 제공하기도 하는데, 이번 장에서 다룰 내용이 바로 그러했다. 콘텐츠를 탄생시킨 사연자의 고민은 다음과 같았다.

　'제가 사는 지역이 시골이라 학원이 하나도 없어요. 내년에 중1 되는 딸아이 어떻게 공부시켜야 할지 막막하네요. 지금은 온라인 학습지 하고 있어요.'

　대한민국은 전통적으로 사교육비 지출이 많은 나라다. 여성가족부가 발표한 '2024 청소년 통계'에 따르면 우리나라 초중고등학생의 사교육 참여율은 78.5%, 10명 중 8명이 주당 평균 7.3시간의 사교육을 받고 있다. 이는 소득에 관계없이 일정 수준의 지출만 감수한다면 누구나 사교육을 이용할 수 있는 사회 구조가 형성되었을 뿐만 아니라, 인터넷 강의 대중화로 인해 강의식 사교육으로의 진입 장벽 또한 현저히 낮아졌기 때문으로 추측된다.

　통계 수치로도 알 수 있듯 대한민국 청소년들에게 학원은 제2의 학교라 여겨질 만큼 필수적인 기관이 되었으며, 방과 후 학원에 가는 일과 또한 당연한 루틴으로 받아들여진다. 심지어 선행 학습, 각종 심화 학습 등의 학원 강의를 학교 수업보다 더 우선시해야 한다는 분위기도 팽배해 있는데, 이는 사교육을 향한 일종의 맹신이자 맹종이다. 앞에서 얘기한 댓글 사연자의 고민 역시 이러한 주변 환경에서 기인했을 가능성이 크다. 아마도 사연자는 인근 소도시까지 통학을 시켜서라도 국영수 학원 정도는 다녀야 한다는 조언, 초6이면 고1 수학까지 선행 몇 바퀴는 벌써 돌렸어야 한다는 맘 카페 글을 떠올리며 까만 밤을 하얗게 지새운 것은 아닐까.

불편한 이야기를 하자면, 요즘 아이들은 환경을 탓하며 공부를 안 하기엔 너무도 편리하고 자원이 넘쳐나는 '과잉 편의' 시대에 살고 있다. 도서관과 서점엔 공부법, 자기주도학습법, 학습 코칭, 부모 교육, 사춘기 자녀 육아법 등 고급 자료와 정보가 가득하고 수준별, 단계별 맞춤형 교재들도 잔뜩 쌓여 있다. 내용도 모두 훌륭하다. 뿐만 아니라 전국 유명 강사들의 유/무료 온라인 강의를 이용해 언제 어디서든 원하는 수업을 들을 수 있기 때문에 학원 없이도 얼마든지 수준별 맞춤 학습이 가능하다.

사연자의 고민을 무시하려는 것이 아니다. 실체 없는 불안에 잠식당하지 않도록 다독이고 응원하는 것이다. 부모의 과도한 불안감은 필요 이상의 사교육을 남용하게 만들며 그 부작용은 고스란히 아이에게 전가된다. 명문대생을 한 트럭 배출한 학원이 내 아이에겐 맞지 않을 수 있고, 10명 중 9명의 성적을 올려준 쪽집게 강의가 내 아이에겐 유해할 수도 있다. 학원을 다니는 것만으로 공부가 잘되고 있다고 믿는 것은 대단한 착각이며, 스스로 공부 시간을 확보해 성실하게 예·복습하지 않는다면 돈과 시간을 허공에 흩뿌리는 것에 다름 아니다.

당연하게도 학원은 필수가 아니다. 아이의 학습 의지와 태도, 적절한 조력이 갖춰진다면 학원 없이도 언제 어디서든 공부를 잘 해낼 수 있다.

01

가정 교육, 공교육, 사교육의 균형

누구나 자기주도학습의 중요성을 외치고 실천하려 하지만, 아이가 스스로 자기주도학습이 가능해질 때까지의 준비 과정은 생각보다 훨씬 험난하다. 또한 충분히 훈련되지 않은 학생들이 자기주도학습을 해내기 위해선 '자기주도'란 말이 무색하게도 누군가의 지도와 관리가 반드시 필요하다.

그 '누군가'가 꼭 부모 혼자만의 역할일 필요는 없다. 아이의 성장을 위해 유치원부터 초중고등학교까지 책임져야 할 부분이 너무나 많기 때문에 이를 오로지 부모 혼자서 감당하는 것은 현실적으로 무리가 따른다. 이때 가정 교육, 공교육, 사교육이라는 세 축이 적절한 균형을 이루며 함께 움직이는 것이 이상적이지만, 현실은 셋 중 단 하나, 학원으로 대표되는 사교육에만 의존하는 경우가 대부분이다.

최근엔 특히 가정 교육이 빠져 있는 케이스를 자주 관찰할 수 있는데, 자녀의 건강한 성장과 자립을 위해 가장 중요한 요소가 결핍된 채라면 아무리 지금 성적이 좋다 한들 의미가 없어지게 된다. 부모로부터 살아가는 데 꼭 필요한 기술과 태도, 습관을 전수받지 못한 아이는 결국 낙오되거나 도태될 수밖에 없기 때문이다. 가정 교육은 아이의 인생을 결정한다.

흔히 가정 교육이라고 하면 도덕 교육이나 예절 교육 정도로만 생각하기 쉽다. 그러나 가정 교육에는 단지 사회적 규칙과 행동 규범을 가르치는 것뿐만 아니라 아이의 학습을 정서적으로 지원하고 점검하며 스스로 공부에 몰입할 수 있도록 돕는 역할까지 포함된다. 가정에서 자녀의 공부를 적극적으로 지원하고 함께 고민하는 환경을 갖춰주는 것, 이것이 진정한 의미에서의 가정 교육이다.

이러한 가정 교육이 가장 효과적으로 이루어지는 시기는 바로 사춘기 이전이다. 안타깝게도 이미 사춘기에 접어든 아이와 부모 사이에는 감정 소모와 갈등이 많아져 제대로 된 가정 교육이 이루어지기 힘든 경우가 많은데, 그럼에도 불구하고 부모의 책무를 중단하거나 포기해서는 안 된다. 아이러니하게도 가정 교육이 가장 힘든 이 시기를 슬기롭게 극복하는 방법은 가정 교육에서 그 해답을 찾을 수 있다. 부모의 사려 깊은 관심과 지지, 그리고 적절한 훈육을 통하여 아이는 부모의 관점을 이해하고 공감할 수 있으며 자신의 공부와 인생에 몰입할 수 있게 된다.

여기서 말하는 몰입이란, 단순히 성적을 올리거나 명문 대학에 가기 위한 정도의 수준이 아니다. 아이가 주도적으로 인생을 설계하고 문제를 해결해나가며, 결국 직업 세계에서 승리할 수 있는 동력으로서의 몰입을 말하는 것이다. 똑같은 실패 결과를 두고 부모의 냉대와 실망, 비난을 받고 자라난 아이와 부모의 격려, 지지, 건강한 피드백을 받으며 자란 아이는 삶을 대하는 많은 부분들에서 차이가 날 것이다. 다시 한번 강조하겠다. 가정 교육은 아이의 인생을 결정한다.

혹 이미 부모와 자녀 간에 마음의 거리가 너무 멀어진 상태라 할지라도 아이를 그냥 방치해서는 안 된다. 좋은 기관과 전문가에게 솔루션을 받아서라도 가정 교육의 빈자리를 채워넣으려 노력해야 한다. 아이와 함께하는 모든 순간, 부모의 사랑과 관심은 절대적이어야 하며 성적표와 무관해야 한다.

가정 교육의 네 가지 역할 중 '양육'과 '보육'은 부모가 가장 잘할 수 있고 잘 해내야만 하는 영역이다. '훈육' 또한 아이가 사춘기에 접어들기 전까지 반드시 가정 내에서 함께 이루어져야 하는 부분이지만, 최근 이를 꺼려 하는 부모들이 증가하고 있어 안타깝다. 그리고 남은 하나, 지식과 지혜를 전수하는 '교육'의 경우 부모들이 가장 어려워하고 기피하는 역할이기 때문에 이를 제대로 수행하지 않는 가정이 매우 많다. 워킹맘으로 남편과 함께 집안 경제와 가사를 책임지는 동시에 자녀의 학업까지도 관리해야 한다면, 졸업한 지 몇 십년이 지난 지금 다시 교과서를 펴들고 아이와 함께 입시를 치러야 한다면, 그 막막함과 피로함이 오죽할까 절로 고개가 끄덕여진다.

또다시 불편한 이야기를 꺼내자면, 그럼에도 불구하고 부모의 교육 역할에 대한 우리의 지론은 부모 또한 아이와 함께 공부해야 한다는 것이다. 어른인 부모조차 잘 모르는 내용을 아이가 혼자 알아서 공부하길 바라며 학원에만 의지한다면, 과연 제대로 된 교육이 이루어질 수 있을까?

하지만 그 어려운 것을 부모 혼자서 억지로 다 해낼 필요는 없다. 꼭 자녀와 함께 이차함수 그래프를 그리고 미적분 문제를 풀지 않아도, 아이를 위한 일타 강사가 되지 않아도 괜찮다. 아이의 학습 상태와 습관을 점검하고 힘든 부분을 공감하며 스스로 이해할 때까지 도와주고 지켜봐주는 것만으로 부모의 교육 역할은 충분하다. 지식을 전수하는 본격적인 '교육'은 학교, 즉 공교육에 일임하면 될 일이다. 자녀의 보편적 교육을 위해 부모가 해줄 수 있는 가장 효과적이고 쉬운 방법은 공교육 과정을 완벽하게 따라가도록 지원해주는 것이다. 우리는 모든 교육의 기준을 공교육에 맞추라고 조언한다. 발달 단계상 각 나이대의 아이들에게 가장 적합하게 설계된 교육이 바로 공교육이기 때문이다.

부디 독자들 중엔 '학교가 아이들을 제대로 가르치지 않는다'고 주장하는 분이 없길 바란다. 대한민국은 충분한 선진국이며 유치원부터 고등학교까지 매우 체계적이고 과학적으로 이어지는 훌륭한 공교육 시스템을 갖추고 있다. 일부 맡은 바 소임을 다하지 않거나 책임을 회피하는 교사가 있긴 하지만 특정 개인의 문제를 섣불리 집단의 문제로 비화하는 것은 위험하다. 공교육을 신뢰하지 못하며 학교에서 배울 것이 없다고 주장하는 사람들은 아마 학창 시절 제대로 학교 수업을 들은 적이 없는 사람일 것이다.

학교가 무엇을 가르치는지 알지 못하고 공교육을 비난하며 학원에 찾아오는 학부모들은 백이면 백, 얼마 못 가 학원마저 비난하며 떠나간다. 학원을 찬양하며 아이를 데려왔지만 그 학원도 믿질 못하니 결국 공부는 재능의 영역이라는 일그러진 신념을 숭배하기에 이른다. 학교는 가르쳤으나 아이가 배우지 못했고, 학교 수업도 이해할 수 없는 아이가 학원 강의를 알아들을 리 없다.

공교육에도 분명 한계는 존재한다. 뛰어난 아이들은 학교 교육을 시시하게 여기고 느리거나 평범한 아이들은 이를 충분히 소화하지 못한다. 다수의 아이를 대상으로 할 수밖에 없는 보편 교육의 특성상 공교육은 내 아이만을 위한 1 : 1 맞춤형 수업을 제공하거나 아이가 완벽히 이해할 때까지 반복 훈련을 해줄 수 없다. 공교육이 맞춤식 개별 수업을 제공할 순 없지만 이를 통해 자녀의 학습 수준을 판단하는 기준이 되어줄 수 있다. 학습 속도와 난이도를 조절할 수 있도록 곁에서 도와주는 공교육이라는 '페이스메이커'가 있다는 건 분명 큰 축복이다.

가정에서의 적극적인 지원을 통해 아이가 타인과 가족에게 예의를 갖추고 올바른 행동과 태도를 익힌다면 학교 수업을 100% 이해하고 활용하는 데 큰 어려움이 없게 된다. 가정에서부터 학습 상태를 점검받고 예습과 복습, 그리고 부족한 영역을 보충하는 학습까지 탄탄하게 지원받아 학교 수업을 잘 따라갈 수 있는 아이로 성장하는 것, 이것이 바로 가정 교육과 공교육의 눈부신 콜라보다.

만약 가정에서 이러한 역할을 수행하기가 어렵거나 학교 수업에서 해결되지 않는 부분이 있다면 사교육의 도움을 받아서라도 관리해주어야 한다. 아이가 보편적인 수준 이상의 더 높은 목표를 갖고 있거나 이전 학년들에서 학습 공백이 발생해 현재의 학교 수업을 잘 따라가지 못한다면 '맞춤식' 사교육이 반드시 필요하다. 상위권은 선행 학습이 아닌 심화 학습이, 하위권에겐 단체 수업이 아닌 아이의 수준과 정서를 고려한 맞춤형 1:1 개별 학습이 필요한 것이다.

사교육은 가정 교육과 공교육에서 해결해줄 수 없는 부분을 보완하는 좋은 시스템이지만, 필수가 되어서는 안 되며 주객이 전도되어서는 더더욱 안 된다. 무조건 공교육에 최대한 집중하고 그것을 완벽히 수행하는 것이 최우선이다. 사교육은 공교육의 내용을 복습하고 피드백을 지원하는 역할에 그쳐야 한다. 공교육을 따라가기 위해 미리 준비하는 예습 중심의 사교육도 추천한다. 중1이 고등 수학을 훑고 있는 '선행 학습'이 아니라, 다음 학기 진도를 대비하여 학교 수업을 완벽히 이해하기 위한 수준의 '예습' 말이다.

　제발 학교 교육만으로는 공부가 턱없이 부족하다고 생각하거나 주변 모두가 학원을 보내니까 불안해서 따라 하는 실수를 범하지 말자. 또래보다 앞선 선행 학습, 아이의 상태와 수준을 고려하지 않은 심화 학습 모두 불필요하다. 자녀가 건강한 사회 구성원으로 자라나기 위해선 가정의 정서적, 학습적 지원, 학교 교육의 충실한 수행, 그리고 적절한 외부의 도움이 모두 총력을 다해 이루어져야 한다. 이는 현장에서 십 수년째 매일같이 아이들을 지도하는 입장에서도 결코 쉽지 않은 일이다. 한 아이를 키우는 데에는 정말 온 마을이 필요하다.

02

자녀 교육의 필수 역할 : 멘토, 코치, 티처, 컨설턴트

아이에게 제대로 된 교육을 지원하기 위해선 네 가지 역할이 반드시 필요하다. 이는 학원이나 외부 기관의 도움 없이 가정에서만 학습 지원이 이루어진다 하더라도 동일하게 적용되는 필수 역할들이다. 이 네 가지 역할을 중요도 순서로 나열해보면 멘토Mentor, 코치Coach, 티처Teacher, 컨설턴트Consultant로 정리할 수 있다.

I. 멘토

멘토는 아이를 성장시키고 정서적으로 지도하며 인생의 지혜와 방향을 제시하는 존재다. 우리가 흔히 생각하는 좋은 선배, 어른, 혹은 부모의 역할에서 가장 기대할 수 있는 것이 멘토의 역할이다. 당장의 학습 코칭을 해주는 역할도 아니고 쪽집게 강의를 해주는 것도 아니지만, 장기적으로 봤을 때 아이의 인생에 가장 결정적인 영향을 끼치는 역할은 멘토라고 생각한다.

멘토가 있는 사람과 없는 사람은 인생의 여러 고비, 삶의 녹록지 않은 순간을 받아들이는 자세에 있어 현격한 차이를 보인다. 청소년들 역시 마찬가지다. 멘토는 아이가 시행착오를 덜 겪고 올바른 길로 나아갈 수 있도록 삶의 지혜와 경험을 전달해주는 사람이다. 급격한 호르몬 변화로 인해 감정이 요동치는 청소년기엔 더더욱 곁에서 붙잡아주고 이끌어주는 좋은 멘토의 존재가 반드시 필요하다.

아이들은 정서적 위로와 공감, 지지가 필요하고 그 역할을 가장 잘 해낼 수 있는 사람은 부모다. 많은 부모가 스스로를 판단할 때 아이의 멘토 역할을 충분히 하고 있다고 생각하지만 실제로 들여다보면 부모 자식 간에 제대로 된 멘토링이 이루어지는 경우는 드물다. 이유는 단순하다. 아이들이 부모의 이야기를 잘 듣지 않기 때문이다.

아이들에게 조언할 땐 들을 준비가 되어 있는지 그 타이밍을 잘 살피는 것이 무엇보다 중요하다. 아이가 혼란스럽고 감정적으로 힘든 상태일 때, 예를 들어 안 좋은 시험 결과를 받아들고 누구보다 풀이 죽어 있는 아이에게 이성적, 비판적 조언을 건넨다면 이는 잘못된 타이밍에 잘못된 조언을 제공한 것이다. 이때 아이는 부모의 조언을 잔소리로 인식하고 받아들이지 않으며 쪽모와의 갈등 또한 깊어진다. 부모 입장에서는 먼저 인생을 경험한 선배로서 자녀가 좀 더 현명하고 안락하게 삶을 영위할 수 있도록 조언하는 것일 테지만, 아이들은 그 말을 이해할 수 없고 들을 준비도 되어 있지 않다.

세상에 대한 경험이 부족하고 실패를 많이 겪어보지 않은 아이들은 오래 산 어른과 똑같이 느끼고 생각할 수 없다. 어린 아이들이 다소 비합리적이고 미숙한 생각을 하며 비효율적이고 불리한 선택을 하는 건 어쩌면 당연한 일인 것이다. 듣고 싶지 않은 아이를 꾸준히 설득하고 이끌어주는 작업은 매우 어렵고 복잡하기 때문에 피 한 방울 섞이지 않은 타인보다 천륜과 사랑으로 엮인 부모에게 가장 적합한 역할이다. 부모는 내 아이 전담 멘토로서 자녀의 정서를 이해하고 지지하며 진심으로 공감하고 적절한 타이밍에 적절한 조언을 제공해야 한다.

II. 코치

코치는 목표를 달성하기 위해 동기를 부여하고 훈련 프로그램을 운영하며 행동을 직접적으로 변화시키고 훈련을 강하게 이끌어주는 역할을 한다. 코치의 역할을 쉽게 이해하고 싶다면 예체능 분야의 레슨 선생, 골프 코치 등을 떠올리면 된다. 공부 코치도 이와 다르지 않다. 공부 코치는 단지 기술이나 지식을 전달하는 강의를 주로 하는 것이 아니라 정해진 코칭 프로그램과 전략을 통해 아이들이 목표를 달성할 수 있도록 훈련시켜주는 사람이다.

훌륭한 예술가를 키워낸 코치들은 그 분야의 대가가 아니었다. 훌륭한 스포츠 스타를 키운 코치들도 세계 최고의 선수가 아니었다. 선수의 상태를 잘 파악하고 치밀하게 짜여진 훈련 프로그램을 잘 운영하는 능력만 있다면 누구나 훌륭한 코치가 될 수 있다. 선수에 대한 사랑과 관심, 관리가 포인트다. 아이를 진심으로 사랑하고 진지하게 귀기울이며 분석하고 관리해줄 수 있는 사람은 코치가 될 자격이 충분하다. 부모는 아이에게 최고의 학습 코치가 될 수 있다.

하지만 현실적으로 많은 부모들이 이러한 학습 코치의 역할을 기피한다. 특정 학년 수준 이상부터(보통 중학교)는 부모가 학습 내용에 대해 적극적으로 개입하기 힘들 정도로 난이도가 높고 자녀와의 갈등이나 설득 과정에서 오는 스트레스를 가능한 한 피하고 싶다는 게 그 이유다. 그렇기 때문에 아이 공부에 관한 책임을 사교육 기관에 오롯이 일임하려 하지만, 여기서 함정은 일반적인 사교육 기관의 강사들은 대부분 멘토나 코치가 아닌 티처의 역할에만 주로 국한되어 있다는 점이다.

티처는 지식과 기술을 전달하는 사람일 뿐 목표를 향한 행동 변화와 동기 부여까지 책임지진 않는다. 부모가 직접 자녀를 코칭하기가 너무 어렵다면 1:1 개별 학습 코칭이 가능한 대학생 과외 선생님, 혹은 학습 코칭 전문 기관 등 외부의 도움을 받는 방법도 있다. 특히 아이가 2명 이상의 단체 수업에서 큰 도움을 받지 못하고 있다면 개별 코칭을 적극 추천한다. 그 코치가 티칭까지 잘한다면 금상첨화겠지만 꼭 그럴 필요는 없다. 좋은 인터넷 강의와 훌륭한 학습 코칭이 만난다면 그 시너지는 엄청날 것이다.

아직까지 사교육 시장은 거의 대부분 티처들로 구성되어 있지만, 우리처럼 전문적으로 학습 코치의 일을 하는 사람들도 최근 조금씩 늘어나고 있는 추세다. 그런 만큼 '학습 코치'라는 용어를 무분별하게 사용하는 경우도 많아 주의가 필요하다. 전문성을 갖춘 학습 코치에게는 학생의 내적 동기 수준 및 진로 설정 등의 정신적인 영역, 전 과목에 대한 기초 학습 역량, 집중력·집요함·사고력 수준 등 학습 및 행동 역량을 파악할 수 있는 능력과 누적된 경험이 필수다.

학습 코치는 한 달 뒤에 있을 중간고사의 성적을 올려주는 사람이 아니다. 아이에게 맞는 목표 설정과 전략을 세우고 구체적인 플랜을 실천하게 하여 더욱 중요하고 어려운 시험에서 좋은 성과를 낼 수 있도록 지도하는 것이 진짜 학습 코치의 역할이다. 내 아이에게 걸맞은 개별적인 코칭은 단기간에 성과를 낼 수 없고 기대해서도 안 된다. 또한 '누가 어느 대학에 합격했다'는 선정적인 광고에만 현혹되어 섣불리 시도하지 말아야 한다. 환경상 도저히 좋은 코치를 찾아낼 수 없다면 가짜 전문가들에게 자녀를 맡기기보다, 가장 오랫동안 아이를 관찰해온 부모가 그 역할을 해내는 것이 베스트다.

멘토, 코치의 역할과 달리 티처의 역할은 부모가 수행하기에 매우 어려우며 시도해서는 안 된다. 부모는 아이가 자랄수록 감정적으로 부딪히거나 갈등을 겪을 수밖에 없는 관계에 있어서 지속적으로 티처의 역할을 수행하기가 어렵기 때문이다. 만약 아이가 고2가 될 때까지도 아무런 갈등 없이 가르칠 수 있다면 지속해도 되겠으나 현실적으로 불가능에 가깝다. 아이들은 좋아하는 선생님에게도 겨우 배우는 존재다. 불편하고 갈등하는 관계의 사람이라면, 그게 설령 부모라 할지라도 아이들은 마음의 문을 잠그고 받아들이지 않을, 배우지 않을 이유를 찾는 데에만 열중할 것이다.

또한 비전문가인 부모는 보통 아이들이 얼마나 어려워하는지 알지 못한 채 본인의 현재 능력과 관점에서 아이를 가르치게 된다. 이는 '지식의 저주'라는 현상으로, 내용을 잘 아는 사람이 초심자의 어려움을 공감하지 못하고 본인 수준에서 설명하는 것을 일컫는다. 한 번이라도 가족에게 운전을 배워본 적 있다면 무척 공감하는 대목일 것이다. 결국 양쪽 모두 감정이 상한 채 싸움으로 끝나는 가족 간 운전 연수를 떠올려본다면 부모가 티처 역할을 자처할 때 얼마나 위험천만한 일이 벌어질지 새삼 깨닫게 된다.

이때 아이가 잘 이해하지 못하면 답답해하거나 화를 내기에 이르는데, 본인의 성격이 급하거나 다혈질이라면 더더욱 자녀를 가르쳐서는 안 된다. 그 시간에 차라리 경제 활동을 하거나 아이와 즐거운 시간을 보내며 정서적 지원을 해주는 편이 훨씬 더 좋다.

티처는 지식과 정보를 전달하는 사람이다. 본인이 준비한 수업 내용을 전달하는 것으로 역할이 끝나는 사람인 것이다. 티처는 수업 준비가 잘되어 있어야 하고 그 내용을 매우 잘 알아야 한다. 다수를 대상으로 정해진 시간에 압축적으로 내용을 잘 설명할 수 있어야 하기 때문에 기본적으로 공부를 잘했던 사람이어야 한다.

사실 이렇게 말하면 학부모들이 학원 강사의 스펙과 출신 대학부터 따지려 드는 현실에 조금이라도 정당성을 부여하게 될까 조심스러운 부분이 있다. 티처는 잘 가르쳐야 할 의무가 있고 잘 가르치려면 본인이 공부를 잘했던 경험이 있어야 하는 것도 맞지만, 어디까지나 내 아이의 수준과 상태를 고려한 판단이어야 한다.

중학생 인수분해와 일차함수를 가르치는데 굳이 명문대 수학과 출신 티처를 모셔올 필요가 없고 대치동 일타 강사를 초빙할 필요도 없다. 티처로부터 지식과 기술을 수용하고 학습해야 하는 주체는 학생 본인이다. 티처가 아무리 잘 가르쳐도 학생이 제대로 배우지 못하면 의미가 없다. 우리 아이를 잘 이해시켜줄 최고의 강사를 찾겠다며 과도한 비용을 지출할 것이 아니라 아이가 스스로 노력하고 배울 수 있는 사람으로 성장하는 것, 자기주도학습이 우선인 이유도 바로 이것이다.

컨설턴트는 정확한 진단과 함께 그에 맞는 솔루션을 제공하는 사람이다. 의사로부터 병의 진단과 치료법을 제공받는 것을 떠올리면 컨설턴트의 역할을 이해하기 쉽다. 컨설턴트는 앞서 설명한 멘토, 코치, 티처와 비교했을 때 일회성 역할이지만 가장 전문적이어야 한다. 그렇기 때문에 주변 지인, 부모, 형제 등 비전문가가 섣불리 컨설턴트의 역할을 자처하는 것은 대단히 위험하다.

현장에서 입시를 지도하는 우리 역시 입시 제도와 교육 과정, 그리고 세대마다 바뀌는 아이들의 특성에 대해 끊임없이 공부하고 연구해야 한다. 그럼에도 여전히 어렵고 민감한 것이 교육 컨설팅인데, 하물며 비전문가인 부모나 지인이 지극히 개인적인 경험만을 바탕으로 아이를 컨설팅한다는 건 자칫 선무당이 사람 잡을 수도 있는 위험한 일이다.

하지만 안타깝게도 부모를 포함한 주변인들은 아이들에게 틈만 나면, 끊임없이 컨설팅을 시도한다. 전문적 지식 없이 함부로 자녀를 분석하고 진단하며 평가한 뒤 잘못된 해결책과 조언을 제공하는 것이다. '내 새끼는 내가 제일 잘 안다'는 부모의 선입견과 보고 싶은 대로만 보려 하는 아집은 문제 해결에 어떠한 도움도 주지 않는다.

아이는 자신의 상황과 전혀 맞지 않는 부모의 조언과 솔루션에 점점 지쳐가다 결국 귀를 닫아버린다. 부모의 사려 깊은 조언조차 '잔소리'로 여기고 갈등하다 점차 관계마저 멀어지게 되는데 이러한 현상엔 공통적으로 부모의 어설픈 컨설팅 시도가 존재하게 마련이다.

예를 들어 수학을 잘하는 아빠와 함께 수학을 공부하는데 아이가 점점 수학과 아빠를 모두 싫어하게 된다거나, 엄마가 자식 대학 잘 보낸 이모들로부터 정보를 듣고 와서 '이렇게 해라, 저렇게 해라' 계속 평가하고 조언해 아이와 갈등을 빚게 되는 등 잘못된 부모의 컨설팅 사례는 차고 넘친다.

이러한 이유로 컨설팅은 객관적이고 전문적인 외부 전문가에게 맡기는 것이 가장 좋다. 흔히들 컨설팅이라고 하면 입시 컨설팅을 떠올리기 쉬운데, 그보다 더 중요하고 선행되어야 할 건 '학습 컨설팅' 이다. 아직 학습 컨설팅을 전문으로 하는 업체는 그리 많지 않다. 그만큼 전문적이고 어려운 분야라는 방증이다.

학습 컨설팅에서는 우리 아이의 현재 상태에 대한 원인 분석과 진단이 가장 중요하다. 나아가 앞으로 어떻게 학습해야 할지에 대한 조언 및 정확한 솔루션까지 제공받게 되는데, 이러한 컨설팅은 단발성으로 끝나는 경우가 대부분이기 때문에 컨설팅 그 자체만으로는 크게 효과를 볼 수 없다.

컨설팅보다 중요한 건 '실행'이다. 아무리 좋은 치료법을 알려줘도 환자가 따라 하지 않는다면 병이 낫지 않듯, 정확한 학습 솔루션을 제공받아본들 학생이 실행하지 않으면 아무런 의미가 없다. 컨설팅의 효과는 이를 지속적으로 관리해줄 수 있는 관리자가 있을 때 비로소 나타난다. 그리고 그 관리자는 부모가 가장 잘할 수 있는, 부모에게 가장 적합한 역할이다. 컨설팅 받은 내용을 토대로 아이가 목표를 향해 나아갈 수 있도록 부모가 직접 정서적 지원과 학습적인 지원, 관리와 지도를 아끼지 않는 멘토 겸 코치가 되어주는 것이다.

부모가 할 수 없는 상황이라면 컨설턴트의 솔루션을 지속적으로 관리해주고 프로그램을 운영해줄 코치를 외부에서 찾아야 한다. 코치가 멘토의 역할까지 해준다면 더할 나위 없이 좋고, 만약 그렇지 않다면 부모를 비롯한 가족들이 그 역할을 해주길 바란다.

학원 없이
공부하는 법

주변에 학원이 없어 불안해하는 현상은 비단 사교육 기관이 많지 않은 시골 지역의 학부모들에게만 해당되는 얘긴 아니다. 사교육이 넘쳐나는 도시에서도 상위권이 아닌 대부분의 학부모들은 우리 아이의 성적을 올려줄 수 있는 더 좋은 티처, 더 좋은 학원을 끊임없이 찾아 헤매기 때문이다.

거듭 강조하지만 교육의 기능은 티처에만 국한되어 있지 않다. 오히려 올바른 멘토와 학습 코치를 지원받을 때 아이들은 급격하게 성장한다. 자녀가 좋은 학원을 다니지 못해서, 좋은 티처가 없어서 공부를 못 한다거나 안 한다고 생각하면 제대로 된 솔루션이 나올 수 없다. 학습에 있어 가장 중요한 건 잘 배우려는 학생의 의지와 태도다.

굳이 학원이 아니더라도 요즘 같은 대인강 시대에 우리 아이의 학습 수준과 성향에 맞는 좋은 온라인 티처를 찾는 방법은 너무도 쉽고 간편하다. 하지만 아이들이 인터넷 강의를 이해하고 집중하며 제대로 학습할 수 있기까진 반드시 부모의 지원과 도움이 필요하다.

우선 가정 내에서 아이가 공부에 집중할 수 있도록 공부 이외의 자극을 최소화한 공간 환경을 조성해주는 것이 중요하다. 침대와 공부방을 따로 분리하거나 여의치 않을 땐 TV를 치운 거실을 아이의 공부방으로 활용하는 방법도 좋다. TV는 부부의 방으로 옮긴 뒤 아이가 공부하는 시간엔 온 가족이 거실에 함께 모여 책을 읽거나 공부할 수 있는 환경을 조성한다면 자연스럽게 학습 습관을 형성하는 데 큰 도움이 된다. 거실에서 공부할 경우 아이가 졸거나 휴대폰을 하는 등 집중력이 흐트러진 모습을 보이거나 이해가 안 돼 어려움을 겪을 때 부모가 즉각적으로 관찰하고 관리할 수 있다는 장점도 있다.

환경에 구애받지 않고 스스로를 잘 통제할 수 있는 사람은 대뇌 기능이 고도로 발달한 사람이다. 아직은 미숙하여 집중력, 과제 지속력, 인내심, 끈기, 충동 조절력이 부족한 아이들은 부모로부터의 이와 같은 환경적 지원이 반드시 필요하다. 자녀의 산만함을 탓할 게 아니라 자녀가 산만할 수밖에 없는 공간과 습관을 바꿔주려는 노력을 아끼지 않아야 한다.

우리 아이 수준에 알맞은 온라인 수업과 공부 환경을 갖췄다면 이제부턴 실제 학원을 등하원 하듯 자녀의 공부 시작 시간과 종료 시간을 포함한 학습 시간표를 짜고 요일별 과목 스케줄링, 예·복습 프로그램을 설계해 부모가 직접 관리해야 한다. 또한 아이가 수업을 잘 듣고 제대로 이해했는지, 목표로 한 공부량을 얼마나 밀도 있게 달성했는지 확인하고 점검해야 한다. 부모가 학습 내용을 잘 알지 못한다 하더라도, 설령 미적분을 몰라도 교재와 해설서를 통해 아이의 학습 상태를 파악할 수 있다. 오늘 배운 내용을 엄마에게 설명하게 한 뒤 아이의 설명이 잘 이해되지 않거나 교재의 내용과 많이 다르다고 판단될 땐 다시 복습하도록 지도하는 것, 이 모든 과정이 학습 코치의 역할이다.

부모는 자녀에게 최고의 학습 코치가 될 수 있지만, 막상 비전문가가 시도했을 때 결코 쉬운 일은 아니다. 부모 혼자서 다 해내기 힘들다면 주기적으로 인근 도시의 전문 기관에서 학습 코칭을 받거나, 온라인 코치와의 협업을 통해 학습 지원을 강화하는 방법도 도움이 될 수 있겠다.

아무리 좋은 학습 프로그램과 스케줄을 설계하고 관리한다 하더라도 아이가 부모와의 약속을 지키지 않는다면 의미 없는 일이 되고 만다. 부모와 평일 4시부터 8시까지 공부하기로 한 약속을 잘 지키는 책임감 강한 아이로 키우기 위해서는 일관된 규칙과 훈련이 필수적이다. 부모가 정한 규칙과 패널티는 항상 일관성을 유지해야 하고 부모 또한 약속을 잘 지켜 아이가 이를 자연스럽게 모델링 할 수 있도록 유도해야 하는 것이다.

예를 들어 4시부터 8시까지 공부가 끝난 후 잠들기 전 1시간 동안 좋아하는 게임을 할 수 있도록 약속을 정했다면, 이 규칙은 부모의 기분이나 시험 결과에 관계없이 무조건 지켜져야만 한다. 아이와 갈등이 생겼다고 해서, 아이가 시험을 망쳤다고 해서 아이와 정한 규칙을 부모 마음대로 파기한다면, 아이는 책임감을 학습할 수 없고 부모의 권위는 추락한다. 부모의 말과 행동은 일관되어야 하며 무게가 있어야 한다. 자기 조절력과 책임감을 갖춘 노력하는 아이로 키워내기 위해선 부모 자신부터 엄격한 절제와 인내, 노력을 생활화하는 습관을 들여야 한다.

아이와 부모가 약속을 정하고 이행하기 위해선 서로에 대한 이해와 신뢰가 바탕이 되어야 한다. 부모가 아이의 자유로운 말과 생각, 감정에 귀 기울이고 진심으로 존중해줄 때 아이는 비로소 부모의 말을 듣기 시작한다. 특히 사춘기 이후부터는 새롭게 자아가 형성된 상태이기 때문에 나이만 미성년일 뿐 어른의 사고방식과 이성 체계를 갖추게 된다.

물론 아직까지는 충분히 훈련되지 않아 이성적 사고는 미숙하고 감정만 발달한 상태에 불과하지만, 어른 대 어른, 하나의 완성된 인격체라는 인식을 갖고 자녀를 존중하는 태도가 필요하다. 지시와 명령이 아닌 대화와 협상, 설득과 타협, 경청과 공감이 중심이 되어야 한다는 뜻이다.

갈등 상황이 생겼을 때 무조건 피하거나, 혹은 화를 내며 감정적

으로 반응하는 대신 차분하고 일관된 태도로 대화를 이끌어가야
한다. 진정한 학습 코칭은 이렇듯 디테일하고 세심하게 쌓아올린 안
정된 관계 설정 위에서만 가능하다.

단순히 학원이나 강의를 통한 지식 전달만으로 학습이 이루어지
는 것은 아니다. 공부의 본질은 지식의 '전달'이 아닌 '수용'이다. 즉,
학생 스스로가 얼마나 지식을 잘 받아들이고 배운 내용을 내 것으
로 만드느냐에 따라 공부의 성패가 달라지는 것이다.

중요한 것은 연습과 피드백이다. 가정에서 부모가 멘토이자 코치
로서 아이의 내면을 들여다보고 목표를 향한 올바른 학습, 생활 프
로그램을 잘 활용하여 자녀를 적응시켜 간다면, 아이는 사교육 걱정
없이 단단하게 성장할 것이라 확신한다.

4장

금수저 vs. 흙수저?
부모의 경제력이
자녀의 공부에 미치는 영향

2024년도 기준 대한민국 중위소득은 세전 연봉 3,570만 원 정도라고 한다. 이는 실수령액으로 계산했을 때 월 270만 원 정도 되는 소득으로 300만 원이 채 안 되는 금액이다. 중위소득이란 전체 소득을 최저액부터 최고액까지 나열했을 때 정확히 중간에 위치하는 소득을 말한다. 평균 소득이 극단적인 고소득자나 저소득자에 의해 왜곡될 수 있는 반면 중위소득은 그렇지 않기 때문에 중간 계층의 경제 상황을 잘 나타내는 지표라고 할 수 있다.

아파트 자가 유무, 중형 자동차, 예금액 잔고 등 소위 '중산층'의 기준에 대한 사람들의 관심이 어느 때보다 높지만, 실상 월 300만 원 이상의 소득자는 생각보다 많지 않고 그 가운데서도 자녀의 사교육비는 필수 지출 항목이라는 점에 주목할 필요가 있다.

사교육이 어째서 '필수'인지에 관한 논의는 잠시 미뤄두기로 하고, 어느 맞벌이 부부가 초등학생, 중학생인 자녀 2명을 양육하며 각각 영어와 수학 학원을 보내고 있는 상황을 가정해보겠다.

중위소득을 전제로 한 이들 가계에서 학원비가 차지하는 비중은 약 20%에 달한다. 과목별 사교육 진검승부가 펼쳐지는 고등학생 자녀는 아예 고려 대상에 넣지도 않았을뿐더러 맞벌이 부부인 상황도 이러한데, 외벌이 가정의 경우 그 부담이 오죽할까. 영어, 수학 학원을 기본으로 국어나 과학 학원, 독서실 비용을 추가하기만 해도 자녀 한 명당 월 100만 원에 달하는 금액이다.

부모가 매일같이 9 to 6로 출근하며 고지혈증, 고혈압, 만성 피로, 스트레스를 달고 사는 대가로 벌어오는 그 소중한 월급이 고작 제 학원비에 쓰이고 있다는 사실을 아는지 모르는지, 아이들은 오늘도 멍하니 식물처럼 앉아 있다 식물처럼 사라진다.

현장에서 보면 부모가 자녀에게 경제 교육을 전혀 시키지 않는 가정이 의외로 많다. 맞벌이에 자녀가 외동인 경우가 많다보니 경제적으로 부족하지 않을뿐더러 부모들도 바쁘고 힘들기 때문이라 추측된다. 혹은 어려운 가정 형편을 너무 일찍 알아버려서 돈 걱정을 한다거나 돈 앞에 쩔쩔매는 아이로 키우고 싶지 않다는 사람들도 있다.

하지만 경제적으로 여유롭든 여유롭지 않든, 돈의 가치와 부모의 노고에 대한 이해 없이 그저 해맑기만 한 아이로 키우는 게 과연 자녀의 인생에 어떤 도움이 될지에 대해선 깊이 고민해봐야 한다. 아이들은 10만 원이 채 안 되는 제 용돈을 기준으로 학원비가 얼마나 크고 소중한 돈인지 미처 알지 못한다. 학원비의 값어치에 대하여 어떠한 설명도 듣지 못한 아이에게 책임감이나 의무감이 있을 리 만무하다. 아이들에겐 잠잘 시간을 줄여가며 학원 숙제를 완수해낼 어떠한 책임도, 지각하지 않으려 분초를 다툴 하등의 이유도 없다. 점차 본전 생각에 좋은 말과 표정이 나오지 않는 건 오히려 부모 쪽이며, 이쯤 되면 자녀와의 관계 또한 원만하지 않을 확률이 크다.

자녀에게 가정 경제 상황을 공유하는 것은 아이로 하여금 부모의 노력과 희생에 감사함을 느끼게 만드는 효과적인 방법이 될 수 있다. 또한 부모를 존경하고 공경하게 되는 자연스러운 훈육이 일어남과 동시에 돈의 가치에 대해 학습하고 경제 관념을 정립할 수 있는 좋은 교육 수단이 될 수 있다. 현장에서 만난 아이들 중 고3 민성이가 꼭 이러한 케이스였다.

고2 초에 우리와 처음 만난 민성이는 공부 의지도, 목표도 없이 그저 부모가 등록한 학원을 대충 다녀주기만 하던 아이였다. 등원한 지 1년이 지났지만 별다른 변화나 각성 없이 고3 수험생이 된 민성이는 어느 날, 부모님이 운영하시는 식당이 갑자기 폐업을 하게 되었다며 더 이상 학원을 다닐 수 없을 것 같다는 말을 전해왔다. 고3 수험 생활의 시작과 함께 닥쳐온 민성이의 불운에 무척 가슴이 아파 EBS 교재를 활용해 수능까지 혼자서 공부할 수 있는 방법을 차근차근 알려주었다. 힘든 일이 있으면 언제든 찾아오라는 당부도 잊지 않았다. 민성이는 '이렇게 될 줄 알았으면 진작 좀 열심히 할걸 그랬다'며 그렁그렁 후회의 눈물을 보이고 떠났다.

그로부터 일주일 후, 놀랍게도 민성이가 다시 찾아왔다. 민성이는 부모님과 상의 끝에 그간 병행해오던 영어, 수학, 과학 학원을 모두 정리하고 수능 날까지 이 학원만 다니기로 결정했다고 말했다. 어머님이 그간 살뜰히 모아두신 비상금 덕분에 학원 한 군데는 다닐 수 있게 된 것이었다. 그런 아이의 결정이 고맙고 반가웠지만 정작 놀란 이유는 따로 있었다. 민성이의 표정, 눈빛, 자세, 모습이 일주일 전과는 너무도 달라져 있었던 것이다. 수많은 성장기 친구들을 만나오면서도 아이가 한순간에 다른 사람이 된 것처럼 철이 드는 모습을 목격한 건 민성이가 처음이었다.

그 후 민성이는 정말 다른 사람이 되었다. 학교를 마친 후 누구보다 먼저 등원해 가장 늦게까지 자리를 지켰다. 저녁 먹으러 나가는 시간도 아까워 정수기 물로 배를 채우며 공부하다 집에 돌아가면 그제야 라면 2개에

밥까지 말아 먹고선 잠에 들었다. 뒤늦게 제대로 공부하려니 어려운 것 투성이였지만 민성이는 결코 좌절하거나 포기하지 않았다.

"공부 열심히 하고 돈 많이 벌어서 부모님 가게 다시 차려드릴 거예요."

이듬해 민성이는 지방 거점 국립대학교에 전액 장학금을 받고 입학했다. 비단 민성이뿐만 아니라 가정에서 경제 교육을 잘 받은 아이들은 사치하지 않고, 부모에게 과도한 요구를 하지 않으며, 독립심과 책임감을 갖고 건강하게 살아간다. '고통을 나누면 고통스러운 사람이 둘이 된다'는 우스갯소리가 있지만 걱정과 고통을 함께 나눌 수 있어야 진정한 가족이 아닐까. 풍요와 과잉의 시대, 청소년 자녀에게 가족의 경제 상황을 설명하고 재화의 가치와 경제 관념에 대해 교육하는 것은 어쩌면 그 무엇보다 우선시되어야 할 부모의 과업일지도 모른다.

전기세만 내주더라도
학원을 가라?

드라마 〈SKY 캐슬〉을 통해 소개되었던 '입시 코디네이터'와 같이 일부 부유층들을 위한 고액의 사교육 시장을 제외한다면, 청소년 자녀를 둔 거의 모든 대한민국 가정에서 학원(또는 과외)은 이제 선택이 아닌 필수로 자리잡았다. 학교 수업 시간에 선생님이 "이건 학원에서 다 배웠지?"라며 설명을 건너뛰는 일도 비일비재하다고 하니, 이러다 국가에서 학원을 필수 의무 교육으로 지정하는 건 아닌지 씁쓸하기만 하다.

사교육에 몸 담고 있는 사람으로서 업계의 비난을 받을 각오로 말하건대, 학원은 학교를 마친 후 당연히 가야하는 곳이 아니다. '잠을 자더라도 학원 가서 자라'는 부모의 잔소리를 들으며 억지 춘향으로 와야만 하는 곳은 더더욱 아니다. 인스타, 유튜브 채널에 공개된 영상들에서도 수없이 강조했듯이 사교육이 반드시 필요한 학생은 정해져 있다. 학교 수업을 따라갈 수 없는 하위권 학생들과 학교 수업이 따라갈 수 없는 최상위권, 극상위권 학생들이 이에 해당한다.

최상위권은 공교육이 해결해줄 수 없는 양질의 교육을 받기 위해 사교육이 필요하고, 하위권은 내 수준에 맞는 맞춤 교육을 통해 학습 공백을 메우기 위해 사교육이 필요하다. 물론 최상위권을 위한 사교육의 경우 오프라인 강의 대비 저렴한 인강으로도 얼마든지 대체가 가능하다. 크게 이 두 부류에 해당하지 않는 다수의 학생들, 학교 수업을 이해할 수 있고 스스로 교과서와 자습서를 보며 예·복습 할 수 있는 평균치의 아이들까지 묻지도 따지지도 않고 사교육에 발을 들이는 건 비용 대비 큰 의미가 없다. 사교육은 필수 교육이 아니다.

만약 학생이 자발적 의지와 욕구에 의해서 스스로 학원을 선택하고 부족한 부분을 보충하려 한다면 부모가 땡빚을 내서라도 자녀를 지원해주는 게 맞다고 생각한다. 아이가 할 수 있는 모든 것을 다 해냈지만 끝까지 터득하지 못한 개념과 문제에 대하여 고수의 코칭을 받고자 한다면, 이럴 땐 수백만 원의 과외라 해도 충분히 필요성과 가치가 있다. 최근에는 부모 본인이 자녀 교육에 별 뜻이 없다고 해서, 공부로 성공하는 세상이 아니라고 생각해서 사교육비 지출을 아까워하는 경우가 종종 있는데, 공부에 있어 학생의 의지보다 우선시되어야 할 건 없다. 공부를 포함한 모든 교육은 학습자 본인의 노력과 태도가 가장 중요하다.

하지만 실제 현장에서는 그 반대의 경우, 즉 학생의 의지보다 학부모의 의지가 강하게 개입되는 경우가 절대 다수다. '전기세만 내주더라도 학원을 가라'며 아이를 등떠미는 부모들의 마음속엔 '설마 진짜 전기세만 내겠어? 뭐라도 하고 오겠지?'라는 의도가 숨어 있다. 부모들은 아이가 집에서 뒹굴거리는 모습을 보기 싫은 마음 반, 나 대신 학원 선생님이 아이로 하여금 공부를 하고 싶게 만들고, 결국 공부를 잘하게까지 만들어줄 것이라는 기대 반으로 자녀를 학원에 보내지만 안타깝게도 결과는 늘 똑같다.

부모의 손에 억지로 끌려온 학생은 아무리 시간이 지나도 딱 그만큼만 노력하며 결코 성장하지 않는다. 학원 선생님은 내 아이를 완전히 다른 사람으로 만들어줄 수 없으며 아이들은 장소만 바꿔서 계속 뒹굴거릴 뿐이다. 지금까지 흔한 레벨 테스트로 학생을 걸러서 받은 적은 없지만 단 하나, '배우기로 마음먹지 않은 학생'은 등록시키지 않는다. 자녀 스스로 배움에 대한 의지가 없고 무엇이 필요한지 모르는 상태에서 무계획한 서포트는 아이의 잠재력과 욕구를 무너뜨릴 수 있다.

'때가 되면 알아서 하겠지' '일단 학원만 가면 정신차리고 공부하겠지'와 같은 무책임한 생각은 버리자. 소문난 학원의 명문대 입시 커리를 무작정 따라다닐 것이 아니라 내 아이가 지금 사교육이 필요한 상태인지, 그리고 아이가 본인의 의지로 사교육을 필요로 하는지 면밀하게 판단하여 사교육을 효과적으로 이용해야 한다. 내가 아는 것과 모르는 것, 스스로 할 수 있는 것과 할 수 없는 것을 구분할 수 있다면, 그때 비로소 부모의 든든한 경제적 지원은 아이에게 날개가 되어줄 것이다.

내 아이가 사교육이 필요한 상태인지 판단할 때 부모들이 저지르는 흔한 실수 중 하나는, 공부 의지도 부족하고 타고난 머리도, 성실성도 그다지 좋지 않은 아이의 공부를 '과감히' 포기시키는 것이다. 교육업에 종사하다 보면 '초5, 중2 땐 아이가 공부를 포기하고 고1 땐 부모가 공부를 포기시킨다'는 말을 절실히 체감하곤 한다. 부모와 자식의 관계는 고용주와 피고용주의 관계도 아니고 돈값 하길 기대하는 관계도 아닌데, 더 이상 가능성이 보이지 않는 자녀의 공부를 부모가 과감히 포기시키는 순간을 목도할 때면 정말 마음이 아프다.

공부 잘하는 첫째와 공부 못하는 둘째 중 어느 아이에게 더 투자를 많이 해야 할까를 묻는 질문에 아마 많은 사람들이 첫째라고 답할 것이라 추측한다. 어차피 비싼 사교육비를 투자해도 둘째가 공부를 잘하기는 글러 먹은 것 같은데 굳이 본인도 힘들고 결과도 좋지 않은 투자를 왜 하냐는 생각에서일 것이다.

하지만 이러한 생각은 내 소중한 자녀의 다양한 교육 경험과 성장 기회를 강제로 뺏는 그릇된 선택이다. '너에게 투자하지 않겠다'는 부모의 결정은 또한 청소년 자녀에게 자칫 '너를 사랑하지 않는다'는 뜻으로 해석될 수도 있어 매우 위험하다. 부모가 성장기 자녀에게 가르쳐야 하는 것은 '못하니까 포기하는 것'이 아니라 '그럼에도 불구하고 극복하는 것'의 가치다.

이 아이들은 명문대에 입학하기 위해서 투자해야 하는 것이 아니다. 느린 아이들은 역사 점수 향상이라는 목표 대신 '흐름이 있는 글을 이해하는 연습'이라는 작은 목표부터 하나씩 달성하도록 연습, 훈련해야 한다. 빠른 아이들에 비해 세부 영역을 나누고 천천히 교육시켜야 하기 때문에 당연히 더 많은 투자가 이루어져야 한다. 아이들은 자신의 한계를 극복하는 과정을 통해 공부의 본질과 필요성에 대해 점차 체득하게 된다. 꼭 명문 대학이 아니더라도 공부해야 할 이유는 수없이 많다.

02

부자 엄빠 심은 데 상위권 난다? 부모의 경제력과 성적의 관계

부모의 경제력은 자녀의 성적에 영향을 미칠까? 대한민국 사교육 1번지 대치동의 무자비한 집값에 대해 한 번이라도 들어본 적이 있다면 절로 고개가 끄덕여지지 않을 수 없다. 과목별 일타 강사의 현장 수업을 듣고 부모의 응원과 편안한 라이드를 받으며 집에 돌아와 균형 잡힌 양질의 식사를 제공받은 후 집중력과 학습력을 향상시켜주는 나만의 공부방에서 아무 걱정 없이 공부에만 몰두할 수 있는 학생의 성적이 좋지 않다면 오히려 그게 더 이상한 일이 아닐까.

학군지와 비학군지를 넘나드는 곳에서 일하다 보니 다양한 경제력과 사회적 지위를 갖춘 학부모들을 만나게 된다. 그래서 경험적으로 판단했을 때 부모의 경제력은 아이의 성적에 도움이 되는 유리한 조건인 것은 맞다고 생각한다.

하지만 대치동에 거주하는 학생 모두가 의대, 명문대를 진학할 수 있는 게 아니듯, 부모의 경제력이 좋다고 해서 무조건 자녀의 성적이 좋은 것은 아니다. 아이가 공부를 잘하는 데 유리한 조건인 건 분명하지만 반드시 공부를 잘하게 된다는 인과성은 어디에도 없는 것이다. '지능빨'과 '유전빨'이 공부를 잘하는 데 있어 매우 유리한 조건인 건 사실이지만 정작 그 좋은 머리를 공부하는 데 쓰지 않는다면 성적이 좋을 리 만무한 것과 같은 이치다. 공부는 학생 스스로가 공부에 대한 동기와 의지를 갖고 목표를 설정하며 꾸준히 노력하는 것으로 성패가 좌우되는 싸움이다.

경제적으로 넉넉하지 않은 가정의 아이들은 '우리 집은 왜 이렇게 힘들지?' '엄마, 아빠는 왜 항상 힘들어 보이지?' 같은 고민들로 인해 정서적 스트레스를 받을 수 있다. 또한 가정 내에서 안온감보다 불안감을 더욱 크게 느껴 학습 몰입도가 저하되는 결과로 이어질 수 있다. 부모의 피로와 근심을 덜어드리기 위해서라도 공부를 잘해야 한다는 생각에 성적 압박감에 시달릴지도 모른다.

반면 경제적으로 넉넉한 가정에서 자란 아이들은 학습 외적인 걱정이 적고 심리적 여유, 안정감을 가질 가능성이 크다. 부모로부터 학원, 과외, 교재 등의 추가적인 학습 지원이 가능하고 독서실, 스터디 카페, 개인 공부방 등의 학습 공간도 충분히 확보할 수 있다. 심리적, 정서적 안정감으로 인해 성적에 대한 압박이 상대적으로 덜할지도 모른다.

하지만 딱 거기까지다. 경제적 여유가 학습 환경을 좋게 만들어 '공부를 잘할 수도 있다'는 것이지, '반드시 잘한다'가 아니다. 경제적으로 풍족한 환경에서도 성적이 낮은 학생들은 분명 존재하며 어려운 형편 속에서도 우수한 성적을 거두는 학생들 또한 많다. 만약 부유한 가정의 자녀가 공부를 잘한다면 이는 학생 스스로의 의지와 노력으로 이루어낸 땀방울의 결과이지, 돈으로 만들어낸 성적이 아니다. 또한 어려운 환경의 아이가 공부를 못한다면 학생 스스로가 배움을 게을리한 탓이지, 돈이 없어서 성적이 낮은 게 아닌 것이다.

지금 시대는 부모의 경제력으로 인해 공부를 할 수 없는 시대가 아니다. EBS를 포함한 곳곳에 무료 인강이 넘쳐나고 유튜브에 단원 제목이나 기출 문제 날짜만 검색해도 모든 강의를 찾아 들을 수 있는 시대이다. 따로 기출 문제집을 살 필요도 없이 EBS에서 제공하는 AI 문제 은행을 통해 맞춤식 기출 문제를 학습할 수도 있다. 스터디 카페, 관리형 독서실 대신 지자체에서 운영하는 각종 도서관, 시민들에게 무료로 개방되는 대학 도서관을 이용하는 것도 얼마든지 가능하다.

'유복한 환경이 공부를 잘하는 데 유리한 게 맞다면 그 둘은 상관 관계가 있는 것 아니냐'고 주장하는 사람들에게 인생이 언제 공평한 게임이었나 되묻고 싶다. 시작점이 다르고 가진 게 다른 채 태어나 불리한 것은 유리하게, 유리한 것은 더 유리하게 바꾸려 노력하며 아득바득 살아가는 게 인생이 아닐까. 부모의 경제력이 자녀의 성적에, 나아가 자녀의 인생에 반드시 영향을 미친다고 맹신하는 사람들은 불리함을 극복하려 노력하지 않았던 제 삶의 태도를 정면으로 마주할 용기가 없는 것이라 생각한다.

모두가 동일한 조건에서 공부하는 세상은 이 지구상에 존재하지 않는다. 지금까지 없었고 앞으로도 없다. 조금의 결핍도 없애주고 더 쉬운 길로 가도록 도와줄 것이 아니라, 학생 스스로 결핍과 불리함을 극복하려 노력하는 태도만이 성공의 유일한 전제 조건이다.

F1 경기는 팀 스포츠이지만 운전자의 능력이 가장 중요하게 작용한다. 공부도 마찬가지다. 공부는 가정 교육, 공교육, 적절한 사교육이 함께할 때 시너지가 발휘되는 팀플레이 게임이지만, 결국 학생의 배우고자 하는 태도와 노력, 실력이 가장 중요하다. 공부가 불공평하다면 그 이유는 단 하나, 유전과 경제력 때문이 아닌 결승점은 정해져 있지만 시작점이 정해져 있지 않은 승부이기 때문이다. 공부는 먼저 출발한 사람이 이기게 되어 있는 다분히 불공평한 경기다. '지능빨' '수저빨' 탓하지 말고 무조건 일찍부터 공부를 시작해야 하는 이유가 바로 이것이다.

03

수백만 원짜리
고액 과외보다 중요한 건
부모의 믿음과 응원

"엄마 아빠가 둘 다 명문대 나왔는데 얘는 누굴 닮아 이럴까요? 어릴 땐 똑똑했는데……"

학군지에서는 학력과 경제력이 모두 상당히 좋은 학부모가 자녀에게 많은 실망을 표현하며 학원을 찾아오는 경우가 많다. 하지만 정작 아이와 함께 지내다 보면 부모의 말처럼 아이가 이해력이 나쁘지도, 기초가 떨어져 있지도, 형편없지도 않다는 사실을 알게 된다. 그래서 본격적인 입시가 시작되지도 않은 겨우 중학생 자녀를 왜 저렇게까지 가능성 없는 아이로 낙인찍을까 궁금할 때가 많았다. 내가 알고 있는 공부 방법을 내 자녀는 알지 못한다는 사실을 이해하지 못하는 심리적 현상 때문이 아닐까 추측될 뿐이다.

부모가 공부를 잘했고, 잘나가는 직업을 가지고 있으며, 사촌 형제들도 명문대에 진학했다고 해서 자녀를 형편없는 사람으로 대하는 건 아이에게 어떠한 충격 요법도, 건설적인 자극도 될 수 없다. 아이가 간절하게 원하는 것은 단 하나, 부모의 인정과 응원뿐이다.

보통 이런 친구들은 어떤 선생님도 지도하기가 쉽지 않다. 아이 스스로 자신을 형편없는 사람으로 내면화했고, 자신을 사랑하지 않으며, 그 틀을 잘 벗어나지 못하기 때문이다. 가르치는 것을 잘 따라와서 잘했다고 칭찬하면 "아니에요. 이 정도로 어떻게 대학을 가요"라고 말한다. 어떤 것은 가르쳐주는 대로 못 따라와서 다시 해야 한다고 말하면 "제가 하는 게 다 그렇죠, 뭐"라고 한다.

칭찬을 해줘도 받지 않고 어떠한 피드백이든 '나는 못난 사람' '나는 실패자'라는 자체 필터를 거쳐 받아들인다. 자신이 가진 실력에 비해 과도하게 자기 비하를 하기도 하며 솔직한 생각과 감정을 숨기는 것에 능숙하다. 안 듣고 있는 게 분명한데 듣고 있는 척 고개를 자주 끄덕거리기도 한다.

가정에서 아이를 어떤 식으로 대하고 있는지가 가정 밖에서도 훤히 보인다. 가정에 도움을 요청하면 부모의 대답은 더욱 심각하다. "걔가 늘 그런 식이에요"라고 반응하거나 혹은 칭찬을 하면 "원래 처음에만 잘해요"라고 말하며 한숨을 쉰다. 결국 아이를 성장시키는 것은 더 큰 무게로 우리의 책임이 되고, 그렇게 힘겹게 교육을 하다 보면 아주 천천히 변화하기는 한다. 다른 아이들보다 훨씬 오랜 시간이 지나야 자신의 생각과 감정을 하나씩 선생님 앞에 꺼내놓기 시작하는 것이다.

그런데 그 속도를 부모가 기다려주지 않는다. '성적 안 올랐으면 다 때려치워라'는 아빠의 말에 꺼내놓았던 생각과 감정을 주섬주섬 다시 챙겨서 어느 날 갑자기 사라진다. 이제부터 부모의 그 빛나는 경제력이 더욱 빛을 발하게 되는데, 공부로는 명문대를 못 보낼 것 같으니 다양한 특별 전형을 위한 커리큘럼을 알아보거나 해외 유학을 준비하기 시작한다. 가정에서 정서적 지원이 0도 아닌 마이너스로 치닫는 이러한 상황 속에서 아무리 부모가 경제적 지원을 해본들 아이에게 어떤 건강하고 긍정적인 성과가 있을까. 그때마다 우리는 부모가 찾은 그 대안이 아이의 잠재력을 끌어내줄 단 하나의 솔루션이길 간절히 바라며 조용히 짐을 챙기는 학생의 뒷모습을 바라본다.

한번은 아이의 내신 성적이 마음에 들지 않아 다양하게 논술 전형이나 특별 전형, 혹은 예체능 실기 전형으로 명문대에 진학하는 방법을 알아보던 학부모가 모범생처럼 보이는 아이와 함께 찾아왔다. 어렸을 때부터 잘하는 게 많았던 자녀에게 거는 부모의 기대치가 높은 상태였다.

"선생님, 그래도 대안이 없는 것보다 있는 게 낫잖아요?"

학부모의 생각도 틀린 것은 아니다. 하지만 우리가 보기에 아이는 자신이 노력해서 할 수 있는 최대한의 과정과 성취를 보여주고 있는 것 같았다. 아이를 믿는다고 말하면서도 수능까지 1년 이상 남아 있음에도 이미 성적은 오르지 않을 것이라 가정한 후 다른 대안들을 찾아다니는 학부모의 모습이 무척 걱정되었다. 부모가 자녀를 믿지 못한다는 것, 그리고 지금까지 자녀가 노력한 모든 것을 부정하는 것처럼 보였기 때문이다. 상담 말미에 가장 걱정했던 말이 아이의 입에서 새어나왔다.

"엄마는 제가 이미 못할 걸 전제로 하고 있잖아요. 왜 제가 못할 거라고 생각하세요?"

학군지에서 비싼 돈을 들여 아무리 좋다는 학원을 수없이 보낸다 한들 내 아이가 절실하게 필요로 하는 그 한 가지를 부모가 채워줄 수 없다면 그 모든 투자는 무용지물이다. 부모의 인정과 믿음, 응원과 사랑 같은 정서적 지원이 견고하게 뒷받침되지 않는다면 아이는 건강하게 성장할 수 없다.

마찬가지로 부모가 경제적으로 여유롭지 않다면 아이 스스로 더 많은 것을 해낼 수 있도록 일찍부터 교육하고 자녀를 향한 정서적 지원을 꾸준히 제공해야 한다. 가정 내에서 부모와 자녀가 함께 공부할 수 있는 분위기를 조성한다면 자연스럽게 아이의 학습 습관도 형성될 것이다. 무료 온라인 강의, 도서관, 학교 지원 프로그램 등 다양한 학습 자원을 적극적으로 활용한다면 비싼 사교육 없이도 충분히 아이의 공부 고민을 해결할 수 있다. 고액의 쪽집게 과외, 일타 강사 수업 같은 풍족한 경제적 지원보다 중요한 건 아이를 향한 부모의 절대적인 믿음과 응원이다.

04

수능 영어 대비하려고 방학마다 해외 어학 연수? 돈값 하는 사교육 세팅법

학군지에서 만나는 학부모들 중에는 수백만 원의 영어 유치원은 기본, 자녀가 초등학교에 입학한 후부턴 월 200만 원 이상의 고액 영어 과외를 시키며 방학 때마다 해외 어학 연수를 보내는 경우도 많다. 자녀가 네이티브의 실력을 갖춘 외교관이나 동시 통역사를 준비하는 게 아니라 수능 대비를 하는데 왜 저렇게 비싼 프로그램이 필요한가에 대해서는 아직도 잘 이해가 안 된다.

2만 원짜리 인터넷 강의와 200만 원짜리 학군지 과외의 내용이 별반 다르지 않다는 사실은 아이들을 통해 이미 확인했다. 강사의 화려한 스펙을 높이 평가해 기꺼이 수백만 원을 지출하는 학부모들의 신념을 비판하고 싶진 않지만, 어려운 문법책으로 1년 넘게 고액 과외를 받았음에도 준동사의 쓰임을 묻는 기본 질문에 대답하지 못하는 아이들은 분명 문제가 있다고 생각한다.

초등학생 때부터 시작한 수능 영어가 아직도 고1 수준에 머물러 있는 것, 지문 분석과 주제 파악에 서툴고 단어 암기도 제대로 하지 않으며 영어를 재미없는 과목이라 말하고 다니는 것도 참으로 이상하다. 학교 수업 예·복습, 학교 선생님들의 공부법 조언만으로도 충분히 달성할 수 있는 결과를 위해 수천만 원이 허투루 투자된 것은 아닌지 답답함이 크다.

그 시기 아이들에게 필요했던 것은 글의 수준을 조금씩 높여가며 스스로 읽고 분석하며 요약하는 행위다. 그리고 그것을 해내도록 충분히 격려하고 도왔다면 영어 공부에 대한 재미도 함께 느꼈을 것이라 확신한다. 고액 과외라 불리는 수능 문제 풀이 기술과 요령이라는 것은 공부의 마지막 단계에서 필요한 스킬이다. 기초가 충분히 잡혀있지 않고 스스로 지문을 분석해본 적 없는 상태의 아이가 수능 영어를 마스터하겠다며 받아야 하는 교육은 아닌 것이다.

이는 비싼 사교육에 돈을 쓰는 행위를 무턱대고 가치 절하를 하려는 것이 아니다. 돈을 쓰려면 어디에, 무엇을 위해 쓰고 있는지 그 목적과 단계를 분명히 해야 하고, 그것들이 충분히 달성되고 있는지 끊임없이 점검해야 한다. 또한 아이가 스스로 할 수 있는 것까지 타인에게 의지하는 것은 아닌지 반복적으로 점검하고 확인해야 하는 것이다. 입소문이 자자한 학원이라고 해서, 특별한 입시 노하우가 있는 강사라고 해서 무작정 내 아이에게 욱여넣는 것은 옳지 않다. 남들보다 더 빨리, 더 이른 나이에 커리큘럼에 맡겨둔다고 해서 가치 있는 결과가 나오는 것도 아니다. 10명 중 5명이 성공한 학원이라고 해서, 내 아이도 그 학원에서 성공한 아이가 했던 선행을 따라가다 보면 수학을 잘하게 될 수도 있다는 식의 믿음은 매우 위험하다.

힘든 선행 진도를 따라가지 못해 고생만 하다 열패감을 안고 수포자가 된 나머지 5명 중 내 아이가 있을지도 모를 일이다. 초등학교, 중학교를 거친 자녀의 길고 복잡한 '공부 욕구 소멸의 역사'를 분석하지 않고 단지 '공부할 의지가 없다'는 한마디로 퉁 쳐버려선 곤란하다. 아이가 어째서 영어를, 수학을 점점 싫어하게 되었는가에 대한 제대로 된 성찰이 없다면 적어도 수능을 잘 치게 될 일은 없다.

사교육비가 가치롭게 쓰이기 위해 아이의 공부 과정과 목적을 계속해서 점검하고 확인해야 한다는 뜻은 가령 이런 것이다. 사교육에 종사하면서 "아빠가 이번 시험 성적 안 오르면 학원 끊으래요"라는 말을 전하는 아이들, 혹은 그렇게 말하는 학부모를 수도 없이 만나왔다. 자녀의 성적을 몇 점 올려주면 원장 몰래 엄청난 액수의 성공 사례금을 챙겨주겠다고 은밀히 제안하는 학부모도 있었다.

영어 학원을 가면 영어 성적이 오를 것을 당연히 기대하게 된다. 그리고 그 기대가 잘못된 것도 아니다. 하지만 결국 성적을 올리는 건 학원이 아닌 학생 스스로의 몫이며 학원은 도움을 줄 수 있을 뿐이다. '성적이 오르지 않으면 학원을 끊겠다'는 말은 자녀에게 '성적이 오르지 않는 건 네 탓이 아닌 학원 탓'이라고 가르치는 꼴이 된다. 학습자의 노력과 태도를 점검하지 않고 실패의 원인을 학원이나 강사에게 전가하는 것은 남 탓하는 무책임한 어른으로 성장하는 비극을 초래한다. 매번 시험 때마다 학원을 탓하고 떠나기를 반복하는 아이들에게 배움과 성장은 불가능하다. 이것이 바로 결과 중심의 생각과 언어가 위험한 이유다.

투자 대비 최고의 가치와 결과물을 맛보고 싶다면, '학원에서 배운 것을 당일 30분씩 복습하기' 등 가정 내에서 끊임없이 공부의 과정을 점검하는 규칙을 만들고 실행하는 것이 좋다. 구체적인 복습 방법까지 아이와 함께 의논하여 정한다면 금상첨화다. 사교육의 도움을 받아 아이가 스스로 실천하고 완성하는 이상적인 학습 루틴은 이렇듯 과정과 태도의 성실성에 집중되어 있어야 한다. 내 아이에게 가장 효과적이고 잘 맞는 학원을 고르는 기준, 또 그와 같은 학원으로 옮기는 기준은 성적표가 아니다. 아이가 그동안 어떤 식으로 공부를 해왔고, 지금 어떻게 노력하고 있으며, 문제점은 무엇이고 가정에서 어떤 역할을 하면 좋을지에 관하여 구체적으로 소통할 수 있는 학원(또는 과외)이야말로 자녀에게 가장 가치로운 투자처가 될 것이다.

부모가 자녀의 교육을 제대로 지원하고 있다면 그 결과물은 점점 더 아이가 스스로 할 수 있는 것들이 늘어나는 모습이어야 한다. 선행 진도를 나가고 지금 당장의 성적을 올려주는 데 국한된 것이 아닌, 정보를 이해하고 분석하며 문제를 해결할 수 있는 학습 역량이 증대되는 결과로 이어져야 하는 것이다. 교과 난이도가 점차 상승하더라도 아이 스스로 따라갈 만하다고 느끼며 공부와 자신의 삶에 더욱 몰입할 수 있다면 부모의 돈은 제 값어치를 하고 있다고 볼 수 있다.

반면 학년이 올라갈수록 아이도 부모도 불안하다면, 더 많은 돈을 사교육에 투자해야 할 것 같다면, 지금 잘못된 방향으로 교육이 행해지고 있는 것이라 생각한다. 우리가 만나는 아이들은 초2부터 영어, 수학 학원을 시작으로 과학은 필수, 국어와 역사(사회)는 선택인, 쉼 없이 사교육을 받아왔던 아이들이다. 부모들은 어릴 때부터 꾸준히 과목별 사교육을 시켜왔기 때문에 앞으로도 그 정도의 비용을 쓰지 않는 것은 불안하다고 말한다. '학원을 안 다니면 더 못하게 될까 봐' 불안하다는 것이다. 때문에 우리가 학군지에서 만나는 학생과 학부모에게 가장 처음 하는 작업은 이러한 불안도를 떨어뜨리는 일이다.

고1 보람이는 9등급 체계에서 내신 1등급을 유지하던 최상위권 학생이었다. 보람이는 내신만큼 성적이 나오지 않는 모의고사 때문에 조금 더 코칭이 필요할 것 같아 우리를 찾아왔다고 말했다. 다가가 말 한마디 걸기 힘들 정도의 엄청난 집중력과 학습력을 보여주던 보람이는 말그대로 공부벌레였고, 선생님의 말 한마디도 놓치지 않겠다는 아이의 눈빛은 어른이 봐도 존경스러울 정도였다.

하지만 그 같은 노력에도 불구하고 보람이의 모의고사 성적은 나아질 기미가 보이지 않았다. 이유는 생각보다 단순했다. 과목별 단과 학원을 돌며 너무 많은 숙제와 프린트물을 해내느라 스스로 사고하고 계획하고 공부하는 시간이 없는 것이었다. 보람이는 고1 때부터 다니던 국어, 영어, 수학, 과학 학원을 고2, 고3이 되어서도 유지하고 싶어했다. 단과 학원 수업을 줄이고 스스로 사고하여 문제를 해결하는 훈련을 늘려야 한다고 조언했지만 소용없었다. 지금까지 들어왔던 강의를 중단하는 건 불안하다는 이유에서였다.

고3이 된 보람이의 모의고사 성적은 점점 더 떨어졌다. 결국 수능 전날까지 단과 학원을 돌며 파이널 강의에 집착하던 보람이는 수능 최저 2합 4를 충족하지 못해 연세대에 불합격, 한양대에 입학하게 되었다. 아이도 학부모도 그 누구도 원했던 결과는 아니었다.

만약 보람이의 부모가 과목별 학원을 보내줄 수 없는 형편이었다면 어땠을까, 지금까지도 아쉬움과 미련이 남는다. 학군지 고등학생 기준 최소 월 200만 원의 사교육비를 감당할 수 없는 환경이었다면 보람이의 결과는 달라졌을까. 아이에게 조금 더 쉽고 편하게 강사가 도와주는 공부 환경을 제공하는 것보다 용기 있게 경제적 결핍과 자립심을 선물했다면 보람이는 그토록 바라던 명문대에 합격할 수 있었을지도 모르겠다. 불안하기 때문에 돈을 쓰지만 불안의 원인은 끝끝내 제거되지 않고 오히려 불안감만 더욱 가중돼 더 많은 돈을 쏟아붓게 되는 악순환의 고리를 끊어낼 수 있는 굳건한 의지와 지혜가 필요하다.

사교육에 있어 무엇보다 중요한 원칙은 내 아이에게 맞는 순서와 속도를 정하여 투자하는 것이다. 어릴 땐 좀 놀아도 된다며 공부를 등한시하는 것도 문제지만, 학습적 기초를 쌓아야 한다는 압박감으로 순서와 속도를 무시한 채 아이를 힘들게 하는 것도 큰 문제다. 어릴 때 부모가 너무 많은 사교육을 시킨 나머지 초5~6 때 갑자기 공부를 안 하겠다고 선언하거나 공부에 질려버린 채 중학생이 된 아이들을 종종 만나게 된다.

아무리 경제적으로 여유롭다 하더라도 내 아이의 순서와 속도에 맞지 않게 이루어진 사교육은 차라리 안 하는 것만 못한 결과를 낳는다. 자녀를 가장 잘 아는 사람은 부모여야 하고 아이의 학습 상태뿐만 아니라 정서 상태 및 발달 속도를 늘 관찰하고 있어야 하는 사람도 부모여야 한다. 부모의 직접적인 관찰과 점검이 빠진 채 아이를 사교육에만 맡겨두는 것은 방치와 다를 바 없다. 경제적으로 풍족하든 풍족하지 않든, 30만 원이든 300만 원이든, 돈을 쓰려면 제대로, 가치 있게, 내 아이에게 확실히 도움이 되는 방향으로 써야 한다.

공부를 '안'하는 게 아니라 '못'하는 겁니다

〈공부장챈〉 유튜브 영상을 본 고2 하위권 남학생 선후가 상기된 표정으로 우리를 찾아왔다. 선후는 '제가 그동안 공부를 안 하고 싶어서 안 한 게 아니라 공부를 하고 싶어도 할 수 없는 상태라는 사실을 깨달았다'며 지금껏 이렇게 말해주는 사람은 공부장챈 선생님이 유일하다고 했다.

"분명 한글로 된 교과서인데 마치 외계어처럼 느껴지는 상태일 것이라는 선생님 표현이 정확해요!"

선후는 막막함을 넘어 그런 자신의 모습이 너무 한심하다고 했다. 초등학생 땐 그저 신나게 놀았고 중학교 땐 코로나를 겪으며 학원도 제대로 나가지 않아 완전히 공부를 놓아버렸단 말에서 현재 아이의 상태를 어렵지 않게 짐작할 수 있었다. 마치 인생의 정답을 찾은 것만 같은 아이의 흥분된 표정을 앞에 두고, "네가 초중등 시기에 반드시 해야 하는 공부를 '안' 했기 때문에 지금 공부를 '못'하게 된 것"이 더 정확한 표현이라는 말은 차마 하지 못했다.

아이는 무엇이 문제인지도 정확히 알지 못한 채, 번번이 공부 의지를 다졌다 실패하기를 반복하며 자신의 무능을 자책했을 것이다. '왜 이렇게 공부를 안 하냐' '네가 공부를 안 해서 그렇지, 엄마 아빠를 닮았으면 잘할 것'과 같은 부모님의 기대 섞인 잔소리를 들으며 희망과 절망의 냉·온탕을 수없이 오갔을지도 모른다. 질풍노도의 사춘기가 끝나고 뒤늦게 공부할 마음이 생겨 책상 앞에 앉았지만 할 수 있는 건 아무것도 없었다.

"이제 저도 공부할 수 있겠죠?"

아이에겐 미안하지만, 공부장첸을 만났다고 해서 당장 못 풀던 수학 문제가 술술 풀린다거나 집중력이 20분도 채 되지 않던 아이가 1시간이고 2시간이고 책에서 눈을 떼지 않는 등의 기적은 일어나지 않는다. 단번에 공부 의지와 끈기가 생기고 놀고 싶은 충동이 사라지는 마법 같은 일도 없다.

초1부터 고3까지 모든 교과 과정은 연계되어 있고 초중등 시기에 배운 교과 내용이 탄탄하게 누적된 상태를 베이스로 하여 고등 교과 내용이 전개된다. 이전 학년에서 배웠던 내용은 이번 학년에서 다시 배우지 않으며, 당연히 알고 있다는 사실을 전제로 더욱 어렵고 복잡한 내용이 주어지는 것이다.

선후처럼 초중등 시기의 기본적인 학습 베이스가 전혀 갖춰지지 않은 상태로 고등학교에 진학한 친구들에겐 그야말로 생지옥이 펼쳐진다. 일본어의 히라가나도 모르는 사람이 동시 통역을 맡았다고 상상해본다면 아이들이 느낄 무능감과 두려움을 이해할 수 있을까.

그동안의 학습 공백을 메우기 위해선 짧게는 6개월, 길게는 2년이라는 시간과 노력, 인내가 필요하다. 아이가 그렇게 되기까지 방임한 책임은 둘째 치고, 이제부터라도 내 자녀가 공부를 할 수 없는 상태에 놓여 있다는 사실을 부모가 정확히 인지해야 한다.

진단이 정확하면 처방도 옳다. 아이의 객관적인 상태에 대해 올바르게 진단받고 또 그것을 순순히 인정할 때 비로소 변화는 시작된다.

우리를 만나기 전 선후는 내신과 수능 모두 전 과목 7~9등급의 성적대였다. 특히나 수학은 풀 수 있는 문제가 없어서 아예 손도 대지 못하는 상태였으니 마치 외계어처럼 느껴진다는 표현이 정확했을 것이다.

등원 후 첫 겨울 방학, 오전 10시에 등원하여 밤 10시에 하원하는 학습 프로그램에 용기 있게 참여한 선후는 좋아하는 축구도, 휴대폰도, 게임도 끊고 공부에 집중하기 시작했다. 화장실을 핑계로 20~30분에 한 번씩 자리를 뜨던 습관은 2주 후 완전히 고쳐졌다. 선후는 이따금씩 자리에서 강하게 머리를 흔들거나 벌떡 일어서는 모습을 보였는데 집중력이 흐트러질 때마다 이를 다잡기 위한 저만의 방식이라는 생각이 들어 대견했다.

선후는 할 수 있는 수준의 것부터 차근차근, 조금씩 단계를 높여가며 탄탄하게 기본기를 쌓아갔다. 도망치지 않았고 참고 인내하며 매일 우리를 만나러 왔다. 선후는 그해 겨울 방학이 제 인생에서 가장 기억에 남는 성취라고 말했다. 태어나 이렇게 공부를 많이 해본 적이 없었다고도 했다.

첫 등원으로부터 반년이 지난 뒤, 선후는 수학 4등급, 국어 4등급, 영어 3등급, 사회탐구 영역 3등급의 성적대를 유지하고 있다.

"공부에 흥미만 생기면 잘할 수 있지 않을까요?"

초등학교 수업은 한 교시에 40분, 중학교는 45분, 고등학교는 50분으로 정해져 있다. 그리고 수능 시험 시간은 국어 80분, 수학 100분, 영어가 70분이다. 평균적인 발달 과정을 거쳐 고등학교에 진학한 일반적인 학생이라면 수능을 치르기 전까지 이 정도의 시간 동안 주의를 집중할 수 있는 상태가 되어야 한다는 뜻이다.

집중력은 점수와도 직결되는데, 긴 지문이나 복잡한 문제에 집중하지 못해 자꾸만 다시 앞으로 돌아간다면 결국 주어진 시간 안에 모든 문제를 풀지 못할 확률이 크기 때문이다. 상위권 아이들은 주위에서 무슨 일이 일어나도 지금 내 앞의 과제에 끝까지 몰입할 수 있는 능력을 갖췄다.

집중력과 몰두하는 능력, 과제 지속력은 얼핏 비슷해 보이지만 구분해줄 필요가 있다. 집중력은 비교적 짧은 시간 동안 강하게 주의를 기울이는 능력이다. 일에 대한 선호도와 상관없이 시험 공부나 업무 수행을 하는 것처럼 필요에 의해 의식적으로 노력해야 하는 종류의 것이다.

부모들이 '우리 아이는 일단 흥미를 가지기 시작하면 그것에 깊이 빠져드는 경향이 있다'고 말할 때, 이는 집중력이 아닌 '몰두하는 능력'에 가깝다. 몰두하는 능력은 특정한 활동에 깊이 빠져드는 성향을 말하는데 그 활동에 대한 흥미가 동반되어야 한다. 그림 그리기나 독서, 게임과 같은 활동을 예로 들 수 있겠다.

과제 지속력은 특정 과제나 활동을 수행할 때 긴 시간 동안 지속적으로 집중하고 끝까지 완수하려는 능력을 의미한다. 집중력이 일회성 의미라면, 과제 지속력은 반복해서 주의를 집중하는 행위에 자기 조절 능력 등이 결합된 의미다. 즉, 단순한 집중을 넘어 끝까지 포기하지 않고 수행하려는 태도나 의지를 모두 포함하는 뜻인 것이다.

일주일 앞으로 다가온 중간고사를 위하여 벼락치기로 공부하는 행위는 집중력에 가깝다. 하지만 똑같은 중간고사를 대비하기 위해 2~3개월 전부터 꾸준히 시험 범위를 예·복습하고, 학습 및 생활 루틴을 반복하며, 지속적으로 목표를 향해 나아가는 것은 과제 지속력에 해당한다.

공부도 인생도, 단기 집중력이나 좋아하는 것에 몰두하는 능력만으로는 큰 발전을 이루기 어렵다. 수능까지의 여정뿐만 아니라 인생에서 크고 작은 목표에 도전하고 성취하며 살아가기 위해 가장 중요한 것은 과제 지속력이다.

"공부에 흥미만 생기면 우리 애도 잘할 수 있을 텐데……"

현장에서 만난 다수의 학부모들이 이렇게 말하곤 하지만, 이는 잘못된 생각이다. 초등 기초가 잡혀 있지 않은 상태에서 중학교 공부를 시작했을 때 아이가 학업에서 재미를 느낄 수 있는 요소는 거의 없다고 봐도 무방하다. 어렵고 이해도 안 되는 공부를 시작하는데 심지어 남들보다 못하기까지 한다면 아이가 도망치지 않는 것만으로도 감사해야 한다.

청소년기 아이들은 단기간에 성취가 쉬운 것들로부터 재미를 느낀다. 어렵지 않게 레벨을 달성하고 보상을 획득하는 게임에 빠져 헤어나오지 못하는 이유가 바로 이것이다. 공부는 어렵고 힘들뿐더러 단기간에 원하는 점수를 획득할 수 없다. 재미도 없고 무능감, 열패감 마저 느껴지는 고통스러운 상태를 인내하고 지속할 수 있어야 공부 실력이 자란다.

'내가 무엇을 하든 재밌어야 한다'는 가치관은 영유아기에나 어울리는 말이다. 아이가 너무 고통스럽지 않게, 특별히 집중하고 노력하지 않아도 적당히 재밌게 할 수 있는 공부를 찾고 있다면 딱 중학교까지만 졸업을 시키면 된다고 생각한다.

익숙하고 편안한 상태에 머무르며 이를 답습하는 것이 아닌, 더욱 어렵고 고통스러운 단계로 나아가 성장하고 발전하는 과정을 우리는 '공부'라고 부른다. 이러한 '공부'를 지속하게 하는 원동력은 흥미나 재미가 아니다. 낯선 단계를 시작할 때의 어려움, 두려움을 넘어 더 높은 단계로 도약하고자 하는 강인한 의지와 목표가 공부의 원동력이 된다.

중학생 시절 시험 2~3주 전 벼락치기로 공부해서 성적이 잘 나왔다고 말하는 친구들이 고교 진학 후 무너지는 이유는 학습 난이도와 학습량을 극복하지 못하기 때문이다. 우리 학원의 학생들은 시험 기간과 비시험 기간의 에너지 차이가 그리 크지 않다. 그들은 매일 같은 시간에 늘 같은 표정으로 우리를 만나러 오고, 밥 먹고 잠자는 당연한 일상처럼 공부를 해내고 있다. 그들에게 '시험이 끝났다'는 뜻은 친구들과 PC방, 노래방을 간다는 의미가 아니라, 곧장 다음 시험 준비에 돌입한다는 의미다.

매일 조금씩 학습량을 늘리고 난이도를 높이며 어려움을 극복하고 장기적인 목표를 대비하는 훈련이 뒷받침되지 않는다면 결코 공부 실력을 끌어올릴 수 없다.

과제 지속력
훈련하기

I. 충동 억제

자녀가 초4가 되었는데 아직도 10분 이상 집중하지 못하거나, 중2임에도 20분 이상을 혼자 앉아서 집중하지 못한다면 "요즘 아이들 다 그렇지 않나요?"라는 말로 그냥 넘어가선 안 된다. 학원에서는 잘하는데 집에 가면 단 10분도 집중해서 공부하지 않는 아이라면 역시나 자연스럽지 않다. 초등 때부터 과목별 학원도 열심히 다녔으니 아이가 크면 알아서 잘 공부할 거라 생각했지만, 막상 중고등학생이 되어도 그렇지 않으니 부모의 불만이 쌓이기 시작한다.

하지만 연습하지 않은 능력이 저절로 생길 리 없다. 아이들 입장에선 되레 억울함이 클 것이다. 어렸을 때부터 스스로 시간을 조직해서 사용해본 경험이 없고, 타인이 정해준 스케줄대로 학교와 학원을 반복하며 시키는 대로 따라 했을 뿐이다. 그러다 갑자기 나이를 먹으니 스스로 크고 작은 목표를 설정해서 자투리 시간까지 잘 활용하라고 강하게 요구받는다. 내가 어느 정도의 노력을 투입했을 때 어느 정도의 성과가 나오는지 충분한 시행착오를 경험하지 못한 채 그저 학원 스케줄만 따랐으니, 목표 설정은커녕 일말의 적극성도 없는 상태다.

집중력과 과제 지속력은 타고나는 것이 아니다. 아주 어릴 때부터 아이의 발달 단계와 속도에 맞춰 조금씩 시간을 늘려가며 훈련해야 하는 것이다. 유아동기에 하기 싫지만 꼭 해야만 하는 과제나 활동을 통해 꾸준히 집중력을 연습했다면 그것만큼 좋은 방법이 없다. 하지만 이미 집중력이 부족할 대로 부족한 청소년 자녀를 둔 부모들에게 한 가지 희소식을 전하자면, 이들 능력을 기르는 일은 생각보다 어렵지 않고 지금부터의 연습을 통해서도 얼마든지 가능하다는 사실이다.

그러니 제발 학원에 찾아가 '선생님이 옆에 계셔야 집중을 할 수 있는데 왜 우리 애를 길게 안 봐주느냐'고 탓하지 않았으면 한다. 선생님이 옆에 있을 때 잠시 집중할 수 있는 것과 아이 스스로 45분, 70분, 100분 동안 집중해내는 능력은 완전히 다른 차원의 이야기다. 우리가 하는 일은 아이가 스스로 집중할 수 있도록 도움을 주고 결국 해내도록 하는 것이지, 엄마 대신 옆에 붙어서 감시하는 것이 아니다. 하루 종일 집중할 수 있는 환경이란 존재하지 않는다. 감시자가 있는 조용한 공간에서도 집중되지 않는 순간은 찾아오며, 심지어 너무 조용해서 집중이 안 되는 현상도 종종 발생하기 때문이다. 공부는 결국 나 자신과의 싸움이다. 집중력 자체를 기르는 것과 집중력은 그대로 둔 채 집중할 수 있는 환경을 찾아다니는 것 중 어느 것이 더 중요할지는 독자분들의 판단에 맡긴다.

앞서 과제 지속력은 주의 집중력과 긴 시간 동안 끝까지 완수하려는 노력, 자기 조절 능력을 모두 포함하는 개념이라고 설명했다. 자기 조절 능력, 즉 절제력은 스마트폰이나 게임 등 좋아하는 일을 지금 당장 하고 싶은 충동을 억제할 수 있는 능력을 말한다. 어릴 때부터 환경적인 관리를 포함하여 부모의 적절한 통제와 훈련이 필수인 영역이다.

친구들과 어울려 놀기 위해 상습적으로 학원 수업에 가지 않는 아이들이 있다. 학생으로서의 책임과 의무, 엄마와의 약속, 학원의 규칙 따윈 안중에도 없이 친구들과 노는 즐거움이 지금 나에게 가장 가치로운 일이라고 생각해 절제력을 상실해버린다. 학부모와 상담을 해보면 '요즘 애들은 결핍이 없어서 그런 것 같다'며 아쉬움을 토로하곤 하는데, 우리의 생각은 다르다.

부모 세대가 사용하는 결핍이라는 단어가 주로 경제적 결핍에 국한되어 있다면, 요즘 아이들은 엄마 아빠가 생각하는 것과는 다른 종류의 결핍을 겪고 있다. 아이는 자신이 어떤 사람인지 정확히 표현하지도 못하는 상태에서 이 학원 저 학원 전전하며 어려운 사회생활을 시작했다. 부모가 일터에 있는 동안 함께 소통해야 할 형제자매가 없고 가정에서 교육받아야 할 것을 교육받지 못해 결핍이 생긴다.

결핍이 없어서 절제하지 못하는 게 아니라 훈련받고 훈육받지 못해 절제하지 못하는 것이다.

친구들과 놀고 싶은 충동을 억제하지 못해 학원 수업을 빠지는 아이에게 과제 지속력을 당부하기란 불가능에 가까워 보인다. 과제 지속력을 키우기 위해선 충동을 억제하는 절제력이 반드시 필요하고, 절제하기 위해선 제대로 된 가치관의 정립이 무엇보다 우선시되어야 한다. 이 아이가 학원이라는 규칙과 약속보다 중요하게 생각하는 가치는 관심과 애정, 인정과 보상이다. 절제력은 내가 더 중요하다고 생각하는 가치에 따라 유동적으로 발휘되기 때문에, 부모로부터 건전하고 올바른 가치관을 교육받는 것이 매우 중요하다.

평소에 안 하던 공부를 하기 위해 방학 시작과 동시에 하루도 빠짐없이 한 달 동안 열심히 등원하던 학생이 있었다. 한 달여가 지난 어느 금요일, 아이가 오랜만에 친구를 만나고 싶다고 해 일찍 하원시켜주었다. 그런데 다음 날 토요일, 아이는 '전날 너무 심하게 놀아서 피곤해 결석하겠다'는 뜻을 전해왔고, 그날 이후 등원하지 않았다. 등원 초반 과도하게 절제하고 있던 고삐가 갑자기 풀려버렸고 스스로 제어가 불가능한 상태에 이른 것이다. 학부모에게 수차례 연락해 도움을 요청했지만 직장 일이 바쁘다는 이유로 아이와 대화를 해보지 못했다고 했다.

모든 것은 타이밍이다. 부모도 이런 상황을 원했던 것은 아니겠지만 그 아이는 그동안의 절제와 노력이 무색하게도 다시 원점의 상태로 돌아가버렸다. 열심히 살아본 경험이 없는 아이들은 자기 자신이 언제 무너질지 예측할 수 없기 때문에 관심과 훈련이 반드시 필요하다. 어릴 때부터 주말이나 생일, 갑자기 어디론가 훌쩍 떠나버리는 등 충동적인 행동이 아무렇지 않게 연습된 사람은 결국 절제력이 부족한 어른으로 성장하게 마련이다. 흔히들 말하는 '놀 때는 신나게 놀고, 공부할 때는 신나게 공부하라'는 것이 얼마나 고차원적이고 고도로 훈련된 능력인지 알아야 한다. 절제력은 가치관의 영역이자 훈련의 영역이다.

II. 집요함과 끈기

과제 지속력을 키운다는 것은 주의 집중력과 절제력에 더하여 집요함, 즉 끝까지 포기하지 않는 끈기를 기른다는 뜻이다. 어려운 수학 문제를 끝까지 스스로 풀어내겠다는 작고 단기적인 목표부터 수능에서 1등급을 받겠다는 크고 장기적인 목표를 달성하는 데 있어 가장 중요한 것은 끝까지 포기하지 않는 태도와 습관이다. 그리고 당연하게도 집요함, 끈기 또한 교육과 훈련의 영역이다.

집요함과 끈기는 어릴 때부터 자녀의 발달 상태와 속도를 면밀히 관찰하여 아이가 적절히 노력하면 해결할 수 있는 수준의 과제들로 조금씩 훈련해나가야 한다. 여기서 또 오해가 없길 바란다. 끈기를 훈련한답시고 초2 자녀에게 수학 문제를 풀어낼 때까지 압박하라는 뜻이 결코 아니다.

같은 초2라도 문제를 보자마자 쉽게 푸는 아이가 있는 반면, 어떤 아이는 1시간을 설명해도 전혀 못 알아듣기도 한다. 그럴 땐 우리 아이가 아직 이것을 이해할 단계가 되지 않았다고 생각하고 넘어가면 된다.

집요함과 끈기를 고집으로 오해하는 것도 금물이다. 보통 영유아기 때는 집요함이 원하는 것을 얻기 위한 즉각적이고 일방적인 주장, 고집의 형태로 나타난다. 가정에서 제대로 훈련 받은 아이들은 아동기에 들어서면서부터 목표를 이루기 위한 지속적인 노력의 형태로 끈기가 발현되기 시작하는데, 그렇지 못한 아이들은 유아기 상태의 고집이 그대로 굳어져버린다. 흥미 있는 것에만 고집을 부리고 흥미 없는 것은 쉽게 포기해버리는 아이는 중고등 과정의 어렵고 힘든 공부를 끝까지 지속해낼 수 없다. 집요함과 끈기를 훈련하는 일은 부모든 부모의 역할을 대리하는 사람이든 그 누구라도 반드시 해야만 하는 작업이다.

집요함과 끈기를 훈련할 땐 빠르게 답을 내야 한다고 생각하는 조급함을 버려야 한다. 또한 아이가 스스로 답을 찾을 때까지 기다려주지 않고 친절하고 상세하게 설명해주는 부모나 선생님의 교습 방식도 방해가 될 수 있다. 초등 시절부터 스스로 끝까지 해결하는 공부를 연습하지 않으면, 더 이상 쉽게 해결할 수 없는 공부 단계에 들어섰을 때 "저는 공부랑 안 맞는 것 같아요. 공부 말고 다른 거 하고 싶어요"라며 공부를 포기하는 선택을 하게 될지도 모른다. 그 시기는 초5가 될 수도 있고, 중2 혹은 고1이 될 수도 있다.

자녀에게 집요함 대신 포기하는 법을 가르치려는 부모는 아마 없을 것이다. 하지만 의도와 상관없이 가정 내에서 아이가 집요함 대신 포기를 연습하는 상황은 매우 흔하게 발생하고 있다. 포기가 빠른 아이들에 대해 이야기할 때면 항상 생각나는 친구가 있다. 딱 꽃잎 한 장만큼의 정신적 강도로 인생을 살아가는 아이들, 고1 서연이가 그러했다.

서연이는 예쁘고 심성도 무척 여려 보였다. 아이는 공부를 안 한 지 몇 년 되었지만 이제부터라도 정신을 차리고 공부를 해야겠다며 우리를 찾아왔다. 문제는 등원 첫날 발생했다. 수학 수업을 받고 있던 서연이가 난데없이 눈물을 펑펑 쏟아낸 것이었다. 서연이는 선생님의 설명을 전혀 이해할 수 없는 답답하고 고통스러운 상태, 무능하고 무력한 감정을 견딜 수 없었다.

분명 선생님은 충분히 쉬운 단계부터 설명을 시작했다. 차근차근 선생님의 설명을 이해하려 노력한다면 하루 안에 이해가 될 수 있는 수준이었고, 선생님은 서연이가 100번 이해를 못하면 100번도 설명해줄 준비가 되어 있었다. 하지만 정작 서연이에게 중요한 것은 힘들더라도 결국 이해할 수 있게 되었다는 성취감이나 긍지가 아니었다. 서연이는 이해를 못해 답답하고 무능한 감정을 단 한순간도 견딜 수 없었다. 포기가 빠른 정도를 넘어 아예 시작조차 하기 힘든 케이스다.

눈에 넣어도 아프지 않을 사랑하는 딸의 슬픈 얼굴을 본 아빠는 '그렇게 힘든 데를 뭐하러 다니냐'며 당장 학원을 그만두게 했다. '학원이 너무 힘들어서가 아니라 아이가 슬픔에서 스스로 벗어나는 법을 모르기 때문에 벌어진 일'이라고 설명해봐도 내 딸이 힘든 건 싫다며 기어이 아이를 데려가버렸다.

부정적인 감정이 생길 때 부모가 그것을 빠르게 해결해주고자 하면 아이는 자신에게 갑자기 들이닥친 그 감정을 탐구할 시간이 없어진다. 내가 왜 슬픈지, 왜 화가 났는지 등 다양한 감정의 정체를 익히는 자연스러운 발달 과정을 익히지 못하게 되는 것이다. 지금 이 감정의 정체가 무엇인지 모르겠고 내가 왜 슬픈지도 모른 채 자랄 것이며, 부정적인 감정은 곧장 해결해야 하는 감정이기 때문에 회사에서도 억울함이 몰려오면 울면서 집으로 도망가야 하는 어른이 되고 말 것이다.

그동안 우리가 관찰한 수많은 청소년들 중 자주, 그리고 너무 쉽게 부정적 감정 뒤로 도망치는 아이들은 누구보다 포기가 빨랐다. 아이들은 사회에 나가서 갑자기 어른이 되는 게 아니라 청소년기를 거치며 조금씩 어른이 되어간다. 부모가 지켜줄 수 없는 객관적이고 상대적인 세상에 불현듯 노출되었을 때 겉과 속 모두 어른이 되어 있는 아이와 청소년에 머물러 있는 아이의 경쟁력은 비교 불가다. '힘들면 그 학원 가지 마라' '힘들면 공부 안 해도 된다'는 부모의 메시지는 결코 공감의 언어가 아니다. 가벼운 포기를 반복하게 해 아이들을 나약한 어른으로 만드는 주문일 뿐이다.

사춘기를 거치고 대뇌가 발달하면서 아이들은 자연스럽게 복잡한 생각을 하게 되고 옳고 그름, 훌륭함이 무엇인지에 대해 서서히 깨닫게 된다. 아이들 스스로 기꺼이 어른이 될 준비를 하고 있는 것이다. 청소년들은 원래 '힘들다'는 말을 매분 매초 입에 달고 산다. 누군가에게 말하고 나면 무능한 나 자신에 대한 짜증이 좀 풀릴 것 같아서 가볍게 말한 것일 수도 있다. 이때 부모는 진심으로 나서야 할 때와 아닐 때를 현명하게 구분할 줄 알아야 한다. 비단 공부와 입시뿐만이 아니라, 아이가 삶의 작은 어려움에도 쉽게 주저앉는 어른으로 성장하길 원치 않는다면 포기하지 않는 강인한 태도와 끈기를 가정에서부터 반드시 훈련시켜야 한다.

III. 단기 목표의 반복적인 성취 경험

'어느 대학을 가고 싶냐'는 질문은 초중등 학생들에게 무의미하다. 이 질문이 무의미한 이유는 너무 장기적인 목표와 연관되어 있기 때문이다. 장기적인 목표 설정은 전두엽이 본격적으로 발달하는 고등학교 시기 이후에나 가능하다. 그전 사춘기가 마무리되는 시점까지는 단기 목표를 설정하고 이를 달성하는 반복적인 경험과 지속적인 훈련이 일어나야 한다. 단기 목표를 설정하고 달성하는 경험을 통해 아이는, 내가 어느 정도의 노력을 기울였을 때 어떤 성취를 할 수 있는지 스스로 측정이 가능해지고 기준을 세울 수 있게 된다. 이 과정에서 아이들은 보다 크고 장기적인 목표의 설정과 달성, 즉 과제 지속력을 향상시킬 수 있다.

부모들은 유아기 때부터 자녀에게 커서 되고 싶은 것, 하고 싶은 것, 어느 대학을 가고 싶은지, 꿈이 무엇인지 대답을 종용하지만, 정작 아이들에게 물어야 할 것은 '꿈'이 아니라 '지금 무엇을 할 것인가'이다. 하지만 아이들 입장에선 대답하기 정말 어려운 질문이다. 아이들의 일상은 엄마가 정한 스케줄에 맞춰 학원에 갔다 돌아오는 것이 전부다. 아이 스스로 정한 과제나 목표가 없는 것이다. 이런 상황에서 '너는 왜 목표가 없느냐'고 다그치는 것은 아이의 반발심만을 불러일으킬 뿐이다. 자녀에게 왜 이렇게 의욕이 없냐고 묻기 전에, 왜 목표를 끝까지 달성하는 능력이 없냐고 묻기 전에, 아이 스스로 그것들을 생각하고 실행할 기회를 충분히 주었는지 돌아봐야 한다. 오늘 내가 해야 하는 것은 무엇인지, 지금 내가 원하는 것은 무엇인지 매 순간 자신에게 묻고 어떤 것을 우선 순위로 둘 것인가를 결정하는 연습을 통해 실천 의지가 생긴다. 이런 경험이 쌓일수록 아이는 자신만의 목표를 세우고 끝까지 완수하려는 내적 동기를 갖게 되며 이는 장기적인 과제를 지속할 수 있는 능력으로 탄탄하게 발전되어간다. 여기서 부모가 해야 할 일은 명확하다. 아이에게 올바른 정보를 제공하고 선택의 기회를 주며 기다려주는 것, 그리고 아이가 선택한 것을 실행하도록 지지하고 지도하며 그 결과를 책임지게끔 하는 것이다.

중학교를 우수한 성적으로 졸업한 학생들 중 많은 아이들이 고등학교에 진학해 성적이 떨어지는 이유는 단순히 고등학교 공부가 더 어려워서가 아니다. 절대 평가에서 상대 평가로 전환되며 그제야 다른 학생들과 비교했을 때 자신의 진짜 실력이 어느 정도 위치인가가 드러나게 되는 것이다. 중학교 시험은 깊이 공부한 학생과 벼락치기한 학생을 구분하지 못한다. 고등학교에 진학해서야 초중등 시절 어떻게 살아왔는가가 제대로 드러나는 시험을 치르게 된다. 새로운 과제를 스스로 깊이 사고하여 해결할 수 있는, 진짜 공부 실력을 겨루는 시험 말이다.

늘 학원 선생님이 설명해주고 도와주던 공부만 경험했다면 중3 무렵부터 사고를 멈추기 시작해 반드시 고등학교 공부에 큰 어려움을 겪게 된다. 중학교 3년 내내 수학 학원에 다녀서 80~90점대 성적을 유지한 아이들이 그 상태로 고등학생이 되면 학원에 다니지 않고 특별히 공부 안 한 아이들과 별반 다를 게 없는 점수를 받아온다. 9등급 체계 기준 보통 4등급 이하의 점수다. 하루 2~3시간, 주 3회씩 학원 선생님이 억지로 끌고 간 점수이기 때문에 아이 스스로 메타인지도 전혀 없다. 오히려 혼자 공부해서 50~60점의 성적이 나온 아이는 '내가 이 정도로 공부하니 이렇게 형편없는 점수가 나온다'는 메타인지가 올라가 있는 상태다. 실패를 반복하면서 자신에 대한 이해를 훈련해온 아이들은 언제, 얼마나, 어떻게 공부해야 목표를 달성할 수 있을지 자신만의 계획과 전략을 수립할 수 있는 능력을 갖추게 된다. 그리고 이왕 실패 경험을 체득할 것이라면 무조건 빠를수록, 조금이라도 어릴수록 좋다.

공부법이 아닌
공부 실력의 문제

"우리 애는 매일 학원 마치고 오면 자기 전까지 책상에 앉아 있는 데도 노력에 비해 성적이 안 나와요."

공부하는 양에 비해 너무 성적이 안 나온다며 공부법을 알려달라고 우리를 찾아오는 학부모들이 많다. 공부를 하고 있는 것처럼 보이지만 실상은 이런 케이스의 아이들 역시 공부 의지와 공부 실력을 갖추고 있지 않다. 다만 책상에 멍하게 앉아 있는 연습이 되어 있을 뿐 기초 학습, 사고력, 독해력, 집중력, 과제 지속력, 끈기, 절제력 등을 갖추지 못해 공부를 할 수 없는 상태인 것이다.

여기서 잠깐 최상위권 학생들의 이야기를 하자면 그들은 일반적인 예상을 훨씬 뛰어넘을 만큼 많은 시간과 에너지를 공부에 쏟아붓는다. 부모 입장에서는 우리 아이가 충분히 노력하고 있다고 느껴질 수 있지만 실제로 공부를 잘하는 아이들의 노력을 따라가기엔 턱없이 부족한 질과 양인 경우도 많다.

그냥 앉아만 있는 이런 아이들은 선천적으로 순하고 착한 기질이 많아 선생님에게 모르는 것을 모른다고 말하는 걸 미안해한다. 모든 문제, 모든 개념을 이해하지 못해 홀로 고군분투하고 있지만 어렵다고, 모른다고 말하지 못한다. 그래서 학원을 가도 모르는 것과 아는 것이 제대로 구분이 안 돼 어려운 것만 배워온다.

학원을 마치고 집에 오면 그 어려운 걸 스스로 익히지도 못한 채 끝나는 공부를 매일같이 반복하고 있다. 애초에 어려운 걸 시도하지 말고 혼자서 할 수 있는 것부터 집중하며 50점을 목표로, 그다음엔 55점, 60점을 목표로 차근차근 단계를 밟아가며 도전해야 하지만, 부모님의 기대는 저 높은 숫자에 머물러 있다.

당장 아이의 성적을 조금이라도 올려서 성취감을 맛보게 하고 싶은 부모의 마음은 이해한다. 하지만 그 사이에 쌓이지 않는 지식과 늘지 않는 공부 실력으로 새 학기마다 어려워지는 교과 내용에 점점 문드러지는 아이의 마음은 아무도 책임지지 않는다.

이런 케이스의 아이들은 자신에게 무능감과 열패감만을 안겨주는 고통스러운 공부를 포기하고 싶어도 부모 때문에 포기하지 못한다. 그동안 부모님이 나에게 얼마나 많은 투자를 했는지 잘 알기에 이대로 공부를 포기한다면 너무 죄송한 마음이 크다. 오히려 부모

쪽에서 '공부 말고 다른 거 하자'고 말해도 이젠 아이 스스로가 공부를 놓아버리면 영원히 실패자가 될 것만 같아 겁도 난다. '공부를 잘하지 않으면 사회에 나가서도 실패자로 살아가야 한다'는 암묵적인 메시지를 내재화했기 때문이다.

이런 아이들은 초5든 중2든 공부가 너무 어렵다고, 학원에 가기 싫다고 호소하는 단계가 있었고 그때 한 번쯤 공부를 포기했던 전력이 있거나, 초등 때는 좀 놀아도 된다는 부모의 허락(?)하에 정말 재밌게 놀기만 했던 과거가 있다. 그래도 남들 다 가는 영어, 수학 학원 정도는 다녀야 할 것 같아서 학원에 보냈다 하더라도, 제대로 된 학습 상태 점검 없이 가방만 들고 왔다 갔다 하며 머릿속에 쌓인 지식이 거의 없는 상태로 중학교에 진학했을 것이다.

혹 이 과정에서 학습 속도가 느리다고 판단된 아이라면 불안함을 느낀 부모에 의해 더 많은 학원을 뺑뺑이 돌며 혹사당했을 가능성이 크다. 부모가 물었을 때 아이가 오늘 배운 내용을 곧잘 대답한다면 느린 아이는 아니다. 하지만 공부다운 공부를 해본 경험이 없어서 배운 내용이 머릿속에 쌓이지 않는다. 여러 학원을 순회만 한 느린 아이든, 느리진 않지만 지식이 전무한 아이든, 상급 학년이 되었을 때 공부를 할 수 없는 상태에 놓이게 되는 건 매한가지다.

자녀가 아직 초등학생이라면, 공부가 어려워지는 시기에 아이가 포기하지 않도록 도와주는 것이 무엇보다 중요하다. 이를 위해 중등 선행이 아닌 초등 현행 과정에 있는 모든 것을 아이가 완전하게 이해, 암기하고 있는지 반드시 확인해야 한다. 현행을 완벽하게 해내지 못하는 아이에게 선행은 결코 중요치 않다. 현행 점수가 90점 이상 안정적으로 나오지 않는다면 선행을 위해서 학원을 갈 필요가 없다고 단호히 말할 수 있다.

이미 자녀가 중고등학교에 진학해 하위권인 상황이라면 더욱 세심한 주의가 필요하다. 아이가 어떤 상태인지에 대한 정확한 판단 없이 그저 '평균은 해야 한다'는 식으로 접근하는 것은 매우 위험하다. 평균이란 모든 아이들의 점수를 더하여 학생 수로 나눈 것이다. 때문에 평균은 추상적이고 가변적인 수치다. 자녀가 우연히 잘하는 아이들이 많은 집단에 들어갈 수도 있고, 못하는 아이들이 많은 집단에 들어갈 수도 있다. 두 집단의 평균은 분명 다를 것이다. 묻지도 따지지도 않고 우리 아이의 점수가 평균에서 얼마나 모자라는지에만 집중하는 것이 자녀의 객관적인 공부 상태를 파악하는 데 전혀 도움이 안 되는 이유다.

자녀의 성장을 바란다면 현재의 점수를 기준으로 그곳에서부터 얼마나, 어떻게 올라갈 것인지를 생각해야 한다. 아이가 50점을 받아왔다면 그 50점이 어떻게 형성된 것인지부터 이해해야지, 틀린 50점에만 집중해선 안 된다는 뜻이다. 아이의 공부 상태를 제대로 점검하려면 맞힌 문제를 분석하고 아이의 교재도 들춰보며 학교 수업

에서 받아오는 자료들을 얼마나 소화해내는지 등의 종합적인 분석
이 필요하다. 나만의 속도에 맞춰 스스로 이해하고 터득하는 공부를
하고 있는지, 아님 그저 학원의 일방적인 설명에만 기대어 끌려가는
공부를 하고 있는지에 대한 판단은 필수다. 전자의 경우 조금 느리지
만 확실하게 '공부 실력'이라는 것이 올라간다. 시간이 흐르면서 이
해하는 속도, 암기하는 속도, 집중력 및 집요함 등이 조금씩 상승하
며, 선생님 없이도 스스로 해낼 수 있는 공부가 점점 많아지게 된다.

혹자는 스스로 공부하는 것도 상위권 아이들이나 할 수 있는 것
이지, 하위권 아이들은 할 수 없는 것 아니냐고 생각할 것이다. 하지
만 상위권이든 하위권이든 공부의 대원칙은 동일하다. 학교 수업도
학원 수업도, 공부라는 기나긴 과정 중 시작 단계인 '이해'만 도울
뿐, 그 다음 과정부터는 학생들의 머릿속에서 제각각 일어나야 하는
것이다. 수업은 단지 공부의 시작을 위한 도구일 뿐이다. 그리고 우
리가 하는 일은 공부의 '과정'을 돕는 일이다. 하위권 아이들이 우리
를 만나면, 교과서를 펴서 제목과 문장을 읽고, 또 그것의 관계를 이
해하며, 떠오르는 머릿속 질문을 해결할 때까지 머무르고, 그것을
정리해 개념을 스스로 익히는 작업을 한다.

하위권 아이들은 이 과정을 거치며 공부의 재미와 호기심을 느
끼고, 나 스스로 무언가를 깨닫고 지식을 습득했다는 성취감을 경
험한다. 단 하나의 개념일지라도 아이가 스스로 깨우치고 나면 다른
개념들로 연쇄적으로 확장되는 어떠한 깨달음을 얻게 된다. 그제야

비로소 아이들에게 공부는 점점 할만 한 것이 되고 재미있는 것이 된다. 스스로 깨우쳤으므로 그 각인 효과 또한 엄청나다.

물론 기초가 부족한 상태에서 공부를 시작할 때 이해가 되지 않는 답답하고 불편한 감정을 꽤 오랫동안 느끼고 견뎌야 한다. 이때 부모는 '이해가 안 된다'는 아이의 말에 너무 크게 반응해 선생님을 바꿔야 한다는 섣부른 결론에 도달해선 안 된다. 시원하게 이해하지 못하는 상태를 인내하고 훈련하여 마침내 아이가 진짜 공부를 경험하게 되었을 때, 부모는 눈앞의 성적에 조급해하지 말고 아이가 최선을 다한 과정, 스스로의 상태를 인식하고 천천히 실력을 쌓아가는 과정을 응원하고 도와주어야 한다.

노력하면 된다는 이상한 기대감

불행하게 앉아 있는 아이가 안타까워 과감하게 공부를 포기시키려는 학부모들과 상담할 때마다 항상 듣는 말이 있다.

"공부로 성공하지 못할 것 같으면 그냥 다른 거 시키려구요."

보통 '공부도 재능이 있는 아이들이 하는 것이지, 모두가 다 할 필요가 있냐'는 말이 뒤따라오곤 하는데 그때마다 되묻고 싶다.

공부를 하면 모두가 공부로 성공해야만 하는 것일까?

다시 말하자면, 노력해도 성공할까 말까인 세상에서 성공하지 못할 바엔 노력하지 않겠다는 건 도대체 무슨 의미일까?

그들의 입장에서 공부로 성공한다는 것은 명문대 입학과 같은 말이다. 그리고 그 명문대 입학이란 전체 학생들 중 극소수에게만 허용되는 것이다. 이런 사고가 팽배하니 아이들 또한 부모들의 언어를 그대로 배워 '공부로는 희망이 없으니 실용음악이나 디자인을 하겠다'고 선언한다. 그리하여 본격적인 재능의 영역인 실용음악을 선택했을 때 1등 할 자신, 성공할 자신은 있는 것일까?

'노력하면 된다'는 이상한 기대감으로 아이를 키우면 '노력해도 안 될 수 있다'는 세상을 배우지 못한 채 조금만 노력하다 빠르게 포기하는 습관만 들이게 된다. '노력하면 결과가 나와야 한다'는 부모의 잘못된 심리는 아이들이 기울인 노력의 중요성을 과소평가하는 것이다. 좋지 않은 결과를 들고 온 자녀를 "내가 보기에 너는 제대로 노력하지 않았어"라는 말로 낙인찍는다면, 착하고 순한 그 아이는 본인이 노력을 안 해서 시험을 망친 것이라고 스스로를 세뇌하게 된다. 내가 노력했음에도 공부를 못한다는 사실을 받아들이기 힘들어 '공부를 안 했다'라고 부모와 자신을 속이는 것이다. 공부 상태에 대한 점검, 목표 변경 등의 해결책 없이 다음에 더 노력하면 될 것이라는 일그러진 기대 심리를 가진 채 불행을 반복하게 된다.

결국 부모가 자녀에게 '노력했지만 결국 해내지 못했다'라고 말할 수 있는 용기를 가르쳐야 한다. 공부를 잘하든 못하든, 아이들은 공부라는 행위를 통해 사회인으로 살아갈 때 반드시 필요한 다양한 가치를 배우며 자라난다. 실력도 없는데 노력조차 안 하는 직장 동료를 매일같이 마주하고 살아가는 어른이라면 노력이 주는 가치에 모두 공감할 것이다. 부모와 자녀 모두 '공부를 했으면 성적이 올라야 한다'는 잘못된 기대감과 압박감을 내려놓아야 한다. 정확한 상태를 진단하고 아이가 꼭 거쳐야 할 과정을 거치게 하여 작고 단기적인 성과물로 행복한 경험을 쌓게 도와줄 때, 아이는 정당한 노력의 가치와 공부의 재미를 깨닫게 될 것이다.

공부에 재능이 없는 아이는 일찍부터 훈련시키면 됩니다

최근 학부모들 사이에서 외부 업체를 통해 웩슬러 지능 검사 Wechsler Intelligence Scales를 하는 것이 유행이 된 건지, 아이가 높은 점수를 받았다는 말을 상담 도중 종종 듣곤 한다. 재밌는 건, 검사 결과가 높은 아이들만 존재하는 것이 아닐 텐데 그 반대의 경우인 평균의 점수나 평균 이하의 점수를 받았다는 말은 거의 들어본 기억이 없다는 것이다. 입시 공부는 재능의 영역이 아니라고 입이 닳도록 설명을 해도 여전히 아이의 재능은 부모의 자부심이 된다.

"머리는 좋은 것 같은데 왜 이렇게 성적이 안 나올까요?"

이런 학생들은 보통 순간적인 이해력, 사고력은 좋은 편이지만 공부 경험 부족으로 인해 체계적인 계획을 수립하는 능력과 메타인지, 집중력, 꾸준한 인내심, 끈기, 책임감 등 공부 실력을 갖추지 못한 상태다. 해야 할 과제가 무엇인지, 시험을 앞두고 얼만큼의 노력과 시간을 들여야 하는지 등을 명확히 가늠하지 못하고, 오히려 막연한 자신감이나 무관심으로 시간을 흘려보낸다.

스스로 잘하고 싶다는 내적 동기도 약한 경우가 많다. 이미 타고난 재능을 갖추었으므로 기본기, 즉 공부 실력만 더해진다면 그 성장 속도는 폭발적일 수밖에 없지만, 안타깝게도 많은 '뛰어난' 아이들이 끝내 변화의 순간을 맞이하지 못한 채 졸업해버리고 만다. 수많은 현장 경험을 통해 확언하건대, 입시 공부는 재능이 아닌 노력과 태도에 의해 승패가 갈리는 싸움이다.

　　현재 학부모 세대의 학창 시절엔 지금처럼 개별적으로 외부 업체를 통해서가 아닌, 학교 현장에서 전교생을 대상으로 일시에 지능 검사를 시행하곤 했다. 그리고 검사 결과는 학생과 학부모에게 통보되지 않았다. 물론 학부모가 알고자 한다면 학교 측의 별다른 저항(?) 없이 알 수도 있었지만, 검사 결과를 대놓고 알려주지 않은 데는 그만한 이유가 있었다.

　　우선 그 시절 지능 검사의 시행 목적은 '학습 지원'보다 '장애 선별'에 있었기 때문이다. 또한 IQ가 개인의 능력 전체를 대표하지 않음에도 수치화된 결과로 인해 사회적으로 낙인labeling(라벨링)이 될 수 있다는 판단 때문이었다. 즉, 낮은 IQ를 알게 된 경우 학생 본인이 열등감, 자포자기, 패배감 등을 경험할 수 있고 학부모는 불안과 혼란을 겪을 수 있다는 이유에서였다.

　　물론 요즘 엄마들이 타 지역까지 가서라도 자녀의 지능을 검사해보는 이유는, 부모로서 가장 적합한 교육 지원을 하고 진로나 적성을 찾는 데 도움을 주고 싶어서일 것이다. 하지만 IQ가 어떻게 나오든 간에, 어떤 식으로든 낙인 효과는 존재할 것이므로 학생 본인이 그 결과를 아는 것이 좋은 것만은 아니다.

　　예를 들어 높은 지능도 결과가 잘못된 방식으로 전달되거나 조절되지 않으면, 아이에게 보이지 않는 심리적 굴레가 되어 성격, 동기 혹은 사회성 등에 문제를 일으킬 수 있다. '나는 똑똑하니까 항상 성적이 좋아야 돼'라는 성과 중심의 가치관을 형성한다면, 실수나 실패에 극도로 취약해 모험과 도전을 회피하거나 쉽고 좋아하는 과제에만 머무르려는 경향을 보일 수도 있다.

부모의 높은 기대로 인해 어릴 때부터 영재 교육, 지나친 선행 학습 등의 과도한 학업 스트레스로 이어지는 결과도 충분히 예상이 가능하다. 평균의 지능, 평균보다 낮은 지능의 경우도 마찬가지다. 검사 결과를 통해 자녀의 성장을 위한 후천적 학습 지원을 더욱 아끼지 말아야겠다는 건강한 결론이 필요한 것이지, 공부엔 재능이 없으니 공부를 포기시키고 다른 진로를 찾아봐야겠다는 엉뚱한 결론에 도달해선 안 된다. 판단을 더욱 구체적으로 세분화하여 아이가 특정 영역에서 특별히 더 어려움을 느낀다는 것을 깨닫고 보다 분명한 해결책을 모색해야 하는 것이다.

지능 검사에서 높은 점수는 언어-논리 중심의 지적 능력이 우수함을 의미할 뿐, 그 외 다양한 감성적, 사회적, 창의적 혹은 신체적 능력까지 우수함을 의미하는 것이 아니다. 자녀의 지능 검사 결과가 경계선 지능 수준까지 내려가지 않는다면 '낮은' 또는 '높은', '느린' 또는 '빠른'이라는 라벨링 자체가 아이에게 적절하지 않을 수도 있다는 사실을 염두에 두고 검사와 해석에 보다 신중을 기해야 할 것이다.

01

느린 아이란?

"학교를 마치고 공부하는 시간이 전혀 없는데 성적이 잘 나오니 어떻게 해야 할지 모르겠어요."

아주 가끔, 아이의 재능에 만족하기보다 노력의 가치를 배우지 못하는 자녀의 태도를 걱정해 상담을 신청하는 학부모들이 있다. 이런 아이들은 공부에 재능이 있는, 즉 '빠른' 아이들이다. 이 경우, 처음 보는 내용에 대한 이해가 쉽고 암기도 빨라 비교적 학습해야 할 양이 적은 중학교 시험까지는 별다른 노력을 기울이지 않아도 좋은 성적을 내기도 한다.

하지만 우리가 만나는 대부분의 아이들은 '느린' 아이들이다. 이들 중에는 실제로 '느린' 아이들도 있고 '빠르지 않은', 통계적으로 평균적인 인지 능력을 지닌 아이들도 있지만, 보통의 사교육 시장에선

이 둘을 한데 묶어 '느리다'고 평가한다. 앞서 말했듯, 입시 공부가 재능의 영역이 아니라는 사실만 정확히 인지하고 있다면 '느리다'는 평가에 크게 동요하거나 불안해할 필요가 없다. 우리 아이가 어떤 영역에서 어느 정도의 역량을 갖고 있는지 객관적인 지표로서 라벨링을 활용한다면, 그 이후부턴 오로지 노력과 태도의 승부다.

중1 학생이 중1 학습 과정에서 상대적으로 계속 더 어려움을 겪는다면 '느린 편'이라고 판단할 수 있다. 물론 우리가 판단할 수 있는 느린 아이들이란 의학적으로 장애에 해당하지 않는 일반적인 아이들에 한정된다. 현재의 학습 과정에 어려움을 겪는 현상의 이면에는 공부 습관, 공부 경험 부족 등의 다양한 요소가 함께 작용했을 가능성이 있지만, 이렇듯 느린 아이를 판단함에 있어 가장 대표적으로 활용되는 지표는 바로 인지 능력이다. 인지 능력이란, 뇌가 정보를 처리하고 판단하는 과정에서 필요한 기능을 얼마나 효과적으로 수행할 수 있는지를 나타내는 개념이다. 다시 말해, 인지 기능을 활용하여 학습, 의사 결정, 문제 해결, 의사소통 등 거의 모든 일상의 작업을 수행하는 능력을 말한다.

인지 능력이라는 것은 속도의 개념으로 바꿔 설명하면 이해가 쉽다. 속도의 개념이란 시간 대비 성취 결과를 의미하는데, 빠른 아이가 느린 아이보다 시간 대비 성취 결과물이 더 많다는 뜻이다. 단지 그뿐이다. 결국 느린 아이가 빠른 아이와 같은 성취 결과물을 내기 위해선 더 많은 시간을 할애하면 된다는 뜻이고, 시간과 노력이 충분히 쌓였을 때 최종 결과물은 같아진다는 뜻이다.

인지 능력이 평균 수준보다 조금 더 낮은 아이들을 포함해 대부분의 아이들은 처음 접하는 개념을 배우는 데 낯설어하며 익숙하게 사용하기까지 시간이 걸린다. 물론 빠르지 않은 아이들 속에서도 저마다 속도는 다르다. 하지만 빠르지 않을지언정 개념을 이해하고 체화하는 데 더 많은 시간을 투자한다면 결과는 같아진다. 아니, 어느 시점부턴 빠르지만 쿨쿨 잠들어 있는 토끼들을 추월해 분명 앞서 나갈 것이다. 학교나 학원에서 새로운 개념에 대해 1시간 동안 배웠다면 혼자서 2~3시간 복습하며 완전히 이해하고 내 것으로 만드는 과정이 필요하다고 강하게 주장하는 이유가 바로 이것이다.

이해력이 부족한 경우도 느린 아이에 속한다. 이해가 느리다는 것은 한 번 설명을 들은 것을 내 것으로 만들기 위해 다른 친구들보다 많은 시간 동안 한 개념에 머물러 있어야 한다는 뜻이다. 이해가 느린 아이들은 어릴 때부터 티가 많이 나기 때문에 부모나 선생님들이 이미 인지하고 있는 경우가 많다. 그리고 학교나 학원으로부터 그런 피드백을 이미 수차례 받아왔으므로 '우리 아이는 공부를 잘 해내기까지 오래 걸릴 수 있고, 상위권은 바라지도 않겠다'는 마음의 준비가 되어 있기도 하다. 느리더라도 아이가 기본적인 공부를 평균 수준으로 해낼 수 있는 상태까지 도와달라는 현실적인 요구를 하는 분들도 있다.

하지만 이해가 느린 아이들 중 실제로 이해하는 속도는 느리지만 암기력이나 집요함 등 다른 능력들이 괜찮아서 시간을 많이 투자했을 때 상위권으로 도약하는 케이스가 종종 있다. 이런 아이들이 이해가 느린 이유는 타고난 인지 능력이 부족한 탓이 아니라 변화, 새로움에 대한 저항감이 커서 새로운 과제를 처음 접했을 때 유독 힘든 과정을 겪기 때문이다. 이런 케이스의 아이들은 타인의 설명 없이 스스로, 시행착오를 겪어가며 나만의 방식과 루틴으로 이해하고자 하는 욕구가 크기 때문에 오랫동안 앉아 있어도 진도가 느린 편이다.

이때 많은 학부모들이 자녀의 비효율적인 공부 습관을 바로 잡기 위해 빠르게 진도 나가는 학원에 보내게 되는데, 아이는 당연히 그런 학원에 적응하지 못해 고통스러워할 것이므로 주의가 필요하다. 이런 아이들은 일단 자신의 것으로 만들어놓고 나면 조금씩 속도가 붙어 학년이 높아질수록 성적이 우상향하는 그래프를 그리게 된다. 공부를 많이 할수록 새로운 것에 대한 저항감 또한 점점 줄어들기 때문에 충분한 시간과 에너지를 투입한다면 극상위권이 될 가능성도 있다. 이해가 다소 느리지만 평소 공부 시간이 적지 않고 집요함이 좋은 아이라면 비효율적으로 보이는 그 노력의 시간을 부모가 충분히 지지해주고 안쓰럽게 여기지 않아야 한다.

새로운 개념을 수용하는 능력이 떨어지는 아이들 또한 느린 아이들에 속한다. 수용력이 부족한 아이들은 공부에 대한 태도가 매우 부정적이어서 새로운 개념을 받아들이거나 공부의 필요성을 받아들이는 데 거부감이 크다. 타인의 말을 수용하려 하지 않고 자기 주장과 방식을 강하게 내세우려는 경향도 있다. 공부라는 것은 새로운 지식과 지혜, 가치를 받아들이는 자세에서부터 시작되므로 수용력 부족은 곧 학습 과정이 느려지는 결과로 이어진다.

이런 친구들이 자주 쓰는 말 중 대표적인 한 가지를 꼽으라면 "이건 왜 그런 거예요?"를 들 수 있겠다. '싫다'와 '왜'가 한 세트로 묶여 사용되는 경우도 많다. 이 아이들은 개념을 한 번에 받아들이지 않고 정의를 벗어나 끊임없이 '왜?'라고 물으며 더 이상 진도를 나가지 못하는 상태에 머물러 있곤 한다.

수용력이 떨어진다는 것은 기존의 지식을 습득하는 데 필요한 수렴적 사고 연습이 부족하다는 것과 연관이 깊다. 수렴적 사고란, 다양한 정보를 하나의 정답 또는 해결책으로 수렴시키는 사고방식을 말한다. 수렴적 사고는 정답을 도출하거나 논리적 해결을 요하는 과제에 유용하다.

반대로 확장적 사고란, 하나의 문제에서 다양한 아이디어나 해결책을 확장하는 사고방식을 뜻하며 아이디어 창출, 창의적 발상을 할 때 요구된다. 수용력이 떨어져 수렴적 사고 부족으로 이어지는 경우, 이해하고 암기한 지식을 기반으로 정답을 도출하는 사고 과정에 있어 아예 시작도 못하거나 방향을 잘못 잡거나 중간에 멈춰 헤매는 등 끊임없이 어려움을 겪는다. 당장의 이해력과 암기력엔 문제가 없어도, 차곡차곡 논리를 쌓아가고 단계적으로 사고하여 정답을 찾는 과정에 문제를 겪게 되는 것이다. 때문에 아이는 더 친절하게 설명해줄 선생님을 갈구하거나 '문제가 이상하다' 혹은 '답이 이상하다'는 말을 반복하곤 한다.

어린 시절 부모와 건강하고 안정적인 관계를 맺으면 자란 아이들은 수용적인 태도를 보이며 스스로 변화할 준비가 되어 있다. 학습 태도 또한 유연해서 새로운 방법을 익히는 속도가 빠르다. 공부를 하다 보면 누구나 혼자의 힘만으로는 넘기 어려운 벽을 만나는 순간이 온다. 그 벽이 언제 어디에서 나타날지는 사람마다 다른데, 어떤 아이는 분수에서 멈추고 또 어떤 아이는 문자와 식에서 어려움을 겪는다. 그때 타인의 가르침을 받아들이고 배운 내용을 자기 것으로 만들기 위해서는 수용적인 자세가 절대적으로 필요하다.

타고난 사고력이 부족한 경우에도 느린 아이라는 평가를 많이 받게된다. 하지만 앞서 말했던 것처럼 대부분의 보통 아이들은 새로운 개념을 받아들이는 것 자체를 어려워하고 또 그것을 활용해 복잡한 문제를 해결하는 것을 힘들어 한다. 때문에 사고력 측면에서는 사실상 다수의 아이들이 역량이 부족한 상태에 놓여 있다고 보는 게 자연스럽다.

빠르다고 평가되는 아이들은 타고난 인지 능력 외에도 이해-사고력이 좋은 아이들이 많은데, 이런 친구들 중 집요함, 집중력, 절제력, 지구력 등의 행동 역량이 부족한 경우도 많다. 소위 '머리는 좋은데 게으르다'는 아이들이 바로 이런 케이스다. 빠르게 태어났으나 빠른 아이들이라고 평가할 수 없는 이유는 결국 행동의 문제 때문에 짧은 시간 안에 성과를 내기 힘들기 때문이다. 학생의 행동 변화를 통해 학습 성과를 유도하는 교육자의 입장에서 봤을 때 이런 친구들은 빠르기는커녕 누구보다 느린 아이들처럼 보인다. 사고력을 비롯한 모든 학습 능력들은 충분한 연습, 공부 경험을 통해 얼마든지 향상시킬 수 있다. 공부는 타고난 능력에 더해 행동으로 실천할 때 비로소 성과가 나는 것이다.

사실 느리다고 판단되는 아이들 중 대부분은 타고난 인지 능력이나 특정 영역이 부족한 친구가 아니라, 이전 학년에서의 기초 학습과 공부 경험, 역량 자체를 갖추지 못한 채 상급 학년으로 진학한 경우이다. 인지 능력, 이해력, 수용력, 사고력 외에도 메타인지, 집요함, 집중력, 회복 탄력성, 문해력 등의 학습 역량 한두 가지만 부재해도 공부를 잘 해낼 수 없기 때문이다.

우리는 대부분 평균 범위에 속하는 지능을 가진 아이들을 만나왔다. 물론 드물게 인지적으로 느린 아이들도 존재하지만 그 아이들조차 시간이 충분히 주어진다면 정규 교육 과정에서 제시하는 학습을 보통 수준으로 모두 따라갈 수 있다. 문제는 항상 그만큼의 시간을 기다려주지 않기 때문에 발생한다. 이 아이들에게 선행 진도를 빨리 빼준다는 학원이나 과목별 무리한 보충 학습, 심화 학습들은 모두 무의미하다.

'혹시 우리 아이가 남들보다 느린 건 아닐까?' 하는 걱정을 하고 있다면, 단순히 IQ나 타고난 인지 능력에 대한 염려에서 벗어나 교육 및 정서적, 학습적 지원이 충분하지 않았던 것은 아닌지 먼저 생각해보았으면 한다. 다행히 이 모든 영역은 시간과 에너지를 투자해 훈련하면 필요한 만큼 빨라질 수 있다. 입시는 도착점이 정해져 있을 뿐, 출발선은 정해져 있지 않은 게임이다. 우리 아이가 평범하거나 다소 느리다고 판단된다면 남들보다 일찍 준비를 시작하면 된다.

✏️ 기존 지능 검사와의 차이점 요약

구분	전통적 웩슬러 지능 검사	최근 통합형 심리 평가 (한국)
목적	지능 지수 산출 중심	인지, 정서, 행동 등 전반 평가
도구	WISC/WAIS 단독 사용	다수의 검사 도구 결합
평가자	심리사 또는 특수 교사 중심	임상 심리사, 정신과 전문의, 상담 심리사 등
활용	학습 능력, 발달 정도 파악	정서 문제, 발달 장애, 학교 적응 등까지 포함

✏️ 인지 능력 구분 기준 (IQ를 중심으로)

범주	IQ 범위	설명
지적 장애 (지능 저하)	70 이하	발달 장애 진단 가능성
경계선 지능	70~84	학습, 문제 해결, 추론에 어려움
평균 지능	85~115	일반적인 학업, 사회생활 가능
우수 지능	116~129	뛰어난 사고력과 학습 능력
매우 우수/천재	130 이상	고지능, 영재 범주

02

입시 공부는 유전이 아니다

유튜브와 인스타 댓글을 읽다 보면 종종 '공부는 유전(재능)이다' 라는 의견이 눈에 띄곤 한다. 단지 의견 정도가 아닌 마치 하나의 신념처럼 느껴지기까지 하는 단호하고 확신에 찬 해당 댓글엔 매번 '좋아요' 수가 넘쳐난다. 그때마다 글쓴이가 정말 하고 싶은 말이 무엇인지 그 의도가 궁금하긴 했다. 공부에 재능이 없으니 그냥 일찌감치 공부를 포기하고 다른 진로를 찾아보라는 뜻일까? 아님 태어난 대로 적당히 살다가 죽으라는 뜻일까? 그 진의가 무엇이든 우린 우리의 할 일을 해야겠기에 노력의 가치에 대하여 정성스러운 대댓글을 작성한다. 이에 질세라 곧 누군가의 대대댓글이 달리는데 그 내용이 가히 충격적이다.

'노력도 재능입니다. 노력해도 안 되는 사람은 안 됩니다.'

이쯤 되면 혹 자신이 공부를 못했던 이유를 유전 탓으로 돌리고 싶은 것은 아닌지 의심이 든다. 이런 사람들은 어디까지 남 탓, 유전 탓, 부모 탓, 환경 탓, 세상 탓을 해야 만족할 수 있는 걸까? 과연 노력다운 노력을 해보긴 할 걸까? 노력이 유전을 이길 수 없다는 말은 결국 '나는 노력하고 싶지 않다'는 고백과 다르지 않다고 생각한다. 본인 스스로 노력하지 않는 삶을 선택하겠다면 그것까지 말릴 순 없다. 하지만 주어진 조건과 환경 속에서 최선을 다하며 매일같이 지친 몸을 이끌고 인내하며 노력하는 우리 제자들까지 선동하려는 건 참을 수 없다.

어떤 분야든 영재성을 보이는 아이들이 있다. 그리고 공부에도 분명 천재들의 영역이 존재한다. 타고난 인지 능력과 학습 능력이 뛰어난 아이들은 같은 시간을 투자해도 더 빠르게 이해하고 더 오래 기억하며 더 깊게 사고한다. 그런 아이들이 있다는 것 자체를 부정할 순 없다.

그러나 대한민국 입시에서 소위 천재, 영재라 불리는 아이들은 특정 집단에 소속되어 서로 경쟁할 뿐, 보통 아이들과는 거의 접점이 없는 게 현실이다. 그러니 평범한 아이들이 천재들과 자신을 비교해 스스로를 포기하는 일은 무의미하다. 입시 공부가 끝나고 자신의 전문 분야에서 특정 학문을 깊게 파고드는 공부를 해야 할 때, 한 분야의 최고 전문가가 되기 위해 공부할 때에는 비로소 공부에 천부적인 재능을 가진 사람들이 두각을 나타낸다. 대학 전공 이후 학자, 전문가가 되기 위한 과정 속에서 뛰어난 재능으로 무장한 그들은 중요한 역할을 담당하곤 한다.

　그러나 그전까지 우리가 흔히 말하는 '입시 공부', 즉 초중고등학교의 교과 과정을 다루는 수준의 공부라면 이야기는 전혀 다르다. 입시의 여정에 놓인 우리 아이들은 인류 역사를 바꿀 만큼의 대단한 학술적 성과를 내기 위해 공부하는 것이 아니다. 그저 자신이 원하는 삶을 살아가기 위한 정도의 공부라면 영재성, 천부적인 학습 능력 따윈 크게 유의미하지 않다.

　이 영역에서만큼은 노력과 환경, 그리고 꾸준함이 압도적인 차이를 만들어낸다. 전 국민을 대상으로 하는 초중등 의무 교육을 포함해 고등 교육 과정이 뛰어나게 타고난 극소수만이 해낼 수 있도록 설계되었다고 생각하는 것 자체가 어불성설이다. 우리 아이가 현재 공부를 할 수 없는 상태에 놓인 건 재능의 부족함 때문이 아니라, 단지 해야 할 공부를 하지 않고 올라왔기 때문이다.

　대한민국 입시는 단순히 1년 반짝 공부해서 성과를 낼 수 있을 만큼 만만한 게임이 아니다. 지능이 뛰어난 아이들이라 할지라도 마찬가지다. 아무리 이해력이 좋아도, 아무리 암기력이 뛰어나도 초중고등학교 입시 과정에서 마주하는 학습량은 실로 엄청나다. 그 많은 것들을 단기간에 끝내기란 불가능에 가깝다.

　앞서 얘기했듯 서울대 입학생들의 평균 IQ는 110~120 정도라고 한다. 천재도 둔재도 아닌 지극히 평범한 지능의 소유자들인 것이다. 우리는 수많은 평범한, 혹은 느린 학생들이 꾸준한 노력과 전략으로 상위권에 진입하는 모습을 매일 목격하고 있다. 반대로 이해가 빠르고 암기력이 좋은데도 공부를 제대로 하지 않아 성과를 내지 못하는 아이들 역시 흔하게 관찰된다.

타고난 재능을 극복할 수 있다는 주장을 뇌과학의 관점으로 풀어보면 확신을 더할 수 있다. 현장에서 아이들을 가르치며 희망을 가질 수 있었던 이유는 바로 '신경가소성Neuroplasticity'이라는 개념 때문이다.

어린 시절, 특히 2~3세는 뇌의 시냅스 연결이 폭발적으로 증가하는 시기로 아이들은 무한히 많은 정보를 받아들일 수 있으며 학습 능력 또한 매우 뛰어나다. 이 시기의 뇌는 억제 기능이 거의 작동하지 않아 중요한 것과 중요하지 않은 것의 구분 없이 모든 정보를 저장한다. 우리는 이 시기에 모국어를 완성하고 걸음마를 배우며 배변을 스스로 해결하는 등 생존을 위한 필수 프로그램을 초고속으로 설치한다.

그러나 이 '무한 암기 머신'의 시간이 지나면서 뇌는 더 이상 모든 정보를 무조건 저장하지 않고 생존에 필요한 정보를 효율적으로 정리하는 작업을 시작한다. 에너지 절약 단계에 돌입하는 것이다. 대략

9~12세 사이, 뇌는 '시냅스 가지치기'를 통해 중요하지 않은 정보를 정리하고, 억제 기능을 활성화시켜 필요한 것 외에 나머지 정보들을 차단한다. 이 과정에서 정보가 완전히 사라지는 것은 아니다. 정확히 말하자면 정보로 가는 길이 끊어지는 것이다. 분명히 알고 있던 내용인데도 기억이 나질 않는다. 이 과정은 뇌가 더 효율적으로 기능하기 위한 진화의 일환이지만 동시에 새로운 배움을 가로막는 벽이 되기도 한다. 그래서 아이들은 이 시기에 가능한 많은 것을 배우고 익혀야 하며 이후에는 익숙함을 선호하게 돼 새로운 학습이 점점 더 어려워지게 된다. 결국 뇌는 효율성을 추구하면서 성장의 기회를 조금씩 닫아가게 되는 것이다. 그리고 그 문을 다시 여는 일은 점점 더 큰 용기와 에너지를 요구하게 된다.

여기서부터 신경가소성의 개념이 필요해진다. 신경가소성이란, 경험과 학습에 따라 뇌의 구조와 연결이 계속해서 바뀌는 능력을 뜻한다. 쉽게 말해, 한번 굳어버린 것 같은 뇌도 새로운 도전과 반복을 통해 언제든 다시 길을 낼 수 있다는 이야기다. 지금 이 순간에도 우리의 뇌는 변할 수 있다는 것이다.

태어나 신경가소성이 가장 왕성하게 작동하는 만 0세~7세 시기를 지나 사춘기 직전인 만 8세~12세에도 신경가소성은 높은 수준으로 유지된다. 이 시기에 아이는 본격적으로 공부하는 습관을 몸에 익혀야 하는데, 부모로부터 인정받고 존중받는 관계가 더해지면 공부에 대해 긍정적인 시선을 갖게 되고 공부를 성장의 중요한 수단으로 받아들이기 시작한다. 이 감각이 자리잡는 순간, 게임은 끝난다.

이후 사춘기와 고등학교 과정을 거치는 만 13세~19세 시기에는 신경가소성이 서서히 줄어들긴 하지만 여전히 강력하게 작동한다. 이때는 추상적 사고와 자기 통제를 키우기 위해 깊은 몰입과 훈련이 필요하며 예체능 분야에서도 프로가 되기 위한 몰입이 요구된다. 그렇게 몰입이 이어지면 뇌 속 억제가 서서히 풀리기 시작한다. 억제가 풀리면 학습은 더욱 강화된다. 계속해서 자극을 주고 몰입하고 반복해서 연습, 훈련하다 보면 뇌는 신경가소성을 발휘해 결국 그 경험을 온전히 체화하게 된다. 성장하는 뇌를 가진 지금이 바로 아이의 가능성을 믿고 실현하기 위한 최적의 시간이다. 우리가 할 수 있는 최선은 바로 그 지점에 있다.

젊은 시절보다 둔화되긴 해도 뇌의 신경가소성이 완전히 사라지는 것은 아니다. 뇌는 평생에 걸쳐 변화하고 성장할 수 있는 힘을 지니고 있다. 그렇기에 평생 학습은 선택이 아니라, 내가 나를 위해 가져야 할 가장 중요한 삶의 전략이 된다. 성인들도 이런데 성장의 중심에 있는 아이들의 잠재력이야 오죽할까. 우리는 이러한 과학적 근거를 바탕으로 아이들에게 입시 공부는 타고난 재능의 영역이 아닌, 노력과 꾸준함의 영역이라고 설명한다.

우리는 대한민국 입시가 의외로 공정하다고 생각한다. 내가 조금 부족하고 남들보다 느린 것 같다면 조금 더 일찍 시작하면 된다. 조금 더 오래 투자하면 된다. 구구단을 외우지 못하는 아이가 없는 건 구구단을 외울 수 있을 때까지 반복했기 때문이다. 빠르든 느리든 결국 도착할 수 있다는 믿음이 중요하다. 천재, 영재라는 말로 포장된 대부분의 아이들 뒤에는 결국 남들보다 더 일찍부터 오랫동안 쌓아 온 경험과 훈련이 있다는 사실을 항상 기억하고 노력해야 한다.

노력의 결과는 노력하지 않은 결과보다 언제나 낫다. 그 결과가 때론 볼품없어 보여도, 아무것도 하지 않았을 때보다 훨씬 더 나은 결과라 단언할 수 있다. 비교는 남과 하는 것이 아니라 과거의 나와 하는 것이다. 그때보다 지금이 조금 더 성장했다면 우리는 이미 충분히 잘해내고 있는 것이다.

도착점은 정해져 있지만 출발은 자유

입시라는 것은 도착점만이 정해져 있을 뿐 얼마나 일찍 출발할지, 어디에서 어떻게 출발할지, 그 출발은 내 마음대로 정할 수 있는 재밌는 승부다. 일러도 너무 이른 나머지 초등 입학 전부터 '의대반'에 들어가 최소 5년 이상 앞선 선행 학습을 하고 있는 아이가 있는가 하면, 초중등 시절 재밌고 신나게 놀기만 하다가 고등학생이 되어서야 부랴부랴 공부를 시작하는 아이도 있다. 특히 고3이 되면 대부분의 학생들이 공부과 자신의 삶에 몰입하기 시작하는데, 초1부터 고3까지의 모든 교과 과정은 연계되어 있기 때문에 현재의 나는 과거의 학습 공백으로 인해 반드시 큰 대가를 치르게 된다.

남들과 똑같이 시작하고 똑같이 공부하는 것만으론 차별성을 갖기 힘들다. 만약 우리 아이가 남들보다 느리거나 평범하다고 판단된다면 1년이라도 더 빨리, 남들보다 더 일찍 몰입하고 성장할 수 있게 부모가 이끌어줘야 한다. 대입 수능과 내신 시험 모두 언제 시험을 치르는지 명확히 정해져 있다. 느린 아이가 빠른 아이와 같은 성취 결과물을 내기 위해선 더 일찍부터, 더 많은 시간과 노력을 투자하는 방법밖엔 없다. 성취 결과가 꼭 이번 시험, 지금 성적만을 뜻해서도 안 된다. 가장 중요한 건 다음 시험, 그다음 시험에도 꾸준히, 차근차근 올라갈 수 있는 탄탄한 힘을 기르는 것이다. 학습이 차곡차곡 누적되지 않은 아이들은 당장의 점수를 올린다 해도 다음 시험에서 다시 바닥을 친다.

느린 아이는 더 일찍부터 시작해야한다는 말이 결코 무리한 선행 학습을 시켜야 한다는 뜻이 아니라는 건 이제 독자들도 잘 아시리라 믿어 의심치 않는다. 많은 학부모들이 '빨리, 여러 번 돌리는' 선행 학습을 목표로 이 학원, 저 학원을 전전한다. 하지만 공부는 빠르게 훑고 넘어가는 것이 아니라 깊이 있게 체화해야 하는 것이다. 학습은 구구단을 외우듯, 걷는 법을 배우듯, 배변 훈련을 하듯 개념을 완벽히 익히고 이를 실수 없이 적용할 수 있을 때까지 반복하는 과정이 필요하다.

진도만 빨리 빼는 무조건적인 선행 학습은 오히려 독이 된다. 사교육은 학교 수업을 따라가기 위한 도구이지, 학교를 대체하는 시스템이 아니다. 학교 수업을 잘 따라갈 수 있을 정도의 정서적, 학습적 지원을 받으며 복습과 예습을 통해 학습 효과를 극대화하는 것을 전제로 대입 세부 전략을 세우는 것이 가장 이상적인 학습 방식이다.

예습이란 현재의 학교 수업과 교과 내용을 완벽히 이해하고 충실히 따라가기 위하여 앞으로 배울 것을 미리 익히는 행위를 뜻한다. 예습의 범위는 내일 학교 수업에서 배울 내용부터 다음 주에 배울 것들, 다음 학기 단원들까지 다양하다. 단순히 문제집을 많이 푸는 양적 반복이 아니라 핵심 개념을 정확히 이해하고 기억할 수 있도록 미리 충분히 반복하여 질적인 학습을 해야 한다.

아이의 현재 학습 상태와 속도에 따라 예습의 범위와 내용은 달라질 수 있으며 느린 아이일수록 현재의 학교 수업을 한 번에 이해하지 못할 가능성이 크기 때문에 준비 학습, 즉 예습을 필수로 해야 한다. 선행 학습과 예습의 가장 큰 차이점이 바로 이것이다. 예습은 현재의 학교 수업과 교과 내용, 현행을 완벽히 이해하는 것을 목표로 한다.

느린 아이들이 남들보다 일찍, 더 많은 시간과 노력을 기울이기 위해 반드시 체크해야 할 것이 있다. 1년 365일 하루 24시간, 남들과 똑같이 주어지는 시간을 어떻게 하면 똑같지 않게 사용할 수 있을지에 대한 확실한 계획과 목표다. 올해 무엇을 이룰 것인지, 1년이라는 시간은 너무 길고도 두루뭉술하다.

그렇다면 1년이 아닌 한 달, 한 달도 길다면 한 주의 목표부터 시작할 것을 추천한다. 이를 위해 1년짜리 새로운 달력을 만들어보았다. 이 달력에서 한 해의 시작과 끝은 1월 1일과 12월 31일이 아니다. 이 달력은 총 16개 시즌으로 구성되어 있으며 한 해의 시작은 2학기 기말고사가 끝난 다음 날이며, 끝은 다음 해 2학기 기말고사 마지막 날이다.

이렇게 1년을 16개의 학습 시즌으로 나누면 각 구간별 테마를 정하기 쉽고 학습 계획을 더욱 체계적으로 세울 수 있다.

✏️ 공부장첸의 1년 공부 달력

1	2학기 기말고사 다음 날 ~ 겨울 방학식 `골든타임`
2	**겨울 방학식** ~ 1학기 개학식
3	1학기 개학식 ~ 1학기 중간고사 3주 전
4	1학기 중간고사 3주 전 ~ 1학기 중간고사 직전
5	1학기 중간고사 기간
6	1학기 중간고사 다음 날 ~ 1학기 기말고사 3주 전
7	1학기 기말고사 3주 전 ~ 1학기 기말고사 직전
8	1학기 기말고사 기간
9	1학기 기말고사 다음 날 ~ 여름 방학식 `골든타임`
10	**여름 방학식** ~ 2학기 개학식
11	2학기 개학식 ~ 2학기 중간고사 3주 전
12	2학기 중간고사 3주 전 ~ 2학기 중간고사 직전
13	2학기 중간고사 기간
14	2학기 중간고사 다음 날 ~ 2학기 기말고사 3주 전
15	2학기 기말고사 3주 전 ~ 2학기 기말고사 직전
16	2학기 기말고사 기간

대부분의 학생과 학부모는 방학 기간(2번과 10번)을 '공부의 골든 타임'으로 생각한다. 사교육 시장에서도 이 시기를 썸머 스쿨, 윈터 스쿨, 방학 특강 등으로 부르며 학생들을 모객하는 시즌으로 활용한다.

그러나 진짜 차이를 만드는 순간은 따로 있다. 그것은 바로 1번과 9번, '시험 직후부터 방학식'까지의 짧지만 결정적인 기간이다. 이 기간은 대부분의 학생들이 방학을 앞두고 긴장이 풀어져 쉬어가는 시간으로 보내지만, 사실상 학습 격차가 벌어지는 가장 중요한 타이밍이다. 이 시기를 어떻게 활용하느냐에 따라 다음 학기의 출발선이 달라진다. 방학이 시작되기 전 미리 기초를 다져두면 방학 기간 동안 더욱 깊이 있는 학습이 가능해진다.

시험이 끝났다고 모든 걸 내려놓고 쉬기보다는, 그동안 놓쳤던 개념을 정리하고 다음 단계를 준비하는 것이 진짜 전략이다. 시험 다음 날부터 공부할 책을 이미 시험 전에 구비해두고, 시험이 끝난 직후부터 곧장 학습에 들어가는 것이다. 그 짧은 2~4주를 버리지 않고 노력하는 것은 시험 기간에 올라온 긴장도를 활용하여 연속성을 만드는 대단한 작업이다. 시험 기간에 잘 벼른 감각을 몸이 기억하고 있을 때 곧장 앞으로 더 달려나가는 것이 중요하다. 그리고 이 차이는 결국 누적되어 다음 학기의 성취 결과 차이로 이어진다.

달리는 거북이가 잠자는 토끼를 이긴다

의외로 좋은 환경과 유전적인 혜택을 받고 태어난 아이들이 특정 시기의 학습 공백으로 인해 이후 학업에 어려움을 겪으며 우리를 찾아오는 경우가 많다. 보통 이런 아이들이 찾아오는 시기는 고2 무렵인데, 대부분 '나는 아무 문제 없다'는 자기만의 방어적인 태도와 저항감을 단단히 갖춘 상태이기 때문에 변화와 성장이 매우 어렵다. 우리는 아이들을 네 가지 유형으로 나눈다.

달리는 토끼 / 잠자는 토끼
달리는 거북이 / 잠자는 거북이

빠르지만 공부를 잘하지 못하는 아이들은 '잠자는 토끼'에 해당하는 부류다. 이 친구들은 뛰어난 잠재력을 충분히 갖추었기 때문에 언젠가 눈을 뜨기만 하면 빠르게 달려나갈 수 있지만, 안타깝게도 이들 중 대다수는 끝까지 잠에서 깨어나지 않은 채 레이스를 끝내버린다.

오랜 현장 경험에서 알게 된 중요한 사실은, 오히려 느리지만 어릴 때부터 꾸준히, 차근차근 성장의 과정을 밟아온 '달리는 거북이'들이 시간이 지나면 더 큰 결실을 이루어낸다는 것이다. 이는 결코 느린 아이들과 학부모들을 위로하려고 건네는 말이 아니다. 수많은 아이들을 지켜보며 체득한 확신이자 통찰이다.

아이가 또래보다 느리다고 느껴진다면 주저하지 말고 적극적으로 점검해볼 필요가 있다. 정기적으로 발달 검사를 받는 것도 좋고 국가에서 제공하는 발달 체크리스트를 활용하는 것도 도움이 된다. 학교 선생님, 전문가의 의견을 꾸준히 수렴하고 도움을 받는 것도 중요하다. '크면 괜찮아지겠지'라는 막연한 기대보다 부모의 빠른 개입이 아이에게 훨씬 더 크고 긍정적인 변화를 가져다준다는 사실을 꼭 기억해야 한다.

이 과정에서 부모가 가장 주의하고 경계해야 할 것은 '또래와의 비교'다. "왜 너만 못하니?"라는 말 대신, "어제보다 조금 더 잘했네!"라고 격려해주는 방식으로 접근해야 하는 것이다. 아이 스스로 자신의 강점을 발견하고 키워갈 수 있도록 도와주는 것이 중요하다. 예를 들어, 언어가 느린 아이라면 그림이나 놀이를 통해 자신의 생각을 표현할 수 있는 기회를 만들어주는 등 아이가 잘하는 영역을 활용해 부족한 부분을 자연스럽게 보완해나가는 것이 바람직하다. 억지로 강요하기보다 꾸준한 반복과 자연스러운 노출이 아이의 성장을 촉진하는 가장 좋은 방법이다.

부모 스스로의 감정 관리도 중요하다. 아이가 느리다고 해서 부모가 불안해하거나 좌절하는 모습을 보이면 그 부정적인 감정이 고스란히 아이에게 전해진다. 아이에게 가장 필요한 것은 부모의 따뜻하고 든든한 응원과 격려다. 아이가 가진 고유한 속도를 존중하되 꼭 필요한 도움은 적절한 시기에 제공해주며 긍정적인 환경 속에서 꾸준히, 절대 멈추지 않고 성장할 수 있도록 세심한 돌봄이 이루어져야 한다.

아이가 조금 느리다고 판단되는 그 순간부터는 전략을 수정해야 한다. 다른 아이들의 속도에 급하게 맞추려 하지 말고 우리 아이만의 속도와 리듬을 찾아 조금 더 일찍 출발해서 더 길게, 더 많이, 더 탄탄하게, 더 확실하게 준비하면 되는 것이다. 이는 느린 아이들뿐만 아니라 평범한 수준의 아이들에게도 해당되는 이야기다. 자녀가 학업적으로 특별한 위치에 도달하기를 원한다면, 남들과의 속도 경쟁이 아니라 평가받는 순간까지 아이가 완성도를 갖추는 것을 목표로 해야 한다.

무조건적인 선행 학습은 금물이다. 학년과 상관없이 아이의 현재 수준에 맞는 교재를 착실히 진행하면서 자연스럽게 레벨을 높여가야 한다. 다음 학기를 맞이하기 전에 충분한 반복과 개념 숙지가 이루어지면 아이는 학교 수업을 잘 따라갈 수 있게 되고, 적절한 도전과 성취를 경험하게 된다. 준비된 아이와 준비되지 않은 아이의 격차는 학년이 높아질수록 점점 더 커지게 된다. 아이가 아무런 준비 없이 학교에 가서 공교육의 기본적인 진도조차 따라가기 어려운 상황에 처하지 않도록 적극적인 준비와 세심한 지원이 필요하다.

우리 아이는 남들보다 느리기 때문에 사교육의 도움이 더 절실하다는 생각에서 너무 많은 과목별 학원, 과외 등을 한꺼번에 수강하게 하는 건 매우 위험한 일이다. 따라가는 속도가 느린 아이에겐 그 많은 수업들이 모두 무의미하다. 아이는 학교에서도 수업을 듣고 학원에서도 밤 늦게까지 수업을 듣느라 정작 내 속도대로 이해하고 암기하며 쌓아갈 시간이 없다. 모든 과목의 학원 숙제를 밤 늦게까지 하느라 나만의 속도와 방식으로 진짜 공부를 할 시간이 없는 것이다.

오늘 학원에서 배운 공식과 풀이법을 활용해 학원 숙제를 해본들 조금이라도 응용되거나 변형된 다른 문제가 나오면 손도 댈 수 없다. 지금 당장의 성적을 올려야 하는 학원에서는 정규 수업 외 보충 수업을 통해 아이를 더욱 압박하고 결국 스스로 익힐 시간과 수면 시간은 점점 더 부족해진다.

학원과 아이 모두의 처절한 노력으로 수학 한 과목의 점수가 오르면 다른 과목의 점수는 필히 떨어진다. 엄마는 아이의 학습 상태를 점검하기 위해 시험지를 들고 '이 문제는 너무 쉬운 건데 왜 틀렸냐'고 묻는다. 그러면 아이는 학원에서 선생님이 설명해줄 땐 알아들었지만 내가 혼자 풀려고 했을 때는 풀지 못했다는 막연한 대답을 하고, 엄마는 더 좋은 선생님을 찾아나선다. 아이는 '나는 역시 느리고 멍청하다'는 생각에 확신을 더하며 더욱 깊은 곳으로 침잠해간다.

우리는 특히 느린 아이의 학부모와 상담할 때 '당장 눈앞의 성적에 신경을 쓰지 않을 것'을 조언한다. 느린 아이가 공부를 시작할 땐 시험에서 높은 점수를 올려야 한다거나 명문대 입학과 같은 관점으로 접근해선 안 된다. 보통의 기준보다 낮춘, 아이가 노력하면 달성할 수 있을 정도의 현실적이면서 도전적인 목표부터 제시한 후 조금씩 그 목표치를 상향 조정해나가야 한다.

작은 성취감을 조금씩 경험하면서 아이들은 공부에 재미를 느끼고 스스로의 가능성을 확인하며 자기 효능감을 키워가게 된다. 사실, 아이가 좌절할 정도의 너무 높은 목표치도 아니고 아이의 잠재력을 제한할 만큼 너무 낮은 수준도 아닌 현실적인 목표를 설정한다는 게 참 어려운 일이다. 그럴 땐 지금 자녀를 가르치고 있는 선생님에게 아이가 충분히 노력한다면 어느 정도까지 도달할 수 있을지 물어보는 것도 방법이다. 솔직하고 객관적인 대답을 들려줄 수 있는 좋은 선생님이 곁에 있기를 바란다.

우리가 지금까지 경험한 상위권 학생들 대부분은 '달리는 거북이'

였다. 이들은 일상생활에서 유독 총명하거나 수리적·추론적 사고력이 뛰어난 아이들이 아니었다. 오히려 평범하거나 조금 느린 편이었지만 꾸준함과 끈기, 더 많은 시간과 노력을 들여 결국 잘해내게 된 아이들이었다. 느린 아이들이 결국 높은 성과를 내는 이유는 명확하다. 그들은 예상되는 결과를 철저히 준비하고 반복적으로 학습하며 누구보다 완벽하게 과제를 수행해낸다. 오랫동안 준비하고 반복한 결과일수록 오차가 적어져 완벽함에 가까워진다. 입시 공부는 인생이란 장편 드라마의 미리 보기와 같다. 아이들은 이러한 학습 과정을 통해 인생을 훈련하는 법을 배우게 된다.

동기 부여가 안 돼서 아이가 공부를 안 한다는 착각

학부모 상담을 하다 보면, 아이가 '진로를 못 정해서' 혹은 '목표가 없어서' 공부를 안 하는 것 같으니 아이가 하루빨리 정신 차릴 수 있게 진학 목표를 설정하고 동기 부여를 해달라는 말을 정말 많이 듣는다. 뿐만 아니라 수백만 원을 호가하는 진로 및 학과 탐색 업체, 입시 컨설팅 업체를 찾아가 상담을 받는 등 대부분의 학부모들은 공부할 이유를 진로 진학 목표에서만 찾으려고 한다.

물론 진로나 입시 목표를 설정하고 정보를 제공하며 그에 맞는 전략을 세우는 건 꼭 필요한 일이다. 실제로 진로 진학 목표를 세우게 되면 잠깐 동안은 아이가 의욕과 열의를 가지고 공부에 전념하는 것처럼 행동하기도 한다. 하지만 그것이 그리 오래가지 않는다는 것 또한 우리는 이미 잘 알고 있다.

공부를 해야 할 이유가 진로나 입시 목표에만 한정되는 것은 대단히 위험하다. 진로 진학 목표는 공부를 해야 할 이유인 동시에 공부를 하지 않아도 될 이유도 되기 때문이다. 많은 아이들이 책상 앞에다 목표로 하는 대학의 굿즈와 총장 포토 카드(?)까지 붙여가며 공부 열정을 불태우다가도 기말고사가 끝난 후 "그 대학 못 갈 것 같아요" "이제 그 학교 포기하려고요"라고 하며 다시 예전의 몰입 없는 일상으로 돌아가곤 한다.

특정 대학, 특정 학과라는 목표가 그 자체로 공부의 목적과 동일시되었을 때, 해당 목표가 사라지면 공부의 목적도 함께 사라져버리는 건 너무도 당연한 이치다. 그렇다면 조금 더 현실적인 수준으로 목표를 재설정하면 다시 공부 동기가 생기지 않을까? 물론 입시 목표를 수정하고 재설정하며 공부 동기를 이어가는 방법도 아주 불가능한 것은 아니겠지만, 도전과 포기를 반복할수록 아이는 실패에 점점 더 익숙해지고 결국 체념과 무기력에 이르게 될 것이다.

중3 승현이는 한눈에 봐도 모범생처럼 보였지만, 대화를 진행하면 할수록 그동안 만나왔던 여느 모범생들과는 많이 다르다는 느낌을 강하게 받았다. 상담 내내 연신 고개를 끄덕이면서도 이해나 판단의 눈빛이 아닌 습관적인 수용 혹은 순응의 분위기가 내비친 것이었다.

어머님은, 승현이가 과학고를 목표로 몇 년 동안 공부를 열심히 해왔으나 최근 유명 입시 컨설팅 업체와의 상담을 진행해본 결과 '과학고에서 견디지 못할 것 같으니 진학을 추천하지 않는다'는 답변을 받았다고 했다. 승현이는 입시 컨설팅 업체와의 상담 이후 에너지가 급격히 떨어졌고, 이제 과학고를 가고 싶지 않다고 말한다고도 했다. 어머님은 내심 컨설팅을 받으러 간 것을 후회하는 눈치였다.

보통 과학고를 준비한다고 하면 과학을 어렸을 때부터 좋아하거나 잘한다고 답하기 마련인데, 승현이에겐 과학고를 가야 할 이유도, 가지 말아야 할 이유도 없어 보였다. 단지 적응이 어려울 것 같으니 진학하지 않는게 좋겠다는 컨설턴트의 말에 따라 과학고는 하루아침에 가면 안 되는 곳이 되어 있을 뿐이었다. 어머님은 이제 과학고가 아닌 자사고를 알아보고 있다며, 자사고를 위한 학원 일정은 지금 짜고 있으니 이 학원은 주 몇 회를 오면 되냐고 물어왔다.

승현이가 공부를 하는 에너지로 삼고 있는 것은 어느 날 타인에 의해 정해진 진학 목표뿐이었다. 어머님은 승현이가 과학이나 수학을 왜 좋아하는지, 영어는 왜 싫어하는지에 대해 관심이 없었고 아이도 자신이 무엇을 좋아하고 어떻게 살고 싶은지에 대한 관심이 없었다. 승현이는 7세부터 학원을 돌며 어머니가 세운 스케줄과 진학 목표에 따라 움직였다. 초등 고학년이 되면서부터 수학, 과학 선행을 하기 시작했고 자연스럽게 영재원을 다니며 그곳 선생님의 추천에 맞춰 과학고를 준비하게 되었다.

아이를 키우는 것은 직장에서 일을 처리하는 것과는 확연하게 다르고 늘 예측할 수 없는 상황으로 흘러가게 마련이다. 그러나 우리가 본 승현이 어머님은 아이의 진로 진학 로드맵을 짜거나 학원을 선택하는 과정을 마치 또 하나의 일을 처리하는 과정처럼 여기는 듯했다.

어머님은 아이가 열심히 공부하는데도 역량이 올라오지 않아 마음이 아프다고 했지만, 사실 우리가 판단한 승현이는 지극히 평범한 아이였다. 수학, 과학 과목의 성적도 완전하지 않았고 나머지 과목은 비학군지임에도 불구하고 80점대에 머물러 있었다. 아이는 비시험 기간에는 대부분 무기력하고 졸려 하는 모습을 보였고 시험 기간에만 한정적으로 매우 긴장도 높은 모습을 보였다.

심지어 시험 일주일 전에는 선생님 근처에서만 공부를 하려고 했다. 평소 예·복습을 꾸준히 하거나 사고, 암기하는 등 공부를 재미있게 만드는 과정은 승현이에게 존재하지 않았다. 승현이는 시험이 끝나는 다음 날부터 인생에서 가장 중요한 일이 끝난 것처럼 행동했고, 어머님에 의해 미리 세팅된 자사고 대비용 과목별 학원과 면접 학원을 다니기 시작했다. 자사고는 승현이에게 새로운 진로 진학 목표가 되었고 이유는 필요 없었다. 과학이 좋아서 과학고를 준비했다면 한 번 정도는 실패하더라도 도전해보기 마련이다. 그런데 승현이는 그동안 열심히 준비해왔던 그 시험에 한 번도 도전하지 않았다.

'진로나 입시 목표가 있어야 공부를 한다'는 관점에 사로잡히면 일단 무엇이라도 정해놓아야 한다는 생각에 조급함이 밀려오고, 그로 인해 당연히 거쳐야 하는 성찰의 시간을 인생의 낭비처럼 생각하게 된다. 고등학교 진학은 아이 인생의 큰 방향 속에서 한 단계의 선택으로서 존재해야 하는 것이지, 고등학교 진학 자체가 하나의 목적이 되어서는 안 된다. 승현이에게 과학고는 그 자체로 하나의 목적이었고 굳이 갈 이유가 없는 방향이었다. 갈 이유가 없는 방향을 무작정 정해놓고 방법 찾기에만 집중하고 있으니 그 과정이 순탄할 리 만무한 것이다.

승현이에겐 진학 목표가 있었지만 왜 과학고에 가고 싶은지, 어떤 점이 기대되는지에 대한 자기 해석과 의미 부여가 없었다. 과학고라는 목표가 승현이의 욕구나 가치, 흥미에서 비롯된 것이 아니기 때문이다. 목표 설정의 주체가 항상 외부였고 아이는 그 결정에 수동적으로 따른 것이므로, 새로 정한 목표도 언젠가 실패할 것이 예상되면 또 다른 새로운 목표로 전환될 것이다.

승현이는 새로운 진학 목표가 생겼다고 해서 설레지도 않고 그에 따른 도전 의지가 지속되지도 않는다. 공부는 단지 시험에 대한 불안 반응의 결과로 나타나는 활동이었을 뿐, 공부 자체가 즐겁다는 경험을 할 기회가 없었기 때문이다. 타인이 정해준 과학고라는 진학 목표를 향해 공부하던 승현이는 그 목표가 사라지자 곧장 공부 에너지가 꺼져버렸다. 자사고라는 새로운 목표가 생겼다 한들 승현이가 과학고를 준비하던 과정을 그대로 답습하게 될 뿐이었다. 승현이의 이야기는 진로 진학 목표가 있다고 해서 공부 동기가 채워진 것은 아니라는 사실을 단적으로 보여주는 좋은 사례다.

아이의 내적 동기나 학습 에너지를 탐구하지 않은 채 타인에 의해 설정된 진로 진학 목표는 쉽게 그 불씨가 꺼질뿐더러 방법과 도구에만 집착하는 부정적인 결과를 낳게 된다.

이번 장에서는 진학 목표 외에 공부 동기 부여 방법과 관련한 학부모들의 흔한 오해들과 공부를 지속할 수 있는 진짜 원동력에 대하여 이야기해 보고자 한다.

01

"시키는 대로 잘 따라오던 아이였는데 갑자기 공부 의욕을 상실했어요"

'우리 아이는 왜 열심히 공부하지 않을까'에 대해 고민 중인 모든 분들께 자신 있게 말씀드릴 수 있는 건, 우리 집 아이뿐만 아니라 원래 열심히 공부하는 아이는 가뭄에 콩 나듯 드물다는 것이다.

우리를 찾아오는 학부모들께 아이가 조금씩 공부 실력을 높여가며 공부에 대한 열망과 의지를 키워갈 수 있도록 담담히 지켜봐달라고 말하면, '그건 타고나길 동기 부여가 잘 되는 아이들이나 가능한 것 아니냐'고 반문하는 경우들이 있다. 가만히 보고만 있으면 우리 집 아이는 정말 아무것도 하지 않는다고 답답해하면서 말이다.

하지만 조금 더 깊숙이 상담을 이어가다 보면 겉으로 비슷해 보이는 부모와 자녀의 관계일지라도 그 속에 숨은 공부 역사가 같지 않음을 알 수 있다. 부모가 별 노력을 하지 않아도 아이가 스스로 알아서 하는 것 같지만 보이지 않는 곳에서 부모의 정서적, 학습적 지원,

교육과 훈련의 시간이 있었던 것이다. 이는 공부가 필요하다는 것을 서서히 이해시키고 필요한 정보를 충실히 제공했으며 아이의 의지에 반하는 사교육을 강요하지 않는 등 세심한 노력을 기울이며 아이의 성장을 지원했기에 가능한 일이다. 부모가 그런 노력과 투자를 하지 않았는데도 아이가 중학생이 되어 공부의 필요성을 저절로 인식하고 스스로 공부하는 법을 터득할 확률은 제로라고 봐도 무방하다.

공부에 있어 가장 중요한 것은 아이의 의지다. 하지만 적어도 고1이 되기 전까지는 부모의 의지와 마음가짐 또한 그에 못지않게 중요하다. 그렇다고 해서 부모의 의지가 아이의 의지를 뛰어넘어 강요나 강압이 되어서는 안 된다. 요일별, 과목별로 숨 쉴 틈 없이 이 학원 저 학원 끌고 다니며 아이 스스로 우러나오는 공부에의 관심과 의지를 꺾는 것이 그 대표적인 예다.

아직은 정서적으로 혹은 사회적으로 미숙한 초등학생 자녀가 시키는 대로 잘 따라한다는 이유만으로 이 학원 저 학원 끌려다니다 보면, 스스로 공부에 관심을 가질 기회를 차단당하게 된다. 어떤 아이들은 학교생활만으로도 이미 긴장도가 높아질 대로 높아져 충분한 휴식을 취하거나 에너지를 채워야 스스로 공부에 집중할 수 있는 상태가 된다. 그러나 이런 성향에 대한 고려 없이 하교 직후 학원 스케줄에 맞춰 또다른 사회생활을 강요하는 것은 정서적 발달과 학습 모두에 매우 부정적인 영향을 미친다. 아이가 지금까지 시키는 대로 잘 따라왔다는 말은 아이에 대한 찬사도 칭찬도 아니다. 부모가 시키는 대로만 했다는 것을 바꿔 말하면 시키는 대로 하지 않는 나이가 되었을 때 언제든 공부를 그만둘 수 있다는 뜻이 된다. 부모의 손에 학원을 끌려다니던 아이들이 사춘기에 돌입했을 때 공부를 놓아버리는 모습을 보이는 건 바로 이 때문이다. 공부가 내 것이 되기 위해선 부모가 시켜서 억지로 하는 부정적인 경험을 하지 않았어야 한다.

남이 시키는 공부를 한 아이들은 공부를 지식을 습득하고 배우는 즐거운 과정이 아닌 부모를 만족시키는 도구로 인식한다. 그래서 공부로 더 이상 부모를 만족시킬 수 없을 때가 되면 공부를 포기하고 친구, 게임 등 다른 모든 것에 집중하게 되는 것이다. 시키는 대로 잘 따라 하던 아이였으니 부모의 성적에 대한 기대감은 점점 더 커질 수밖에 없다. 그렇게 특정 시기가 되면 아이는 '내가 지금 더 노력해본들 부모의 기대를 충족시킬 수 없다'는 사실을 정확히 알게 된다. 그리고 무엇보다 타인의 기대를 충족시키기 위한 행동이 오래 지속될 리도 없다. 아이는 성장의 어느 지점에서 부모의 기대를 뒤엎는 선택을 해야 하는 순간을 반드시 맞이하게 된다.

이 학원 저 학원 잘 다니다 보면 자연스럽게 공부 동기가 올라오고 성취감을 경험할 것이라는 안이한 생각도 버려야 한다. 물론 공부의 기본도 안하는 것은 큰 문제지만, 공부가 '누군가 시켜서 하는 것'으로만 인식되거나 '그래서 더 재미없는 것' 혹은 '테스트 통과를 위한 것' 정도로 인식되는 것도 위험하다.

성취감을 경험하기 위해 아이가 매일 테스트를 치르는 학원에 다닌다고 가정해보자. 그 테스트에서 매번 좋은 점수를 받는 경험과 감정이 좋아서 더 열심히 공부하는 친구가 분명 있을 것이다. 부모가 아이를 학원에 보내며 상상하는 최상의 시나리오가 바로 이것이다.

하지만 내 아이가 정반대의 경우에 해당한다면 얘기가 달라진다. 자녀가 나름 열심히 숙제하고 테스트를 준비했지만 다른 친구에 비해 항상 뒤처진 점수를 받는다면, 그 아이에게 공부란 '노력해도 안 되는 것'으로 인식될 뿐이다. 그리고 당연히 후자의 확률이 더욱 높다. 결과가 좋지 않아도 열심히 노력하는 과정이 중요하다는 어른들의 말도 아이에겐 전혀 위로가 되지 않는다. 매일 테스트를 하고 매일 좋지 않은 점수를 받으며 감정이 문드러지고 있는 아이에겐 공부 동기는커녕 언제든 공부를 그만둘 이유만 쌓이고 있을 것이다. 이렇듯 사춘기 이전 아이에게 공부가 부정적인 감정과 경험으로 반복되고 연결되는 것은 대단히 좋지 않다.

02

공부 동기 부여하려면
서열 매기는 대형 학원에 보내라?

학부모들 사이에서 떠도는, 주로 수학 과목에 국한된 공부 자극 및 동기 부여 민간 요법(?)이 있다.

'아이를 대형 학원에 보내서 서열을 경험하게 하고 잘하는 아이들을 지켜보게 하라.'

이러한 선배 맘들의 조언이 맞으려면 아이에게 타고난 '승부욕'이 있어야 하고 '본인이 노력해서 성공한 경험'이 있어야 하며 타인의 평가에 쉽게 무너지지 않는 '정신력'이 있어야 한다. 이 말인즉, 아이가 타고난 경쟁 의식과 타인의 평가를 거름 삼아 목표를 달성할 수 있는 능력을 갖추고 있어야만 유의미한 조언이라는 뜻이다.

타인의 평가와 경쟁이 모든 아이들에게 동기를 부여하진 않는다.

하물며 매일 테스트에서 좋은 점수를 받고 승부욕과 정신력을 모두 갖춘 아이라 할지라도 문제가 생길 수 있다. 테스트에서 좋은 점수를 못 받는 순간이 오면 그 아이에게 공부는 숨막힐 정도로 힘든 것이 된다. 그리고 언제가 되었든 그 순간은 반드시 찾아온다. 잘하는 아이도 이러한데 그렇지 않은 대다수의 아이들이라면 결과는 더욱 처참할 것이다.

경쟁 시스템을 통해 공부 자극을 유도해야 한다는 조언이 적절하려면 아이의 공부에 대한 생각, 감정, 말과 행동, 학습 상태에 대한 점검이 반드시 선행되어야 한다. 단순히 '그 학원을 가면 잘하는 아이들이 많다고 하니 우리 아이도 자극을 받아 더 열심히 하겠지?'라는 생각이 해결책이 될 것이라고 기대하지 않았으면 한다.

100명의 아이들에겐 100개의 각기 다른 공부 동기와 자극점이 존재한다. 그만큼 학습 동기는 다양하고 복잡하여 단순히 경쟁과 서열, 테스트 등으로 자극한다고 해서 쉽사리 올라올 수 있는 게 아니다. 어차피 고등학교에 올라가면 상대 평가로 입시를 치러야 하니 일찍부터 경쟁 체제에 참여하여 훈련하는 것이 더 낫지 않냐고 물을 수도 있겠다. 하지만 공부의 목적이 출발선에서부터 '경쟁에서 이기기 위해' 혹은 '타인을 만족시키기 위해'라고 설정되는 것은 매우 위험한 발상이다.

공부란 '타인과의 경쟁 및 인정'이라는 부차적인 목적 이전에, 스스로 깨우쳐가는 기쁨, 즉 내적 동기가 전제되어야 하는 것이다. 그래야 평생 공부할 수 있는 사람이 된다. 승부욕이나 인정을 받는 것이 공부에 있어서 하나의 자극제가 될 수는 있지만, 단순히 그것만을 해결책으로 삼아 모든 사교육판이 움직이고 있다는 것은 분명 문제가 맞다.

타인을 밟고 올라서는 데서 느끼는 성취감만이 짜릿한 것은 아니다. 오늘 학교에서 배운 것이 어렵고 이해가 안 되어 자습서를 여러 번 읽어보고 질문도 해보다가 불현듯 '유레카!'를 외칠 때, 그 순간의 기쁨도 주체할 수 없을 만큼 짜릿하고 통쾌하다. 이렇게 깨우친 지식은 공부에 대한 긍정적인 경험과 감정을 선사하고, 공부는 점차 힘들지만 재미있는 것이 되어간다.

이러한 성취감을 매일 느낄 수 있다면, 타인과 나를 비교하기 이전에 '어제의 나'와 '오늘의 나'를 비교하는 것부터 연습한다면, 이 아이의 1년 후는 얼마나 탄탄하고 다부질까? '대형 학원에 가서 정신 차리게 해야 한다'는 가치 없는 조언보다 공부의 진짜 재미, 진짜 성취감을 경험해가는 것이야말로 공부를 지속할 수 있는 원동력이 된다.

공부 동기 부여에 관한 여러 오해들

03

인스타와 유튜브를 시작하면서부터 댓글, 메시지, 전화 문의 등을 통해 전국 각지에서 '우리 아이 공부 동기 부여 좀 해달라'는 상담 요청이 쇄도하고 있다. 답답하고 절절한 부모의 마음이야 십분 이해가 되지만, 공부 동기라는 것은 일회적인 상담으로 불끈 솟아나는 것이 아니다. 곁에 있는 제자들의 공부 동기를 끌어올리는 과정을 예로 들자면, 한 아이당 최소 1년 이상 동기 부여 작업을 지속하고 있으며 공부 습관, 공부 실력까지 함께 끌어올려야만 유의미한 결과를 기대할 수 있다.

지푸라기라도 잡는 심정으로 도움을 요청하지만, 자녀를 양육할 때는 지푸라기라도 잡는 심정으로 키우면 안 된다. 지푸라기 잡는 심정으로 갑작스러운 방향 전환을 선택하면 그것이 결국 지푸라기이기 때문에 실패할 확률이 훨씬 높다. 다급한 마음에 여기저기서 체계 없는 일회성 상담, 솔루션만을 반복할 경우 아이에게 혼란만 더욱 가중될 뿐이다. '왜 공부하지 않느냐'며 다그치고 갈등을 반복하는 것은 제대로 된 교육이 아니다. 교육은, 아주 오랜 시간 동안 수많은 지푸라기들을 꼬아서 튼튼한 동아줄을 만들겠다는 일념으로 일상에서 가르침을 실천하고 아이의 작은 실패와 좌절들을 지켜봐주면서 기다리고 또 기다려야 하는 것이다.

우리가 만난 학부모들은 크게 두 그룹으로 나뉜다. '명문대를 진학해 전문직으로서의 안정된 삶을 누려야 한다'고 생각하는 그룹과 '창업, 유튜버 등의 다양한 진로로도 성공할 수 있으니 공부는 크게 필요치 않다'고 주장하는 그룹이다.

<table>
<tr><td>명문대를 진학해
전문직으로서의
안정된 삶을 누려야 한다</td><td>창업, 유튜버 등의
다양한 진로로도 성공할 수 있으니
공부는 크게 필요치 않다</td></tr>
</table>

어느 쪽이든 크게 공감이 되지 않는 이유는, '공부를 하는 이유는 명문대에 진학하기 위해서'라는 관점에 양쪽 모두 동의하고 있기 때문이다. 하지만 명문대 진학을 통한 성공의 방정식은 극히 일부의 아이들에게만 효과가 있는 공부 동기다.

요즘 아이들은 대부분 경제적 결핍이 없기 때문에 공부할 동기 또한 부족한 것이 맞다. 명문 대학에 진학하겠다는 단 하나의 목표를 향해 최선을 다해 살아가는 아이들도 있지만, 대부분의 아이들은 공부에서 힘들고 어려운 순간을 만나면 과감하게 명문대를 포기(?)하고 공부를 놓아버린다. 자녀에게 이런 순간이 닥쳤을 때 불면의 밤을 보내면서까지 불안해하는 사람은 당사자인 아이들이 아닌 엄마들이다.

많은 학부모들은 아직까지도 '명문대=성공' 공식을 굳게 믿으며 자녀에게 어떻게든 '세상이 얼마나 험난한 곳인가'에 대해 알려주려고 고군분투한다. 오랜 시간 교육 현장에 머무르고 있는 사람으로서 이러한 방식의 공부 동기 부여는 점점 더 빠르게 실패하고 있는 과거의 방식일 뿐이라는 사실을 특히 체감하고 있다.

아이들은 결핍, 궁핍, 가난이 무엇인지, 고통이 무엇인지 알지 못한다. 여기저기 재미있는 일이 가득한 이 세상이 뭐가 그리 험난하다는 것인지 그들은 공감하기 힘들다. 경제적 결핍, 성공에의 갈망이 없어 열심히 살지 않는다고 다그치거나 포기할 게 아니라, 지금 아이들이 겪고 있는 새로운 결핍을 채워줄 수 있는 새로운 동기로 움직이도록 도와주는 지혜가 필요하다.

아이들마다 각자가 겪고 있는 결핍의 종류는 다를 것이다. 그것이 부모, 형제와의 정서적 대화, 경험일 수도 있고 인성 및 태도에 대한 가르침일 수도 있다. 아이가 느끼는 새로운 유형의 결핍을 충족시켜주고 안정감과 유대감, 사랑과 포용의 충만함을 느끼게 해준다면, 과거의 방식으로는 통하지 않던 공부 의지와 욕구가 조금씩 샘솟을 수 있다.

이 과정에서 존재하지 않는 결핍을 억지로 존재하게 만들어 아이와의 관계를 최악으로 몰고 가선 안 된다. 가끔 아이에게 부모의 소중함과 고마움, 돈의 가치를 느끼게 해주려고 지금부터 모든 지원을 끊겠다고 선언한 뒤 가기 싫다는 아이를 강제로 유학 보내는 상황을 목격하게 된다. 부모도 친구도 없는 해외에 나가서 혼자 고생 좀 실컷 해봐야 정신 차린다는 엄중한 의도에서 비롯한 결정이다.

이것은 규칙을 어겼을 때 스마트폰을 압수하거나 용돈을 끊는 등의 패널티를 부과하는 행위와는 근본적으로 다른 문제다. 부모 본인이 교육에 실패했다는 사실을 극단적인 처방을 내리는 것으로 아이에게 전가하는 행위인 것이다.

아이를 충격에 빠뜨려 한 번에 바꿔놓아야 한다고 생각하는 경우인데, 이것은 곧 새로운 실패가 될 가능성이 매우 놓다. 꾸준히 좋은 결과를 내는 아이들은 경제적으로도 정서적으로도 안정적인 환경에 놓여있는 아이들이 많다. 특정한 결핍이 아이를 더 크게 키울 때도 있지만, 충분한 정서적 지지와 결핍 없는 안정된 환경이 더 많은 아이들을 성장시킨다는 사실을 잊어선 안 된다.

'동기 부여'라는 말을 과감히 버리자

그렇다면 도대체 어떤 방법으로 동기 부여 해야만 스스로 공부하는 아이가 될까?

앞서 설명했던 것처럼 공부동기는 매우 다양하고 복잡하며 시간이 지남에 따라 변하기도 하기 때문에 이 질문에 대한 답을 하나로 정하는 건 불가능하다. 여기서 한걸음 더 나아가 우리는, '어떻게 동기 부여를 해야 우리 아이가 공부를 할까?'라는 질문 자체가 잘못되었을 수도 있다는 생각에까지 이르게 되었다.

공부를 하는 것은 학생으로서의 의무이자 책임인데, 당연한 걸 하는 데 있어서 왜 동기 부여를 해야 하는지 묻고 싶을 때가 많다. 자식으로서 부모를 공경하기, 빨간불에 횡단보도를 건너지 않기 등 당연히 해야 할 일을 할 때 동기 부여가 필요하다고 한다면 그게 더 이상하지 않을까? 마찬가지로 학생으로서 당연히 해야하는 공부를 하지 않고 있다면 그 아이는 지금 '공부를 할 수 없는 상태에 놓여있다'고 판단하는 게 더 합리적이라고 생각한다. 단순히 '동기'의 문제 아니라 공부 습관과 공부 실력의 부재로 공부를 할 수 없는 정서적, 인지적 상태, 방법을 모르고 공부 경험이 없으며 노력과 성실, 의무와 책임의 가치를 배우지 못한 상태, 공부에 대한 관심과 의지가 꺾여있는 상태 등 복합적인 '상태' 때문일 수 있다. 그리고 마침내 아이가 공부를 할 수 있는 상태가 되었을 때, 그제야 비로소 '공부 동기'가 움트기 시작한다는 것이 우리의 생각이다.

공부든 게임이든 운동이든, 아이들이 그것에 빠져들게 되는 이유는 동일하다. 처음에는 낯설고 힘들었지만 결국 노력과 훈련으로 그것이 쉬워지는 단계에 도달했을 때 '내가 좀 더 나은 사람이 된 것 같다'는 느낌, 감정, 그 기쁨과 희열, 성취감이 바로 그것이다. 감정의 힘은 이성의 힘보다 강력하다. 먼 미래의 진로 진학 목표를 되새기며 공부를 지속하는 힘보다 그날그날의 성취감과 유능감, 희열과 벅찬 감정을 통해 공부를 지속하는 힘이 훨씬 더 강력하다는 뜻이다.

성취감의 종류에는 여러가지가 있을 수 있겠으나 그중 우리가 가장 이상적으로 생각하는 성취감은 매일 공부하는 '과정' 중에 느끼는 작은 성공의 경험들이다. 일단 아이가 작은 행동, 작은 성공을 경험했다면 그 자체를 격려하고 응원해줌으로써 이를 반복할 수 있게 만들어야 한다. 조금만 노력하면 달성할 수 있을 정도의 작은 목표여야 한다는 사실을 반드시 기억하자.

물론 성적이라는 '결과물'도 성취라고 생각할 수 있지만, 좋은 성적을 받았을 때 느끼는 한순간의 성취감에는 주의가 필요하다. 성적이 올라서 공부 동기가 생기는 것과 마찬가지로 성적이 떨어지는 순간 공부 동기도 함께 떨어지기 때문이다. 실제로 현장에서 만나는 많은 아이들이 '성적이 떨어지니까 공부하기 싫다'라고 말한다. 단순히 성적만을 성취감으로 삼아 일희일비 하지 말아야 할 이유다. 성적이 정체되거나 떨어졌을 땐 공부 동기를 찾아 헤맬 것이 아니라 성적이 떨어진 이유, 그것을 찾아 해결한다면 다음 시험에서 더 큰 도약을 하게 되는 것이다.

성취 경험을 하는 것은 의외로 간단하다. 자녀를 면밀히 관찰하면서 아이가 지금 단계에서 조금만 더 노력하면 반드시 달성할 수 있을 정도의 과제만 계속 제시하여 작은 성취의 경험들을 반복하게 하는 것이다. 그러나 가정에서도, 그리고 사교육에서도 이 어렵지 않은 경험에 대해 전혀 관심이 없다. 아이가 지금 혼자서 해낼 수 없는 어려운 과제만 제시되고 있을 뿐이다. 아이는 혼자서 할 수 없는 것들에 관한 감정적 경험들에 점점 익숙해져가고, 그렇게 공부를 하지 않아야 할 이유도 쌓여간다.

공부를 해야하는 이유는 모두 다를 수 있고 또 그것이 무엇인가는 사실 중요하지 않다. 그보다 더 중요한 것은 아이에게 공부가 어떤 감정적인 요소와 연결되어 있는가이다. 그동안 얼마나 수동적으로 공부해왔는지, 공부에 대한 자발성이 어느 정도인지를 알아보는 과정은 공부에 대한 아이의 감정을 판단하는데 중요한 지표가 된다. 공부에 어려움을 겪고 있는 아이들이 우리를 찾아왔을 때 '공부를 왜 해야 된다고 생각해?'라고 물어보면 십중팔구 '엄마가 시켜서' '남들 다 하니까 해야 할 것 같아서' '굳이 안 해도 될 것 같다'라고 대답하곤 한다. 옆에 있는 엄마나 선생님이 듣고 싶어하는 대답을 거짓으로 하거나 우리의 말을 그대로 따라 하는 아이들도 있지만 그 대답이 진실이 아니라는 것 쯤은 상담 중의 몇 가지 반응을 통해 쉽게 알아낼 수 있다.

이런 아이들은 이미 '공부는 재미없고 힘들며 나를 불행하게 만드는 것'이라는 감정을 단단히 입력시켜 놓은 상태다. 이런 감정 상태의 아이들에게 아무리 공부해야 할 이유를 설명하고 설득해본들 변화를 기대하기란 어려운 일이다. 다시 말하지만 감정의 힘은 이성의 힘보다 훨씬 강력하다. 해도 해도 못하는 건 괜찮다. 하지만 공부를 안 하겠다고 단단히 마음먹은 아이를 성장시키는 일은 매우 어렵다.

사람들은 너무 쉽게 '동기'라는 것을 어떤 행동을 하기 위해 선행되어야 할 이유라고 생각한다. '행동' 이전에 '동기'가 있어야 하고 그 '동기'로 인해 '행동'을 하게 된다는 것이다. 우리의 생각은 다르다. 어떠한 행동에 대한 결과물이 동기로 발현돼 또다시 그 행동을 반복하게 만드는 이유로 작용한다는 것이 우리의 생각이다.

공부를 잘하고 싶다는 욕구가 공부 동기가 되어 결국 공부를 하게 만든다는 주장대로라면 모든 학생들은 공부를 하고 있어야 한다. 공부를 잘하고 싶지 않은 아이는 없기 때문이다. '잘하고 싶은 마음'이 중요하다면, 공부를 잘하고 싶은 마음은 있지만 공부를 하지 않는 아이를 공부 동기가 있다고 말할 수 있을까? 아니면, 이 아이가 공부를 하지 않는 이유를 공부 동기가 부족하기 때문이라고 말할 수 있을까? 잘하고 싶다는 마음만으로 이루어낼 수 있는 일은 세상에 없다. 공부를 지속하는 힘은 마음가짐이나 동기의 문제가 아니다.

청소년 아이들에게는 아직 장기적으로 삶을 조망하고 목표를 설정하며 계획하는 능력이 없거나 부족하다. 그렇기 때문에 '동기 부여'라는 너무 미래지향적인 용어가 아닌 오늘, 지금 이 순간, 공부에 집중할 이유를 계속 찾아주는 게 중요하다. 언제 어딜가나 '너는 꿈이 뭐니?' '커서 뭐가 되고 싶니?'라고 묻는 환경 탓에 청소년기 아이들은 아직도 진로나 꿈을 정하지 못한 자신이 한심하게 느껴지며 미래가 두렵다고 호소한다.

진로 진학 목표가 있으면 없는 것보다 공부를 해야겠다는 생각을 한 번 더 하게 되겠지만, 실제로 공부라는 행위가 일어나는 것은 그동안의 공부 경험, 공부의 역사로 결정되는 것이다. 공부에 제대로 몰입해본 경험, 매일 책상에 앉았던 반복된 습관, 내가 어제보다 조금 더 나은 사람이 된 것 같다는 즐거운 감정, 스스로의 노력으로 이

뤄냈다는 성취감이 수 개월 혹은 수 년에 걸쳐 누적되었을 때 비로소 공부를 지속할 수 있는 상태가 만들어지는 것이다.

우리는 '하고 싶은 게 없어서 공부하지 않겠다'는 학생들에게 진로 진학 목표를 정해주지 않는다. 대신에 '너는 공부를 안 하는 게 아니라 공부를 못 하는 상태'라는 것을 확인시켜주기 위한 작업을 한다. 개념 체크를 하며 오개념을 바로잡게 하고 공부라는 행위가 일어나는 과정을 겪게 하며 그 결과물을 직접 확인하게 한다. 그렇게 이전에 했던 공부와는 질적으로 다른 공부를 체감한 아이는 점점 자신만의 공부에 몰입해간다.

물론 최대한 빠른 진로 설정과 그에 따른 전략적인 접근이 필수인 대입 전형도 있다. 하지만 수능 성적을 포함한 대부분의 전형은 그렇지 않다. 목표 대학을 설정하고 전략을 짜는 것 자체가 약간의 동기를 불러일으키는 것은 맞지만, 아이가 지금 눈앞의 공부에 집중할 수 있는 방법을 찾아주고 공부를 할 수 있는 정신, 상태로 만드는 것이 훨씬 효과적이다. 동기 부여가 먼저라는 일반적인 생각은 실효성이 떨어진다.

공부를 지속할 때 한 가지 꿀팁을 더하자면, 뭔가를 '잘해야 한다'는 욕구나 기대가 없는 편이 더 낫다. 부모의 기대가 부담스러워 공부를 안 하게 되거나 공부를 해도 그 기대를 충족시킬 수 없을 것 같아 공부를 놓아버리는 학생들이 많다. 지레 겁을 먹거나 중압감을 느껴 포기해버리는 것이다. 공부를 오랫동안 지속하려면 '잘하고 싶다'는 마음조차 방해가 될 수 있다. 아이 스스로 '잘하고 싶다'고 생각하는 건 괜찮지만 당사자가 아닌 부모, 선생님 등 주변인들이 '잘할 것 같다'고 기대감을 갖는 건 아이가 공부를 지속하는 데 전혀 도움이 되질 않는다.

너무 마음에 드는 선생님을 만났다며 첫날부터 갑자기 공부를 하기 시작하고 과도하게 변화된 모습을 보이는 아이들이 있다. 아이가 갑자기 공부를 열심히 하는 이유는 '처음으로 나란 사람을 제대로 이해해주는 선생님을 만난 것 같다', 그래서 '그 선생님의 기대에 부응하는 사람이 되고 싶다'이다. 하루아침에 동기 부여가 되고 드라마틱하게 변화하는 케이스다.

이러한 외적 동기가 공부를 시작할 때는 도움이 되기도 한다. 하지만 시간이 흐르면서 그 동기를 타인의 기대를 만족시키기 위함이 아닌 점차 스스로의 내적 동기로 전환해야 하는데 그 타이밍을 놓치면 문제가 생긴다. 선생님이 퇴사하거나 멀리 이사를 가거나 어느 날 선생님에게 크게 실망하게 된 경우, 아이는 극도로 혼란스러워하며 공부를 놓아버리게 되는 것이다. 심지어 시험 점수가 낮아 선생님에게 성적을 보여주기 싫은 나머지 등원하지 않고 그대로 그만둔 아이도 있었다.

선생님이 좋아서 공부를 시작했다면 그것은 시작의 이유로만 활용될 뿐이다. 결국 공부의 중심은 '나'의 내적 동기로 전환되어야 한다. 그 전환이 일어나지 않는다면 선생님에게, 부모에게, 아님 외부의 다른 무언가에게 의존하는 형태를 띄게 된다. 외부에서 공부할 이유를 찾는 건 공부를 지속할 힘을 갖는 데 적절치 않다.

좋은 환경이 새로운 동기를 불러일으킬 것이라는 생각 또한 외부 요소에 의존하는 전형적인 모습이다. 학구열이 높은 곳으로 이사나 전학을 가 주위 친구들이 모두 공부를 열심히 하는 분위기에 자극을 받게 되면 우리 아이도 공부를 열심히 할 거라 생각하는 경우다. 아주 틀린 말은 아니지만, 주위의 환경에 영향을 많이 받는 아이라면 그만큼 타인에 의지하는 삶을 산다는 뜻이다.

이런 아이들은 원하는 만큼의 성과가 나오지 않거나 그 환경 속에서도 자신이 별 볼일 없는 존재라고 생각되면 좌절을 심하게 겪을 가능성이 높다. 또한 환경의 영향을 많이 받는 아이들은 보통 새로운 환경을 찾아가더라도 조금만 익숙해지면 행동이 다시 원점으로 돌아가 또다른 새로운 자극을 필요로 하게 된다. 환경의 변화가 필요하다는 이유로 학원을 자주 옮기는 아이들이 이런 케이스에 해당한다.

환경의 변화와 같은 외부 자극보다 훨씬 강력하고 중요한 동기는 자기 자신의 변화를 느끼고 경험하는 것이다. 새로운 환경에서 새롭게 행동하는 내 모습은 진짜 내 모습이 아니다. 익숙한 환경에서 새로운 나의 모습을 발견하는 것이야말로 지속할 수 있는 자극제가 되어줄 것이다.

잘하는 아이들은 대부분 어디에서든 몰입할 수 있는 준비가 되어 있는 아이들이다. '할 놈은 어디서든 한다'는 말이 하나도 틀린 게 없다.

　우리는 '동기 부여'라는 말부터 과감히 버려야 한다고 강력하게 주장한다. 스스로 움직이지 않는 청소년들은 동기 부여의 문제가 아닐 수도 있다. '동기 부여'라는 말은 갑자기, 한순간에 아이가 변화할 수도 있다는 환상을 불러일으킨다. 그래서 학부모들로 하여금 희박한 성공 확률에 기대를 걸고 좋다는 강사, 좋다는 학원을 찾아 헤매게 만든다. 좋은 선생님, 좋은 학원은 반대로 누군가에겐 전혀 좋지 않은 선생님, 최악인 학원이 되기도 한다. 우연과 운에 자녀를 맡겨선 안 된다.

　'동기 부여'를 버리고 지금 당장 해결 가능한 작은 문제들부터 찾아 해결하는 것이 최우선이다. 아이가 공부를 할 수 있는 상태로 만들어주고 도와줘야 하는 것이다. 경험상, 중학교를 다니는 대부분의 아이들은 학교 성적과 상관없이 스스로 공부할 수 없는 상태에 처해 있다고 생각한다. '성적과 상관없이'라고 말한 이유는 성적표에 A가 찍혀 있지만 우리나라 지도에서 대전이 어디쯤에 위치해 있는지 모르는 아이들이 많기 때문이다.

　학원에서 만들어준 성적은 진짜 내 성적이 아니다. 당장의 성적에 문제가 없는 아이들일수록 좁히고 좁혀서 들어가야 문제가 보일 것이다. 아이가 공부를 하고 싶어도 할 수 없는 상태, 몰입을 하려고 해도 몰입을 할 수 없는 상태라는 것을 확인하고 눈앞의 작은 문제부터 하나씩, 차근차근 해결해나가는 것에 집중하기 바란다.

2부.

인생 멘토링 솔루션

수능과 인생은 '정답'이 아닌 '최선'을 찾는 게임이다

요즘 아이들은 부모로부터 생각과 감정을 무한히 인정받고 존중받으며 귀하게 자란 경우가 많다. 부모로부터 상처받은 기억이 거의 없고 어지간한 갈등은 모두 부모가 수용해주는 분위기에서 성장하는 것이다.

놀라운 것은, 그렇게 인정과 존중을 받으며 자란 아이들 중 상당수가 정작 상대방의 감정과 생각에는 거의 관심을 보이지 않는다는 사실이다. 아이들은 이전 그 어느 세대보다 공감의 중요성에 대해 강조한다. 하지만 아이들이 주장하는 공감이란 '타인의 감정을 이해하는 것'이 아니라 '나의 감정을 존중해달라는 것'에 불과하다. 표면적으로는 공감을 말하면서도 자신의 감정만을 최우선으로 하며 타인을 이해하려는 시도는 하지 않는 것이다.

공감에 관한 오해는 비단 학생들에게만 국한된 문제는 아니다. 최근 MBTI 성격 유형 검사에 대한 사람들의 관심이 급증하며 개인 간의 공감 능력에 관한 담론이 활발히 형성되고 있지만, 흔히들 말하는 공감은 '타인의 감정을 적극적으로 인정하고 같은 감정을 느껴주는 것'에 한정되어 있다. 슬퍼하는 사람 옆에서 함께 슬퍼하고 기쁜 사람 옆에서 같이 기쁨을 만끽하며 누가 무슨 말을 하든 "네 말이 맞아"라고 맞장구쳐주는 행동 말이다.

하지만 우리의 생각은 조금 다르다. 이러한 행동은 공감 능력이 뛰어난 것이 아니라 감정 맞춰주기, 맹목적인 감정 동조에 가깝다. 이것은 단순한 사회적 요령이거나 좋은 관계를 유지하기 위한 얄팍한 기술에 지나지 않는다. 공감 능력을 그렇게 가볍게 정의 내리는 것은 '공감'이 대뇌 기능을 이용한 엄청난 사고 활동이라는 사실을 간과하고 그 본질을 모독하는 것이다.

공감은 단순히 자기 감정을 존중받는 것이 아니다. 타인의 감정에 무작정 동조하거나 감정적으로 동일화하는 것을 뜻하는 말 또한 아니다. 진정한 공감이란, 타인의 감정과 생각을 이해하고 그 세계를 존중하려는 치열한 정신적 노력이며 이성과 논리 위에서 작동하는 고도의 사고 활동이다. 깊은 이해와 정교한 추론의 결과이며, 상대방의 세계를 입체적으로 바라보는 능력이다.

진정한 공감은 자동적으로 일어나는 감정 반응이 아니다. 타인이 느끼는 감정의 배경을 이해하고 분석하며 존중하는 인지적 반응이다. 단순히 상대방의 감정에 반응하는 것이 아니라, 그 감정이 만들어진 이유, 그 사람의 입장, 그 안에 담긴 상황을 논리적이고 다각적으로 해석하는 것, 우리는 이것을 '진짜 공감'이라고 부른다. 그리고 이러한 '진짜 공감'은 비판적 사고력, 고차원적 추론 능력과도 깊게 연결된다.

우리가 말하는 '진짜 공감'은 감정 동조와 크게 다르다. 감정 동조는 상대방의 감정에 휩쓸리는 것이지만, 진짜 공감은 복잡한 상황 속에서 타인의 감정과 행동을 읽어내되 거리를 유지하며 이해하는 것이다. 이해할 수 있지만 반드시 동의할 필요는 없다. 그 간격을 지키고 합리적인 선택을 할 수 있을 때 비로소 공감은 진짜 힘을 가진다.

진정한 공감 능력은 뒤에 감춰진 상대방의 생각과 의도를 추론하고 읽어내는 데 커다란 힘을 발휘한다. 그리고 이 신비한 능력은 수능형 시험뿐만 아니라 인생을 살아가는 데에도 반드시 필요한 치트키이자 강력한 무기가 된다.

치열한 정신적 노력에 의해 길러진 '진짜 공감 능력'은 시험장에서 출제자의 의도를 꿰뚫어보게 만들고, 나아가 타인의 말과 행동, 그 이면에 자리잡은 진짜 의도와 생각, 목적과 기대를 정확히 간파하게 만든다. 그리고 그 힘은 학습을 넘어 인생을 지탱하는 탄탄한 기반이 된다. 타인과의 쓸데없는 감정적 갈등을 피하면서 동시에 더욱 깊고 안정된 관계를 맺을 수 있는 기반 말이다.

'진짜 공감 능력'으로 무장한 사려 깊은 아이들은 수능형 시험에서, 그리고 인생 전반에 걸쳐서 매우 강한 이해력과 판단력을 갖추게 된다. 입시와 인생의 난이도가 자동으로 하향 조정되는, 가히 사기템이라고 불릴 만한 능력이 아닐 수 없다.

01

출제자 의도 파악이
서툰 아이들

수능형 시험은 단순히 암기된 학습 내용의 일치·불일치를 묻는 시험이 아니다. 수능형 시험에서는 비명시된 문장, 출제자의 숨겨진 의도, 복합적인 상황을 해석해 정답을 유추해야 하는 추론 문제가 대거 출제된다. '이 문제를 왜 출제했을까?' '이 문항을 통해 어떤 개념을 확인하고 싶은 걸까?' 출제자의 의도와 기대를 읽어낼 수 있는 진짜 공감 능력은 수능형 시험에서 강력한 이성적 무기가 될 수 있다. 스스로의 감정과 권리에 대한 인식은 강한 반면에 타인의 생각과 의도를 읽어내는 힘이 부족한 아이들은 이러한 수능형 시험에서 치명적인 약점을 드러낼 수밖에 없다.

이런 유형의 아이들은 수능형 국어, 영어 시험에서 특히 더 취약한 모습을 보이는데 대표적으로 수능 영어 독해 중 주제를 찾는 문항에서 큰 어려움을 겪는다. 일반적으로 난이도가 높지 않은 문제 유형임에도 불구하고 어려움을 호소하는 이유는 '언어적 상상력'이 결여되어 있기 때문이다.

우리가 현장에서 종종 사용하는 '언어적 상상력'이란 표현은 단순히 문학적인 상상력이나 창의적인 글쓰기 능력을 뜻하는 말이 아니다. 이것은 표면적으로 드러난 단어와 문장들 속에 감춰진 글쓴이의 의도, 문장과 문장 사이의 논리적 연결 관계, 주장의 전개 방식 등을 머릿속에서 유추하고 재구성해내는 능력을 말한다. '언어적 상상력'은 단순히 지문을 '읽는' 능력을 넘어 상대방의 의도를 정확히 이해하고 소통할 수 있는 능력, 즉 언어적 사고력과 깊게 연관된 표현인 것이다.

수능 영어 지문의 특성상 구조와 논리가 명확함에도 불구하고 많은 아이들이 추상적인 단어나 길고 복잡한 문장 구조에 압도되어 본래의 주제를 놓치곤 한다. 내가 중요하다고 생각하는 특정 단어에 꽂혀 그 단어가 포함된 보기를 선택한다거나, 글 전체를 관통하는 주제가 아닌 표면적인 해석에 낚여 오답으로 이어지기도 한다. 글쓴이의 의도, 주제를 제대로 파악하려면 어휘의 의미를 정확히 아는 것에서 그치지 않고, 그 단어가 글 전체에서 어떤 맥락과 어떤 구조 속에 배치되어 있는지를 이해하는 능력이 필요하다.

핵심은 글쓴이가 말하고자 하는 주제를 찾는 것이다. 확대 해석하여 새로운 주제를 상상하라는 것도, 내가 중요하다고 생각하는 주제와 가치관으로 수렴하라는 것도 아니다.

아무리 고도로 훈련된 문제 풀이 스킬을 익혔다 한들, 고차원적 공감 능력과 사고력을 갖추지 못한 아이들은 수능형 시험 앞에 자신의 한계를 넘을 수 없다. 기술은 새로운 문제 유형이나 낯선 표현 앞에 언제든 무너질 수 있다. 하지만 상대방의 생각과 의도를 읽어내는 사고력과 전체를 통찰하는 힘은 어떤 상황에서도 통하는 만능 열쇠가 된다. 결국, 주제 찾기를 비롯한 수능식 문제 유형은 현실에서 타인의 메시지를 왜곡 없이 제대로 이해하고 소통하는 데 필요한 언어 감각을 기르는 과정과 맞닿아 있다고 볼 수 있다. 그리고 이러한 현실 언어 감각과 진짜 공감 능력, 사고력은 강사의 설명이나 학원을 통해서는 결코 배울 수 없는 능력이다.

중요한 것은 나의 가치관이나 선입견에만 의존하여 타인의 생각을 해석하는 습관에서 벗어나려는 훈련이다. 글을 읽을 때는 글쓴이의 관점에서 글의 구조를 따라가고 그 안에서 의미와 흐름을 파악한 후 자신의 입장을 형성하는 것이 바람직하다. 어릴 때부터 이러한 연습을 하기 위해서는 양질의 대화 경험과 의미 있는 독서 활동이 무엇보다 중요하다. 예컨대 부모나 교사와의 대화 속에서 단순히 아이가 '틀렸다'고 지적하는 것이 아니라, 아이의 표현이 왜 논리적으로 맞지 않는지 스스로 사고 구조와 표현의 맥락을 되돌아보고 수정해보는 경험을 제공해준다면 언어에 대한 감각은 훨씬 정밀해진다.

무작정 책을 많이 읽는 것 또한 능사는 아니다. 읽은 내용을 나만의 언어로 재구성하거나 특정 주제에 대해 자신의 생각을 글로 써보는 훈련이 중요하다. 이 책의 결말이 왜 아쉽다고 느껴졌는지, 이 인물의 행동이 왜 정당하다고 생각하는지 등 책을 읽은 후 스스로 질문을 던져 짧게라도 글로 정리해보는 습관은 글쓰기 능력을 향상시킬 뿐만 아니라, 비판적 사고와 주제 중심의 이해 능력을 동시에 키우는 데 매우 효과적이다. 부모와 자녀가 함께 뉴스를 시청한 후 기사에서 말하고자 하는 핵심이 무엇인지 짧은 질문을 주고받는 대화만으로도 일상 속 충분한 훈련이 될 수 있다.

02

메시지가 아닌 감정에 반응하는 아이들

오가며 마주치는 아이들에게 기분이나 상태를 물어보면 거의 대부분의 경우 '힘들어요' '어려워요' '귀찮아요' '재미없어요' '짜증나요'와 같은 단순한 감정 표현만이 되돌아오곤 한다. 힘든 공부를 하면서 느낄 수 있는 감정 중엔 흥분, 공포, 질투, 심취, 죄책감, 자부심, 경외, 불안 등 셀 수 없이 다양한 감정들이 있음에도 불구하고 아이들에게서 이토록 짧고 제한된 감정만이 표출되는 건 단순히 어휘력이 부족해서가 아니다. 이들의 감정 경험 자체가 부족하기 때문이다.

우리가 말하는 감정 경험이란, 같은 상황에서도 자신이 느낀 미묘한 감정을 성찰하거나 그 감정의 차이를 해석해본 경험을 말한다. 요즘 아이들은 다양하고 복잡미묘한 감정을 느껴본 경험, 그리고 이러한 감정들을 관찰하고 성찰해본 경험이 거의 없다. 대신에 쾌락, 불편함, 분노, 짜증과 같이 단순하고 자극적이며 강렬한 감정에만 사로잡힌 채 자라 온 것이다.

감정은 언어와 마찬가지로 경험을 통해 확장되고 정교해진다. 사람들은 다양한 감정적·심미적 경험을 통해 세상을 해석하고 타인을 이해하며 자신을 성장시킨다. 하지만 지금의 아이들은 영유아기부터 지나치게 '쾌락' 중심의 환경에 노출되어 자라왔다. 다양한 영상 매체, 디바이스를 통해 빠른 만족과 즉각적인 보상을 얻어왔으며, '재미있다'와 '재미없다' 외에 아이들이 느껴야 할 무수히 많은 미세한 감정들은 체험되지 못한 채 모두 사라져버렸다. 스마트폰이 없으면 식당에서 밥조차 먹지 못하는 아이들, 짧은 대기 시간조차 견디지 못하고 불편함을 호소하는 아이들 모두 단순하고 무뎌진 감정 표현의 결과물이다.

감정의 단조로움은 사고의 단순화로 이어진다. 그리고 그것은 자기 이해, 학습 활동, 나아가 인간관계에까지 심대한 제약을 만든다. 결국 타인의 감정을 제대로 읽지 못하고 상대방의 의도를 파악하지 못하는 아이들, 즉 '진짜 공감 능력'이 부족한 아이들은 자신의 감정조차 섬세하고 풍부하지 못하다는 해석으로 자연스럽게 귀결된다. 이들은 자신의 삶에 복잡하고 섬세한 '감정'과 '의도'가 없기 때문에 타인의 감정과 의도 또한 느끼지 못한다. '저 사람이 왜 저런 행동을 할까?'라는 질문 자체가 머릿속에 없다. 사고가 단순하여 스스로 목적 없이 떠밀려 사는 중이다 보니, 타인의 말과 행동에서 목적을 찾으려는 노력을 하지 않고 그대로 수용하거나 혹은 단순한 감정적 반응만을 할 뿐이다.

겉으로 보기엔 매우 감정적인 요즘 아이들에게는 짜증, 귀찮음, 흥분, 분노 등으로 점철된 감정의 폭발만 있을 뿐, 소소하고 미묘하며 복잡한 감정의 다양성은 거의 없다. 아이들은 단순하고 제한된 몇 가지 감정을 삶의 기준으로 삼고 그것에만 의존해 모든 판단을 내린다. 이성적 판단이 끼어들 자리는 없다. '무엇이 옳은가'보다 '지금 나의 기분이 좋은가'가 더 중요해지고, 행복하고 흥분된 감정 상태를 유지하기 위한 선택이 곧 올바른 선택이 되어버린다. 감정이 나쁘면 외면하고 감정이 상하면 멈추며 감정이 불편하면 관계를 끊어버린다. 정의나 의무, 책임감 같은 삶의 근본적인 기준들은 자극적이고 흥분된 감정 앞에 그 영향력을 상실한다. 감정이 기준이 된 삶은 늘 외부 자극에 흔들리게 마련이고 외부 자극에 내맡겨진 인생에서 자기 조절 능력은 퇴화하고 만다.

타인의 의도와 취지, 맥락, 메시지를 읽지 못하고 감정 반응만 보이는 현상은 부모와 자식 간에도 적나라하게 드러난다. 아이들은 부모의 말 속에 담긴 호의와 걱정, 기대와 사랑이라는 메시지를 해석하지 못한 채, 그저 기분 나쁜 잔소리로만 치부하여 격한 감정을 드러낸다. 부모의 말에서 느낀 불편한 감정만이 진실이 되고 그 감정 하나로 모든 판단과 반응이 결정되며, 어떤 조언도 설득도 수용할 수 없는 상태가 돼버린다. 가장 가까운 가족, 부모의 마음과 의도도 제대로 읽지 못하는 학생이 출제자가 감춰놓은 복잡한 의도와 메시지를 어떻게 해석할 수 있을까?

우리가 아이들로 하여금 부모의 의도를 선하게 해석하고 부모에게 감사하며 부모와 적극적으로 대화하는 연습을 시키는 이유는 바로 이러한 학습적인 관점 때문이다. 물론 아이가 감정이 아닌 메시지를 수용할 수 있도록 이해하고 설득하며 가르치는 책임은 부모의 몫이다. 부모는 아이의 감정 상태에 지나치게 예민하게 반응해서도 안 되고 무시해서도 안 된다. 때때로 아이의 감정에 과도하게 이입해 그의 대변인이 되어 세상과 싸우는 학부모들을 만나곤 한다. 그들은 아이의 기분이 상했다는 이유 하나만으로 상대방의 의도, 목적과 상관없이 상황을 '사건'으로 만든다. 아이와 부모 모두 전후 맥락, 의도와 취지, 메시지를 수용할 수 없는 상태에 놓여 있는 것이다.

이는 자녀를 '보호'한다는 미명하에 아이의 분별력, 감정 조절력, 사회성, 그리고 미래까지 무너뜨리는 행위다. 세상 모두가 자신을 불편해하고, 상처주려 하며, 불공정하게 대우한다고 해석하는 아이들은 결코 출제자의 의도에 근접할 수 없다. 감정이 아닌 메시지를 듣고, 감정이 아닌 의도를 읽어내는 훈련은 가장 가깝고 친밀한 관계, 즉 가정에서부터 시작되어야 한다. 이를 통해 아이들은 '진짜 공감 능력'을 회복할 수 있고 감정 문해력을 기를 수 있으며 학습과 관계 모두에서 우위를 점하게 된다.

학습은 감정을 배제하고 상황의 맥락에서 주는 메시지를 읽어내는 훈련이다. '어렵다' '힘들다' '모르겠다'와 같이 문제가 불러일으킨 감정에 사로잡히지 않고 출제자의 의도를 상식적으로 추론하고 이해하는 과정에서 비로소 학습이 일어나는 것이다. 하지만 아이들은 여러 번 도전하고 복잡하게 사고를 반복한 끝에 정답에 도달하는 경험을 하지 못한 채, 감정이 불편해지는 순간 공부 자체를 중단해버린다.

감정에 민감한 아이들에게 '문제'라는 것은 더 이상 의도와 맥락을 해석하는 대상이 아니다. 이들에게 문제란 감정적 자극일 뿐이다. '이 문제가 나를 힘들고 불편하게 했다' '기분이 안 좋다'는 감정은 상식적인 사고와 판단, 이해를 마비시키고 메시지를 차단해버린다. 정답은커녕 문제를 해석하려는 시도조차 하지 않는다. 더욱 심각한 건, 이러한 감정 중심의 학습자들이 자기 감정을 우선시하고 그 감정을 근거로 학습을 포기하는 태도를 '자기 존중'이나 '자기 보호'로 포장하는 것이다. 그 순간, 학습은 성장이 아니라 회피가 된다.

아이들이 느끼는 감정 자체가 나쁘다는 것이 아니다. 그러한 감정을 학습의 기준으로 삼는 것이 나쁘다는 것이다. '짜증 나서 안 풀래' '기분 나빠서 넘어갈래' 이런 식의 감정 기반 회피는 사고 능력을 앗아간다. 감정을 딛고 문제와 마주하려는 노력은 학습을 위한 출발점이 된다.

그러기 위해선 문제를 읽을 때 감정부터 판단하지 않도록 훈련해야 한다. 문제를 읽자마자 '어렵다'는 감정 반응이 나타난다면 그 순간 잠시 멈춰 감정을 분리시킨 후 다시 차근차근 문제를 읽고 해석하고 추론하는 자세가 필요하다. 그런 다음 '출제자가 왜 이 문제를 냈을까?' '어떤 개념을 점검하려고 낸 문제일까?' '어떤 오답을 유도하려는 구조지?' '힌트는 어디 있을까?' '다른 보기들과 어떤 차이가 있을까?' 그 의도를 찾아가는 질문을 던져보는 것이다.

이런 질문을 던지기 시작한다면 처음에 떠오른 불편한 감정은 서서히 뒤편으로 물러나게 된다. 그렇게 감정이 물러난 자리엔 사고가 차오른다. 문제를 푸는 도중 틀렸다는 감정이 올라올 수도 있다. 하지만 그 감정 또한 학습을 멈추거나 회피하는 이유가 아니라 다시 사고할 기회가 되어야 한다. 기분이 좋아야만 공부를 하는 것이 아니다. 공부를 하다 보면 재미와 즐거움, 자긍심, 뿌듯함, 짜릿함 등 섬세하고 다양한 감정의 결을 느낄 수 있다. 그 순서를 바꿔놓아야 사고가 돌아온다. 공부는 감정을 참아내며 끊임없이 사고하는 사람의 것이다.

03

"제 생각이 맞잖아요!"
'자기 확신의 오류'에 빠진 아이들

현장에서 학생들을 지도하다 보면 '이해가 안 된다' '내 생각과 다르다' '그것도 맞지만 내 생각도 맞지 않나' 이런 말을 쉽게 내뱉는 아이들이 매우 많다는 걸 여실히 깨닫게 된다. 표면적으로 보면 자기 주관이 뚜렷하고 주체성이 강한 것처럼 보이는 이 아이들은 그러나, 실제로는 '자기 확신의 오류self-verification bias', '주관적 확실성 오류subjective certainty bias'에 갇혀 있는 경우가 대부분이다.

이들은 타인의 설명을 받아들이기보다 자기 입장을 고수하려는 본능이 훨씬 강하다. 정답을 알고 나서도 오히려 정답이 잘못되었다고 하거나 출제 오류가 아니냐며 따져 묻기도 하고 본인은 답을 납득할 수 없다고 말하기도 한다. 이 아이들의 공통점은 하나다. 역시나 아이의 생각과 의견이 절대적으로 존중받는 가정 환경 속에서 성장했다는 것이다.

이런 유형의 아이들은 보통 기초 학력이 부족하고 전반적인 공부 태도 자체에 문제가 있다. 단순히 공부 실력이 떨어지는 것이 아니라 공부라는 행위를 바라보는 인식부터 다시 짚고 넘어가야 한다. 이들은 기초 학력은 부족한 반면, 자기 개념은 과도하게 높다. 과잉된 자기 확신은 근거 없는 자신감에서 비롯되는 경우가 많은데, 그 '근거'는 대개 부모의 시선에 기인한다.

이 아이들의 부모와 상담을 하다 보면 '우리 아이의 생각은 항상 옳다' '그런 생각을 할 수도 있다는 것을 존중해줘야 한다' '우리 아이가 그렇게 느꼈다면 그것은 곧 사실이다'라는 말을 반복적으로 한다. 부모의 이러한 믿음 속에서 아이는 자란다. 이러한 패턴의 아이들의 행동과 태도, 생각에 대해 교정하는 대화를 시도하거나 교육적 피드백을 건네면 그날 바로 학부모의 항의 전화가 온다. 그리곤 '우리 아이를 혼내셨냐'고 묻는다.

"우리 아이 생각도 옳을 수 있는데 당신이 무슨 권리로 우리 아이에게 상처를 준 거죠?"

학부모들은 전후 맥락, 아이와의 소통 과정, 이러한 피드백이 아이의 학습과 미래에 어떤 의미를 가지는지 등의 설명에는 귀를 굳게 닫은 채 매우 긴 시간 동안 끝없이 항의만 하다 그날 학원을 그만둔다.

'네 잘못이 아니다' '세상이 문제다' '너는 너대로 충분히 훌륭하다' 등의 위로는 당장의 아픔을 덜어줄 수 있지만, 결국 아이로 하여금 자기 생각을 의심하거나 조정하는 능력을 키우지 못하게 만든다. 이들은 '내가 옳다'는 믿음에서 쉽게 벗어나지 못하며, 이로 인해 이미 객관적으로 검증된 새로운 정보를 받아들이는 태도 자체가 약화돼 지식 습득이 느릴 수밖에 없는 구조가 된다.

마치 뇌가 굳은 것 같은 고착화된 사고 패턴을 보이는 동시에 기초 지식이 부족해 사고의 확장 자체도 어려운 것이다. 아이가 일평생 부모와 함께 가정 내에서만 생활할 거라면 딱히 상관은 없겠다. 문제는 바깥세상이다. 가정 밖의 세상은 일반적인 생각과 행동에서 벗어나는 사람들을 쉽게 이해해주지 않는다.

아이들은 바깥세상에서 반복적으로 억울함과 혼란을 겪게 되며, '왜 나를 이해해주지 않는가' '왜 내 방식이 틀렸다고 말하는가'와 같은 부정적인 감정이 쌓여가게 된다. 그리고 이 상처받은 아이들은 다시 가정으로 돌아와 부모의 무한한 위로 속에 안긴다. 모든 생각은 존중받아야 한다. 하지만 모든 생각이 옳다는 말은 틀렸다.

이런 케이스의 아이들이 우리를 찾아올 때쯤이면 이미 성적은 하위권에 머물러 있는 경우가 많다. 그들에게 기초 지식과 개념부터 다시 쌓아야 한다는 조언은 잘 받아들여지지 않는다. 책에 나온 개념을 있는 그대로 받아들이기보다, 의심하고 검토하며 거절하려는 태도로 학습을 심각하게 지연시킨다. 공부를 할 때 '내 생각이 틀릴 수도 있다'는 전제는 대단히 중요하며, 이는 성장을 위한 첫걸음이다.

본질적으로 수능형 문제 풀이의 핵심은 주어진 조건 속에서 무엇이 '가장 적절한가'에 대한 타당성 판단이자 추론 과정이다. 옳고 그름을 분명하게 구별할 수 있는 '정답'을 찾는 것이 아니라 '가장 적절한' 선택지를 고르거나 '적절하지 않은' 선택지를 골라내는 능력을 요구한다. 그 선택지들은 단순히 일치 불일치의 문장, 옳고 그름의 문제가 아니라 출제자의 사실적, 비판적, 창의적, 추론적 사고를 거쳐 정교하게 만들어진 '생각'이다. 애초에 참과 거짓, 옳고 그름과 같이 이분법적으로 뚜렷하게 나뉘는 논리가 아니란 뜻이다.

다양하고 복잡한 논리적 관계와 수많은 타당성의 스펙트럼 속에서 아이들은 '가장 적절한 것'을 고르거나 '가장 적절하지 않은 것'을 선택해야 한다. '당신이 틀렸고 내 생각이 옳다'고 생각하는 아이들은 타인의 생각을 수용하지 않고 자신만의 고립된 생각에 갇혀 오답에 이르게 되는 전형적인 패턴을 보인다. 이들은 추론의 깊이가 얕을 뿐만 아니라 타인의 적절한 생각과 있는 그대로의 사실을 수용하는 능력도 현저히 떨어져 학습에 큰 어려움을 겪게 된다. 이런 능력의 차이는 수능형 시험을 비롯한 인생 전반에 걸쳐 큰 장애물이 된다.

통합과학의 자유 낙하 운동을 공부하던 성재가 다소 억울한 표정으로 찾아왔다. 성재와 나누었던 도돌이표 대화를 독자들이 이해하기 쉽게 각색해보았다.

"장첸쌤! 물체의 질량이 달라도 낙하 속도가 같다는 교재 설명이 이해가 안 돼요."

"F=ma, 힘은 질량과 가속도의 곱이라는 공식에서, 중력을 힘(F)이라고 생각하면 되고 중력 가속도는 9.8이야. 모든 물체는 9.8이라는 중력 가속도의 영향을 동일하게 받지. 그러면 중력(F) = 질량(m) × 9.8이 되겠지? 크게 고민하지 말고 받아들이면 돼. 이때 속력에 영향을 주는 건 질량일지 가속도일지 한번 생각해봐."

"전혀 이해할 수 없어요. 어떻게 가벼운 물체랑 무거운 물체가 같은 중력을 받아요?"

"중력이 같은 게 아니야. 중력은 물체의 질량에 비례해서 다를 수 있지만 중력가속도가 같다는 뜻이야. 힘과 가속도를 구별해서 이해해야 해."

"아니, 중력 때문에 물체가 떨어지는 거잖아요! 제 생각이 어디가 어떻게 틀렸다는 거죠?"

"공부를 하다 보면 이해가 안 되는 부분을 일단 납득해야 하는 순간이 있어. 교과서에 '그렇다'고 명시되어 있는 기초 개념은 우선 받아들인 다음 그 위에서 다시 사고를 해야 해. 지금 너는 힘(F)과 가속도(a)를 명확히 구별하지 못하는 상태야."

"장첸쌤 때문에 학원 못 다니겠어요!"

성재는 얼굴을 붉히며 자리에서 일어나 곧장 담당 선생님에게 항의했다. 그리고 얼마 지나지 않아 담당 선생님을 비롯한 모든 선생님과의 소통을 단절하고 본인의 생각을 고수하다 결국 학원을 그만두었다. 부모의 무조건적인 지지 속에 타인의 생각은 틀렸다고 우기며 성장한 아이들이 보이는 전형적인 모습이다.

독자들 중에서도 이 에피소드를 보고, '납득할 수 없는 개념을 그냥 단순히 암기하라는 뜻이냐'고 오해하는 분이 계실지도 모르겠다. 맥락 없는 단순 암기를 요구하는 것이 아니다. 이 이야기의 핵심은 '납득'에 있다. 납득이란, '참'으로 밝혀진 학문적 진리나 타인의 설명을 순수하고 수용적인 자세로 받아들이면서 나의 과거 학습 내용과 연결을 시도하고 내가 이해하지 못한 부분을 겸손하게 찾아 다시금 개념을 새롭게 조직하는 모든 과정을 말한다.

납득은 단순 암기와는 차원이 다른, 명백한 '이해'의 과정이다. 어렵고 복잡한 것을 결국 납득해가는 행위야말로 공부의 핵심이라고 할 수 있다. 이런 관점에서 보면 어떤 설명을 듣자마자 "아, 쌤! 이해했어요!"라며 빠르게 알아듣는 아이들, 그런 사람들을 '이해력이 좋다'고 말하긴 곤란하다. 진짜 이해력이 좋은 사람은, 학습 대상을 진지하게 받아들이고 왜 그러한지 충분히 궁리하며 이해에 필요한 배경 지식까지 스스로 공부하여 끝내 납득하는 사람이어야 한다. 그리고 당연하게도, 이러한 과정은 느린 학습자 또한 충분히 가능한 일이다.

공부란 '내 생각'을 지키는 싸움이 아니다. 때론 내 생각을 내려놓고 새로운 논리 위에 나를 다시 세우는 싸움이다. 그러나 자기 생각에만 취해 있고 불편한 사실을 받아들이지 못하는 사람은 결국 성장의 문을 열 수 없다. 이런 유형의 아이들에게 가장 시급한 과제는 시기에 맞는 지식을 정확하게 쌓아가는 것이다. 이들은 스스로를 '부족해서 노력해야 하는 존재'가 아니라 '조금만 노력해도 성과가 나는 특별한 존재'로 인식하는 경우가 대부분이기 때문에 시기에 맞는 학습이 이루어지지 않았을 가능성이 크다.

새로운 지식을 습득하는 것은 '내가 틀렸음'을 증명하는 과정이 아니다. 이러한 사실을 반복적으로 경험하게 해 생각의 틀을 바꿀 수 있는 근본적인 접근이 필요하다. 객관적인 지식 체계의 권위를 인지시키고 교과서의 설명 방식으로 먼저 이해하도록 훈련하되 억압적으로 강요하지 않는다. '중력과 중력 가속도는 다르다'고 설명할 때 "그냥 외워!"라고 억누르기보다, "중력은 지구가 끌어당기는 힘이고 가속도는 그 끌어당김에 의해 물체가 빨라지는 정도야. 둘은 비슷해 보여도 역할이 다르지"와 같이 아이가 납득할 수 있는 설득력 있는 언어로 바꿔서 안내해주어야 한다.

복잡한 이해가 시작되기 전에 낯설지 않은 정보로 학습 진입 장벽을 낮춰주는 실용적 전략도 효과적이다. 예를 들어 '삼국 시대'가 낯선 아이에게 처음부터 사건의 흐름을 설명하기보다는, 삼국 이름과 대표적인 왕의 이름들을 노래처럼 외우게 하거나, 간단한 그림 연표를 통해 외워질 수밖에 없는 환경에 반복적으로 노출시키는 등 다양한 방법이 있을 수 있겠다.

감정과 인지를 구분하는 훈련 또한 필요하다. 어떤 개념을 이해하지 못해 힘들어할 때 아이가 의욕을 잃거나 엇나가지 않도록 "지금은 이 개념이 어려울 뿐이야. 네 감정이 나쁜 것과 이해가 부족한 건 별개의 문제야"라고 구분해주는 대화 습관이 필요하다.

04

'정답'이라는 사고의 벽에 갇힌 아이들

앞서 언급한 유형과는 정반대 부류이면서, 동시에 수능형 시험에서 큰 어려움을 겪게 되는 케이스도 있다. 이들은 생활 속 작은 실수나 성적 등에 대하여 즉각적인 잔소리와 지적을 들으며 성장한 아이들이다. 이런 학생들은 보통 겉으로 보기에는 학습 지시를 잘 따르고 성실하게 공부해온 모범생인 경우가 많다. 기초 학습 역량이 좋은 편이며 교사의 설명을 잘 따르고 세부 지식에 대한 집중력도 높다. 하지만 자신을 지지해주기를 바랐던 가장 가까운 존재들(특히 엄마와 선생님)로부터 내 생각을 지적받고 비판받는 경험이 누적되면서, 내면에 스트레스가 가득 쌓이고 점차 타인의 생각에 대해 방어적인 태도를 보이게 된다. 그러면서 사고를 유연하게 확장하는 힘을 잃어버리게 되고 결국 수능형 문제 앞에서 패배자가 된다. 이들은 어느 정도까지는 안정적으로 성장하지만, 결정적인 순간에 한계를 넘지 못한다. 상위권에서 최상위권으로의 도약하지 못하는 이유는 명확하다. 지나치게 보수적이거나 방어적이며 한번 굳어진 생각을 유연하게 변용하지 못하는 등 사고의 방향성에 한계가 존재하기 때문이다.

이 아이들은 개념을 익히는 단계에서는 큰 저항을 보이지 않는다. 괜찮은 수용력을 지니고 있으며 정규 교육 과정에 포함된 학습 내용을 최대한 있는 그대로 받아들이려 노력한다. 그래서 철저한 오답 관리, 실수 방지 전략, 유형별 문제 풀이 등을 성실히 수행하는 아이들에게 유리한 중등 내신까진 대개 뛰어난 성적을 유지하는 편이다. 그러나 이 과정에서 모든 정보를 빠짐없이 기억하려 하거나 실수, 실패에 극도로 민감하게 반응하는 등 완벽주의적 압박감과 과도한 민감성을 체화하게 된다. "이 문제만 실수 안 했어도 100점인데……"와 같은 어른들의 반복된 피드백이 영향을 미친 탓이다.

문제는 그다음부터다. 하나의 개념을 완벽하게 익히기 위해선 '정확하게 문장으로 서술된 개념Notion(노션)'과 '공부 과정과 경험을 통해 직관적으로 이해한 것Intuition(인튜이션)' 이 두 가지가 합쳐져야만 한다. 쉽게 말하면, 하나의 개념을 정확하게 학습하고 난 후(노션), 그 개념을 변형하고 확장한 문제들을 다양하게 접하며 유연하고 폭넓게 개념을 정립해야 한다(인튜이션)는 뜻이다.

이 친구들은 개념을 수용하고 기억하는 힘은 있지만, 그 개념을 변용하고 확장하는 유연성과 다양한 사고력은 부족하다. '암기 →

반복 → 재현'이라는 구조를 갖춘 정확하고 세밀한 공부에 관해서는 누구보다 뛰어나지만 고등학교에 올라와 수능식 문제에 직면하면 큰 혼란을 겪게 되는 것이다.

수능은 제시문이 길고 정보가 많은 상황에서 그중 무엇이 핵심인지 판단한 뒤 주어진 조건을 바탕으로 새로운 결론을 스스로 도출해내는 사고력을 요하는 시험이다. 수능형 시험을 위해선 추상적인 개념을 유기적으로 연결하거나 여러 정보를 통합해 새로운 의미와 통찰, 문제의 해결 방향을 찾아가는 사고의 전환, 사고의 확장 훈련이 반드시 필요하다.

이러한 수능형 사고는 우리가 일상에서 요구받는 사고와도 그 결이 맞닿아 있다. 현대 사회는 명확한 '정답'을 요구하지 않는다. 다양한 변수와 불확실성이 존재하는 세상에서는 '정답'보다 '최선의 판단'이 훨씬 더 중요하기 때문이다. 물론 지시를 잘 따르고 실수를 줄이며 주어진 과제를 정확히 수행하는 능력도 중요하다.

그러나 복잡하고 다양한 현대 사회에 가장 적합한 인재상은 정답을 정확히 맞히는 능력이 아닌, 정답이 명확하지 않은 상황에서 '최선의 판단'을 결정하는 능력을 갖춘 사람에 더 가깝다. 이들 모범생들에게 가장 필요한 건 틀리지 않으려는 강박, 정답을 맞히려는 사고의 벽을 기꺼이 넘어서려는 훈련이다.

이 아이들에게는 사고를 새롭게 구성할 수 있는 시간과 방식이 필요하다. 그럴 시간에 더 많은 개념을 암기하거나 더 많은 문제를 풀겠다고 고집을 부릴 수도 있으나 결코 옳은 방향이 아니다. 이들에게 '멍한' 시간, 그리고 휴식은 지금까지의 사고가 재배열되고 새로운 통찰이 생기는 유용한 여백이 될 수 있다. 부모와 자녀 모두 실수에 대한 감정적 반응을 줄이고 틀릴 수 있는 자유를 허용하는 것도 중요하다. 성적에 대한 다그침 없이 불안감을 해소할 수 있는 여유, 그리고 스스로 사고할 수 있는 휴식 시간 또한 학습의 일부로 받아들인다면 정답의 벽은 허물어질 수 있다. 유사 문제 20개를 푸는 대신 어려운 심화 문제를 하루 종일 고민해보는 과감한 도전, 결국 스스로 해결하는 경험을 통해 더 많은 성취가 아닌, 더 깊고 유연한 사고로의 전환을 꾀해야 한다.

가정에서 아이의 생각을 무시하고 작은 실수들까지 확대하여 문제 삼다 보면, 아이는 결국 자신감과 회복력을 잃어버리게 된다. 우리는 이런 유형의 아이와 학부모에게, 자녀로 하여금 일상에서 충분한 여유를 가지고 편하게 에너지를 회복할 수 있도록 지원하고 자녀의 생각을 존중해줄 것을 조언한다. 아이를 위축시키고 병들게 만드는 과도한 지적을 멈추시라고 말이다.

이런 모범생형 아이들이 학교 내신 시험에 강하다는 사실은 부정할 수 없다. 그러나 그 시험이 '수능'이고 나아가 '인생'이라면 우리는 이 아이들에게 지금 당장의 성적이 아닌 사고를 선물해야 한다. 실수를 두려워하지 않는 대범함, '정답'이 아닌 '방향'을 찾는 유연하고 다양한 시도는 사고력을 성장시킨다. 이 경험을 통해 얻은 지적 자율성과 통찰은 수능을 넘어서 인생 전체를 주도적으로 이끄는 데 반드시 필요한 자산이 된다.

아무것도 하지 않고 좋은 결과를 바라는 아이

중학교 전체 성취도 기준 하위 누적 90%였던 성진이는 특성화고 진학을 앞둔 겨울 방학 무렵 우리를 찾아왔다. 성진이는 중학교 시절 내내 친구들과 축구를 하거나 게임을 하는 등 공부를 한 적은 거의 없지만 일반고 진학에까지 실패할 줄은 몰랐다며 대학에 가고 싶다고 했다. 부모와 아이 모두 일반고 진학에 실패한 충격이 몹시 큰 듯 보였다. 보통 일반고 진학 실패를 경험한 아이는 자신의 한계를 인식한 상태이기 때문에 우리의 조언이나 피드백을 수용할 수 있는 준비가 더 잘되어 있는 편이다.

성진이는 이전보다 조금 더 성실하게 겨울 방학을 보냈고, 특성화고 진학 후 첫 시험에서 전교 1등을 했다. 중학교 시험보다도 쉬운 수준의 시험이었지만 아이에게는 자신감을 회복할 수 있는 첫 번째 성취가 아닐 수 없었다. 우리는 성진이의 특성화고 성적을 기반으로 목표 대학을 정하고 그에 맞는 계획을 세우려 했다. 하지만 바로 그 시점에, 누구도 예기치 못한 사건(?)이 발생했다.

"저 일반고로 전학 가서 의대에 가고 싶어요. 이 정도면 저도 갈 수 있지 않을까요?"

처음엔 그런 성진이의 말이 농담인 줄 알았다. 실제로 특성화고에서 좋은 성적을 거두다 일반고로 전학해 대학 진학을 준비하는 학생들이 있긴 하다. 그러나 그들은 일반고에서 상위권을 유지하는 것이 어렵다는 점을 각오하고 이를 감수할 준비가 되어 있다.

성진이는 달랐다. 자신이 일반고로 가더라도 상위권을 유지할 수 있다고 진심으로 믿고 있었다. 그 자신감은 무척 순수했지만 동시에 현실감이 부족했다. 관찰한 바에 따르면, 겨울 방학 동안 성진이의 학습량은 중학교 상위권 학생들의 평균에도 미치지 못했다. 주말이면 공부는커녕 책 한번 펼쳐보지 않았고 시험 기간에도 하루 정도는 꼭 결석해 친구들과 놀아야 직성이 풀렸다. 중학교 필수 영단어도 외우지 않았고 이차방정식과 이차함수 개념도 잘 잡혀 있지 않았다. 객관적으로 의대 진학이라는 목표가 얼마나 요원한지를 알아야 할 시점이었다. 하지만 부모의 반응은 또 달랐다.

"원하면 이루어질 수도 있잖아요? 우리 아이가 원하는 꿈이라면 필요한 건 모두 지원할 생각이에요"

부모가 말한 '지원'이란 아이의 현재 학습 수준을 감안한 현실적인 계획이 아닌, '원하면 이루어진다'는 허무맹랑한 믿음만을 전제로 하고 있었다. 그러면서 시험이 끝난 후 등원하지 않는 아이를 꼭 좀 등원시켜달라는 우리의 부탁에, "시험이 끝났는데 좀 놀기도 해야죠"라는 대답을 들려주었다.

'나는 특별하다'는 맹목적인 믿음하에, 단 한 번의 작은 성취로 인생 전체의 궤도를 원하는 대로 바꿀 수 있다고 생각하는 아이. 사실 성진이의 꿈 자체는 문제가 아니다. 그 꿈을 어떤 방식과 기준으로 바라보고 준비하느냐가 진짜 문제인 것이다. 아이들 대부분은 그 기준을 스스로 정하지 못한다. 꿈을 목표로 바꿀 수 있는 현실적인 준비와 단계적인 계획, 바로 그 지점을 부모와 어른들이 현실적으로 도와야 한다.

현장에서 아이들을 지도하다 보면 아무것도 하지 않고 좋은 결과를 바라는 아이들이 생각보다 많다는 걸 알 수 있다. 그리고 그들은 자라서 행동하지 않고 목표만 높은 어른이 된다.

결과는 거짓말하지 않는다. 노력 없는 바람은 망상이고, 망상은 미래를 갉아먹는다. 노력은 반드시 결과를 바꾼다. 크든 작든, 변화는 반드시 오게 마련이다.

이번 장에서는 성진이처럼 행동하지 않으면서 좋은 결과를 바라는 아이들의 유형에 관해 알아보려 한다.

판타지형 :
현실감 없이 자신에게
특별한 재능이 있다고 믿는 아이

성진이처럼 유독 꿈이 많고 목표가 높은 아이들이 있다. 하지만 많은 아이들이 그 꿈을 이루기 위해 어떤 준비를 어떻게 해야 하는지에 대해선 생각하지 않는다. 그들은 자신은 늘 주인공이며 큰 무대에 서게 될 거라고, 세상이 언젠가 자기 편이 되어줄 거라고 굳게 믿는다. 이 아이들이 현실을 오해하게 된 데에는 단지 아이의 순진함이나 상상력만이 작용한 것은 아닐 것이다.

부모의 양육 태도, 가치관 및 삶의 태도, 혹은 그런 기대를 가능하게 만든 사회적 분위기 역시 무시할 수 없는 요소다. "너는 너만의 길을 가면 돼" "너는 특별한 존재야" 등의 대중적인 메시지는 청소년에게 중요한 자긍심을 일깨우지만, 동시에 지금의 내 모습도 괜찮다는 안일함으로 변질될 수도 있기 때문이다.

성진이는 부족한 나의 현실을 직시하는 것보다, '나는 특별한 존재’라는 믿음 아래 끊임없이 낙관적인 희망을 품는 연습을 해온 것 같았다. 그리고 아이의 뒤엔 그 ‘특별함’을 부추기는 부모의 시선이 있었다. 남들만큼의 충분한 노력과 과정 없이도 우리 아이는 잘할 수 있는 아이, 마음만 먹으면 할 수 있는 아이라고 여기는 태도가 있었던 것이다.

성진이의 부모는 성진이가 뭔가를 하고 싶다고 말하면 이를 곧장 수용하는 태도를 보여왔다. 비단 의대 진학에 대한 꿈뿐만 아니라 그제껏 성진이가 품어왔던 다른 모든 욕망에 대해서도 그렇게 응대해왔다고 했다. 그들은 아이가 원하는 것을 ‘가능성’으로 해석해온 듯했다. 기초가 많이 부족하니 여러 단계를 밟아나가면서 목표를 조정해보자는 우리의 권유에, “우리 아이에게 실패할 수도 있다는 말은 하지 말아주세요”라고 말했다. 성진이 부모에게는 아이가 원한다는 사실 하나만이 절대 불변의 원칙이자 규율이었다.

그러나 아이가 원하는 것이라면 즉각 수용하고 실행해주는 부모의 태도는 아이 스스로 자신의 한계를 인식하거나 실현 가능성을 따져보는 훈련을 방해한다. 실패의 가능성을 받아들이지 않는 부모의 태도 또한 아이가 객관적으로 현실을 인식하지 못하게 가로막는다. 실패를 부정하는 교육은 아이의 꿈을 지켜줄 수 있을지언정 그 꿈을 이루게 하는 데 도움이 되지는 않는다.

성진이의 부모는 "아이가 의대에 가고 싶어하니 어떻게든 방법을 찾아줄 생각이에요"라고 단호하게 말했다. 그러나 그 '방법'이라는 것은 아이를 직접 만나고 지도해온 전문가의 분석과 진단이 아닌, '지인의 자녀가 의대 입시에 성공했다'는 이야기에 불과했다. 아는 지인이 추천한 의대반 입시 학원에 아이를 보내면서도 그곳이 현재 아이 수준에 맞는지에 대한 고려는 없었다.

결국 아이는 기초가 부족한 상태에서 무리한 커리큘럼에 노출될 것이고 머지않아 정신적으로도 육체적으로도 무너질 게 뻔했다. 우리가 익히 잘 아는 시나리오대로 흘러갈 것만 같아 성진이를 보내는 마음이 무척 안 좋았던 기억이 난다.

성진이의 부모는 충분한 훈련과 시간이 필요한 일을 전략과 요령으로 대체하려고 했다. 부모가 세상을 바라보는 관점이 아이의 현실 인식에도 그대로 투영된 것이다. 입시는 오랜 시간 동안의 반복적인 훈련과 실천 위에 설계되어야 한다. 기초와 루틴 없는 성공은 존재하지 않는다.

성진이와 같이 자신의 환상 위에 목표를 세운 아이들이 유독 더 게으른 것은 아니다. 그들은 어릴 때부터 작은 행동, 작은 성취만으로도 넘치는 칭찬을 들어왔고, '넌 마음만 먹으면 잘할 수 있는 아이'라는 메시지를 반복적으로 들어왔다. 그 결과, 노력이란 단어는 '언젠가 할 수 있는 것'으로만 인식되어왔을 가능성이 크다. 그 속에서 진정한 노력의 의미와 과정은 충분히 체화되지 않았고, 실질적인 성취도 경험도 부족했다.

그들은 결국 현실을 직시하지 못한 채 노력이라는 단어를 외면하게 된다. 현실과 환상의 격차 속에서 '노력은 가치가 없다'는 왜곡된 결론을 내리게 될지도 모른다. 이런 현상은 스마트폰, 게임, SNS 등 즉각적인 자극과 만족에 길들여진 아이들일수록 더한데, 이들은 결과가 더딘 학습 활동이나 장기적인 보상이 필요한 일에는 쉽게 흥미를 잃는 경향을 보인다.

불충분한 기반 위에 쌓아올린 기대와 욕망은 쉽게 무너질 수밖에 없다. 반복되는 환상과 실패의 반복에서 아이는 성공의 기술보다 회피의 기술을 습득하게 된다. 성진이와 같은 아이들에게 진짜 필요한 것은 결과에 대한 낙관이 아닌, 현실을 견디는 훈련과 기초부터 쌓는 과정의 힘이다. 아이 혼자만의 의지로는 어렵다. '판타지'를 '실현 가능한 목표'로 전환시켜줄 수 있는 어른의 개입이 반드시 필요하다. 판타지형 아이들은 '나는 특별하니까 다 잘될 것'이라는 착각에서 벗어나 '나는 준비된 만큼 이뤄낼 수 있다'는 건강한 믿음 안에서 비로소 성장할 수 있다. 지금 그들에게 필요한 것은 아이를 위로하는 말이 아닌, 아이와 함께 현실을 정확히 바라볼 수 있는 용기다.

이미지형 : '적당히 잘하는 나'의 이미지를 유지하려는 아이

판타지형 아이들이 한 번의 작은 성취를 확대 해석해 자기 과신으로 이어진다면, 이미지형 아이들은 '나는 원래 잘하는 사람'이라는 평판이 무너질까 두려워하는 친구들이다. 그래서 이들은 적당히 해도 성적이 나오니 더 하지 않는다. 새롭고 어려운 시도보다는 익숙하고 안전한 승부를 택한다. 최소한의 노력으로 친구들보다 좋은 성적을 받는 자신에게 안주하고 있는 것이다. 이미지형 아이들에게 주목할 점은 주변 친구들보다 공부를 더 잘한다는 것이지, 학교 전체나 또래들 사이에서 공부로 인정받을 만큼 뛰어난 아이들은 아니라는 것이다.

이 아이들은 적당히 공부해도 성적이 괜찮게 나오는 행복한 초중등 시절을 보낸다. 친구들 사이에서 늘 '우리와 같이 놀지만 공부 좀 하는 애'라는 소리를 듣는다. 여기에 더해 축구·게임·연애·덕질까지 곁들이며 스스로를 '누릴 것 다 누리면서 공부도 적당히 잘하는 사람'으로 착각하게 된다. 하지만 이미지형 아이들은 어렵고 복잡하며 많은 시험 범위를 버텨낼 공부 실력을 애초에 갖추고 있지 않다. 공부 실력은 단순히 성적만으로 측정되는 것이 아니다. 과제를 끝까지 밀어붙이는 지속력, 집중력, 인내심이 반드시 포함되어야 진짜 공부 실력을 논할 수 있다. 그러나 이 아이들은 그 능력이 훈련되어 있지 않다.

이미지형 아이들의 고난은 고등학교에 입학하면서부터 시작된다. 고등학교 공부는 중학교에 비해 학습 분량과 난이도가 급작스럽게 올라간다. 그 순간, 이 아이들의 '적당히'는 무너진다. 조금만 노력해도 공부를 잘하는 사람이었던 '나'는 더 이상 이전과 똑같은 노력으로는 공부 좀 하는 사람의 이미지를 유지할 수 없다. 노력만으로는 도저히 결과가 나오지 않는 순간을 필연적으로 만나게 되는 것이다. 이런 시기는 보통 고1 때 찾아오지만 중2 무렵부터 시작되는 이들도 있다. 모범생이던 아이가 갑자기 친구들과 어울려 노는 데에만 몰두한다며 걱정을 토로하는 부모들을 자주 만나곤 하는데, 대부분이 바로 이 시기의 아이들이다.

아이의 변화는 단순한 일탈이 아니라 학습 난이도가 높아지면서 예기치 못한 성적 하락을 처음 겪은 뒤 나타나는 반응일 수 있다. 그래서 이 아이들은, "나 공부 안 했는데? 안 해서 이 성적인데?"라는 가면을 쓰고 실제로 공부를 안 하는 선택을 해버린다. '노력했는데도 성적이 안 나왔어'라고 말하는 것보다 '이번엔 내가 공부 안 해서 그런 거야'라고 말하는 것이 훨씬 더 멋있다는 착각에 빠져 노력을 포기해버리고 만다. 만약 공부를 열심히 했는데도 그 성적이면 자신이 추구하는 이미지에 큰 타격을 입기 때문이다.

이후에는 공부를 안 하는 게 아니라, 할 이유가 없는 학생으로 가면을 바꿔쓴다. 잠재력이 있음에도 불구하고 '적당히'의 함정에 갇혀 스스로 무너지는, 매우 안타까운 유형의 학생들이 아닐 수 없다.

실제로 이미지형 아이들을 만나보면 "저 이거 시험 하루 전에 공부하고 나온 성적인데요?" "저렇게 공부를 많이 하고도 성적이 안 나오면 그게 이상한 거 아닌가요?" "공부가 인생의 전부도 아닌데, 저렇게까지 할 필요 있나요?"라는 말을 자주 한다. 적당히 해도 점수가 나왔으니 '최선의 노력'을 연습한 경험이 없었을 뿐만 아니라, 자신보다 훨씬 뛰어난 친구들을 건강하게 인정하는 법도 모르고 있는 것이다. 이들은 노력의 기회를 잃어버린 것이 아니라 노력의 의미를 배우지 못한 것이다.

이미지형 아이들은 보통 타고나기를 이해력, 암기력, 표현력이 빠른 경우가 많다. 비교적 어릴 때부터 '똑똑하다' '조금만 해도 잘하네'라는 말을 자주 들으며 기대치를 내면화해왔을 가능성이 크다. 실력 자체보다 '잘하는 이미지'를 유지하는 것이 자아 개념의 중심이 된 것이다. 게다가 타고난 완벽주의 성향까지 더해지면 실패한 나를 받아들이는 데 큰 어려움을 겪는다. 언젠가는 무너질 그 이미지를 지키기 위해 도전 혹은 노력 자체를 피하는 방식을 선택하게 된다. 결국

이들은 실패할 바엔 안 하는 게 낫다는 결론에 이르게 된다.

이 아이들이 자라온 환경 속에는 높은 확률로 '우리 아이는 늘 잘하는 아이'라는 이미지를 유지하고 싶어하는 부모가 있다. '노력'보다 '잘하는 것'이 더 중요한 가정 분위기 속에서, 이들 부모는 아이가 잠시 성적이 떨어지면 그 원인을 항상 외부에서 찾는다. 상담 중 아이의 성적 변동이 심한 이유에 대해 '시험 전날 장염에 걸려서' '마음 상하는 일이 있어서'라고 반응하곤 하는데, 부모 자신도 모르게 '노력'이나 '태도'보다 '이미지와 타인의 평가'를 더 중시하는 가치를 가르치고 있는 셈이다.

이는 단지 가정 내의 문제로 끝나지 않는다. 학교, 학원, 친구들 사이에서도 노력하는 아이보다 타고나기를 잘하는 아이, 원래부터 잘했던 아이가 더 인정받고 추앙받는 분위기가 있다. SNS 속 이미지들, 웹툰과 웹소설 속 주인공의 타고난 멋짐, 초월적인 능력 등은 이미지형 아이들의 비교 심리를 더욱 부추긴다. '아등바등 노력해서 이루는 것'보다 '노력하지 않아도 원래 잘하는 이미지'가 더 쿨하고 멋지며 가치 있다고 느끼게 만드는 환경 속에서 아이는 '얼마나 노력했는가'보다 '얼마나 잘했는가'라는 결과 중심의 사고를 더욱 강화시킨다. 노력의 가치는 점점 더 평가 절하가 되고, 아이는 행동하지 않음으로써 자존감을 보호하는 방식을 취하게 된다.

이미지형 아이들의 이러한 사고방식은 성인이 된 후에도 이어진다. 학교라는 테두리 안에서는 '내가 안 해서 못하는 것'이라는 변명이 통했지만, 사회는 다르다. 이들은 익숙하고 잘할 수 있는 일만 골라 적당히, 무난하게 해내며 '이 정도면 괜찮은 사람'이라고 위안을 삼지만, 실력도 경력도 성장하지 않은 채 결국 경쟁력을 잃거나 도태되고 만다. 적당히 해서 괜찮았던 과거의 경험만을 안고 사는 사람은 이내 고인물이 된다. 아무도 그에게 의미를 부여하지 않고 기회를 주지도 않는다.

그럼에도 불구하고 그는 자존감을 지키기 위해 자기 연민에 빠지며 점점 더 책임 있는 역할을 회피하게 된다. 문제를 정면으로 마주하지 않고 환경 탓, 상황 탓, 남 탓을 하며 자신을 합리화한다. 그 여파는 인간관계에까지 영향을 미친다. 이미지형 아이들은 성인이 되어 갈등이나 깊은 친밀감, 신뢰는 회피하고 가벼운 유대에만 의존하는 경향을 보인다. 감정은 표출하지만 진실된 책임이나 행동은 미루거나 회피하는 사람이 되는 것이다. 결국 성장하지 못한 채 잠재력만으로 살아가는 어른의 초라함만이 남게 된다.

이런 유형의 아이들에게는 결과 중심의 피드백보다 과정 중심의 피드백을 해줘야 한다. 꾸준히 해내는 모습, 성실한 태도, 미루지 않고 실행하는 행동력, 지속하는 힘 등이 아이를 평가하는 기준이 되도록 부단히 교육해야 한다. 단순히 결과만 칭찬하는 게 아니라 실패를 감수하고 시도한 용기를 격려하고 이를 지속할 수 있는 루틴을 함께 설계해주는 지혜도 필요하다.

아이가 영재 교육원 등에 별다른 준비 없이 한번에 합격했거나 무언가를 성취했을 때에도 그것에 큰 의의를 두지 않는 시선도 필요하다. 아이에게 기쁘게 축하해주되 그것은 멋진 시작일 뿐, 꾸준한 노력을 통한 성장이 더욱 중요하다는 것을 강조해야 한다. 이들에게 필요한 것은 우연한 기회나 타고난 능력으로 만들어진 '잘한다는 이미지'가 아니라 '노력하면 성장할 수 있다'는 자기 효능감이다. 이 믿음은 작은 목표를 스스로 세우고 이를 스스로의 힘으로 성취해보는 반복된 경험을 통해서만 형성된다.

아이가 실패를 통해 배우는 태도를 기를 수 있도록, 부모는 아이가 실패해도 괜찮다는 정서적 신호를 꾸준히 보내야 한다. 아이가 시행착오를 통해 자기 수준에 맞는 방식으로 학습하고 성장할 기회를 충분히 경험하게 하는 것이다. 또래보다 빨리 잘하는 것이 중요한 게 아니다. 중요한 것은 '스스로, 꾸준히 할 수 있는 것' 그리고 '실패를 견디는 태도'이고, 그걸 위해서는 기다림이 필요하다.

간혹 우리의 조언을 확대 해석해 아이의 타고난 능력이나 성취를 과도하게 깎아내리는 부모들이 있는데, 이때도 주의가 필요하다. '네가 해낸 건 사실 별것도 아니다'는 식의 가혹한 피드백으로 아이의 성취를 무시하는 태도는 자칫 아이가 성장을 포기하게 만드는 지름길이 될 수도 있다. 아이에게 현실적인 조언을 해준답시고 때려 눕히기보다, 현실을 객관적으로 직시할 수 있는 힘을 기르고 그 과정을 함께 기다려주는 것이 진정한 교육일 것이다.

회피형 : 행동하지 않고 책임지지 않는 아이

최근에 만난 중3 정민이의 사례가 떠오른다. 정민이는 등원 첫날부터 약속한 시간을 지키지 못했다. 아이와는 연락이 되지 않았고 뒤늦게 어머니에게서 전화가 걸려왔다.

"갑자기 일이 생겨서 아이를 데려다줄 수가 없네요. 오늘은 집에서 공부를 시켜야 할 것 같아요"

무척 당황스러웠다. 부모가 아이를 학원에 데려다주는 것이 이상한 시대는 아니다. 하지만 결석의 이유가 '엄마가 라이드 해주지 않아서'인 건 분명 이상했다. 대부분의 아이들은 걷거나 자전거를 타거나 대중교통을 이용해 스스로 등원한다. 그리고 예상치 못한 일 때문에 지각을 하게 되면 '죄송하다'는 말을 한다.

그러나 정민이는 사과 대신 조용히 결석하는 것을 선택했다. 결석의 이유도 부모가 학원 측에 잘 설명해놨으니 정민이가 스스로 책임질 일은 없다. 사과하지 않아도 되고 불편하게 마주하지 않아도 된다. 정민이와 같은 아이들은 사과할 상황, 책임질 상황 자체를 회피하는 방식으로 자기 자신을 보호하곤 한다. 사과하지 못하는 아이는 결국 책임지지 못하는 어른이 되어간다는 사실을 그들은 모른다. 그다음 날도 정민이는 등원하지 않았다. '아이가 피곤해 해서 내일부터 보내겠다'는 어머니의 연락이 있었을 뿐이다. 교육이 시작되기도 전에 실패할 수 있겠다는 불안이 스쳤다. 아이에게 책임지고 행동할 기회를 주지 않는 부모는 교육에 큰 걸림돌이 되기 때문이다.

이후의 흐름은 예상대로였다. 주 4회 등원하기로 약속했지만 정민이는 컨디션 난조 등의 이유로 2회만 등원했다. 그러던 중 시험 기간이 다가오니 아이가 불안해한다며, 집에서 부모가 시험 공부를 지도해주고 시험이 끝난 후 다시 등원시키겠다는 연락을 받았다. 아이가 스스로 집중할 수 없으니 옆에서 도와야 점수가 나온다는 것이다. 시험이 끝난 후에도 정민이가 나타나지 않은 것은 어찌 보면 당연한 수순이었다.

자녀가 집중하기 어렵다거나 공부가 안 돼서 불안하다고 하면 의외로 이렇게 대처하는 부모가 많다. 부모는 곧장 환경을 바꾸거나 새로운 해결책을 찾아야 한다는 압박을 느낀다. 이런 부모의 반응을 경험한 아이들은 집중이 안 된다는 말을 통해 불편하거나 부담스러운 상황을 회피하려 들기도 한다. 그러나 집중은 목표를 정하고 그 목표를 향해 스스로 주의를 붙잡아두는 훈련과 연습의 결과이기 때문에 부모가 뭘 더 해줘야 한다는 신호로 해석해선 안 된다. 집중은 훈련 가능한 태도이며 반복적인 실천 속에서 강화되는 능력이다.

정민이의 부모는 아이의 시험에 대한 불안을 공부 동기, 혹은 열망으로 착각했다. 그러나 정민이의 불안은 공부에 대한 열망이 아니라 행동하지 않은 시간의 결과였다. 행동 없이 좋은 결과를 기대하면서도 동시에 책임을 피하려는 감정적 반응이다. 불안은 결핍일 뿐, 의욕이 아니다. 거의 모든 아이들이 시험 기간이 다가오면 불안해하지만 모두가 정민이처럼 불안을 회피하고 남에게 의존하려 하진 않는다. 정민이의 부모는 아이의 불안을 달래기 위해 할 수 있는 모든 것을 해주었고 책임까지 대신 짊어졌다. 정민이는 책임질 기회를 또 한 번 잃었다.

정민이의 부모는, 겉으로는 자녀를 세심하게 양육하는 듯 보이지만 실제로는 아이의 책임을 대신 짊어지며 성장의 기회를 빼앗고 있었다. 아이의 감정과 욕구만 돌볼 뿐 교육적 피드백이나 행동 규칙, 책임에 대해서는 상대적으로 무관심한 이것을, 우리는 새로운 형태의 '방임'이라고 부른다. 자녀에게 세상살이의 불편함이나 현실의 가혹함을 가능한 한 가르치고 싶지 않다는 명분하에 사회적 책임과 자기 조절을 배워야 할 시기를 놓치게 만드는 것. 비록 자녀를 보호하려는 마음에서 비롯되었다 한들, 이것이 방임이 아니면 무엇이란 말인가.

청소년기는 '큰 아이'가 되는 시기가 아닌 '어른'이 될 준비를 해야 하는 시기다. 어른이 되는 데 꼭 필요한 실패, 갈등, 책임의 경험을 유예시키다 보면 감정은 섬세하지만 현실에서는 미숙한 사람으로 성장하게 된다. 집은 현실적 책임감 없이도 버틸 수 있는 공간이지만 장차 아이들이 나아가야 할 세상은 그렇지 못하다. 부모의 과잉 개입은 아이의 가능성을 제한하고 성장의 기회를 앗아갈 수 있다.

우리가 지금까지 만났던 이런 타입의 부모들은 대체로 생각과 언어가 빠르고 정확한 편이었다. 첫 상담 때부터 부모의 성격과 아이의 성향이 극명하게 대비되는 경우를 자주 마주하곤 했는데, 아이가 스스로 생각을 정리해 말로 표현할 시간을 갖기도 전에 부모가 아이 대신 대답을 해버린다. 정해진 계획대로 일을 빠르게 처리해야 직성이 풀리는 이들은 아이의 학습 과정에 지나치게 개입하며 갈등을 빚기도 한다. 이런 타입의 부모는 아이보다 늘 한 발 앞서 상황을 주도하고, 일상 속 아주 작은 일부터 아이가 스스로 처리하도록 기다려주지 못한다.

그러나 정작 결정적인 순간이 오면 아이에게 선택을 맡기며 책임을 전가하기도 한다. 평소 자신이 선택하고 그에 대한 결과를 감당해본 적 없는 아이는 중요한 결정의 순간에 스스로를 지키기 위한 가장 쉬운 선택, 즉 회피나 포기를 선택하게 된다. 그러면 부모는 또다시 '우리 애는 원래 산만하고 자기 일을 잘 챙기지 못한다'는 표현으로 자녀를 섣불리 규정해버리고, 아이는 정말로 그런 사람의 모습에 한 발짝 더 가까워져간다.

최근 들어 '아이가 ADHD인 것 같다'는 설명으로 시작하는 학부모 상담이 늘고 있는 것도 이런 이유 때문이라 추측된다. 아이가 보이는 행동이 일정부분 ADHD의 모습과 닮아 있을지언정, 산만하고 자신의 일을 잘 못 챙긴다는 이유로 모두가 ADHD인 것은 아닐 것이다. 부모가 자녀를 너무 빠르게 ADHD로 규정해버리면 아이는 더 이상 훈육할 수 없는 존재가 되어버린다. 이로 인해 부모의 개입과 통제, 보호는 더욱 강력해지고 아이는 자기 스스로 행동할 수 있는 기회를 박탈당하게 된다.

결국 아이는 아무것도 하지 않아도 되는 삶의 구조 속에서 살아가게 되며 반복되는 무기력과 자존감 저하, 자기 효능감의 붕괴를 경험하게 된다. 이 아이들은 치료보다 훈련이 필요하고 약물보다는 일관된 환경과 책임 구조가 더욱 효과적이다.

실력도 특별하지 않고 노력도 하지 않으면서 스스로 '나는 마음만 먹으면 언제든 잘할 수 있다'고 되뇌지만 불안감은 최대치인 회피형 아이들은, 어쩌면 매우 흔하면서 이해하기 어려운 아이들일지도 모른다. 이들 역시 단순히 게으른 게 아니다. 노력이 성과로 나타나고 행동으로 인한 성취감을 느끼는 과정을 경험해본 적이 없는 것이다.

그래서 그냥 그 자리에 멈춰 서 있는 것이다.

물론 타고나기를 낙관적이고 마감에 둔감해 일을 미루는 기질을 가진 아이들도 있다. 그러나 이런 기질은 방임적 환경에서 의지 자체가 없는 성향으로 굳어지기 쉽다. 회피형 아이들은 어느 날 갑자기 생겨나지 않는다. 꾸준히 행동을 미뤄도 누군가가 챙겨주었던 경험, 결과가 나빠도 책임지지 않아도 되었던 환경이 이 아이들의 회피 패턴을 점점 강화시킨 것이다.

정민이와 같은 회피형 아이들이 이대로 어른이 된다면, 상사의 질책 앞에서 결근을 선택하고, 성과에 대한 불안을 이직으로 해소하며, 집중과 노력보다 '환경이 나와 맞지 않는다'는 말로 스스로를 위로하게 될 가능성이 높다. 보호만 받고 자란 아이는 성장하지 않는다. 감정은 타인을 통해 해소될 수 있지만, 자기 자신에 대한 신뢰는 오직 스스로 행동하고 성취해본 경험을 통해서만 길러질 수 있다.

회피형 아이들에 대한 올바른 교육은, 하려고 했지만 결국 하지 못한 행동에 대한 이유를 묻는 것에서부터 출발해야 한다. 성공보다는 행동 그 자체에 대한 긍정적인 경험을 느낄 수 있게 해주고 이에 대한 칭찬도 해줘야 한다. 실패에 대한 두려움을 직접 말로 꺼내게 하여 이를 다스릴 수 있게 도와줘야 한다. 기질이 느긋한 아이는 좀 더 촘촘한 루틴을 설계하고 그것을 짧은 목표로 나눠서 실천하도록 독려하는 게 효과적이다.

부모의 지나친 보호와 개입, 그리고 책임을 가르치지 않는 양육은 실패와 불편을 겪지 않으면서 그저 좋은 결과를 바라는 회피형 아이를 만든다. 부모가 자녀에게 해줄 수 있는 최고의 보호는 아이가 주도적으로 살아갈 수 있는 훈련의 기회를 주는 것이다. 실패에 대한 심리적인 안전망을 마련해주되, 불편함을 회피하지 않고 스스로 책임지며 행동할 수 있도록 이끌어주는 교육이 필요하다. 과정 속에서 부단하게 부딪히게 하는 훈육을 통해 아이는 무한히 성장할 수 있다.

공부는 스스로 계획을 세우고 그 계획을 하나씩 실천하는 일상의 반복에 다름 아니다. 아이들이 공부가 그렇게 특별한 것이 아니라는 생각을 갖고 지금 당장 행동할 수 있도록, 부모의 적극적인 지도가 필요하다. 가장 중요한 건 오늘 최선을 다했느냐이다. 오늘 시험 앞에서 스스로를 속이지 않는 아이는 내일의 현실 앞에서도 쉽게 무너지지 않을 것이다. 노력 없는 기대는 망상이다.

체념형 :
아무것도 하지 않고
아무런 기대도 하지 않는 아이

앞의 세 가지 유형의 아이들이 좋은 결과를 기대하는 아이들이라면, 체념형 아이들은 그 기대마저 잃은 아이들이라고 할 수 있다. 다른 아이들이 책임을 회피하거나 행동하지 않으면서도 속으로는 여전히 꿈을 꾸는 반면, 이 아이들은 꿈조차 꾸지 않는다. 원하는 것도 없고 공부를 잘하고자 하는 욕구도 없다. 사교육 현장에서 드물게 만나는 유형의 아이들이지만, 분명 존재한다.

우리가 만났던 체념형 아이들은 '나는 뭘 해도 안 되는 사람'이라는 확신을 품고 있는 듯했다. 눈은 뜨고 있지만 초점이 없고 질문을 하면 들릴락 말락한 목소리의 반응만 보인다. 고개는 가끔 끄덕이지만 그것이 이해의 신호라기보다 더는 대화를 이어가고 싶지 않다는 표현 같다. 감탄도, 반박도, 긴장도 없다. 이 아이들은 마치 감정이 없는 사람처럼 보이기도 한다.

눈앞에 교재가 놓여 있지만 페이지는 넘기지 않고, 손에 펜을 들고 있으면서도 아무것도 쓰지 않는다. 이미 학교를 거의 나가지 않거나 아예 자퇴를 한 아이들도 있다. 기초가 부족해서 공부를 못하게 된 것이 아니라 공부나 일상생활에 대한 동기 자체가 없다. 관심사나 좋아하는 과목도 없고 장래희망은 당연히 없다. "없어요" "모르겠어요" "귀찮아요" "그냥 그래요"라는 말을 가장 많이 하며, 잘할 수 있다는 격려에도 "저랑 상관없어요"라며 선을 긋는다.

이 아이들은 자신에게 원하는 것이 없는 만큼 타인에 대한 기대도 없는 듯 보인다. 누군가 관심을 보이면 불편해하고, 다가오면 부담스러워 피한다. 정서적으로 단절되어 있으며 신뢰의 끈은 느슨하다.

아무것도 기대하지 않고 기대받는 것조차 거부하는 이런 체념형 아이들을 마주하면, 아무리 경험 많은 교사라도 막막하다. 무기력한 마음을 있는 그대로 인정해주며 다가가려 해도 등원 자체가 어려운 경우가 많고 수업도 제대로 이어지기 힘들다. 결국 부모가 감정을 주체하지 못해 아이에게 화를 내게 되고 그날 이후 아이는 더 이상 모습을 보이지 않게 된다.

체념형 아이들을 이해하는 건 매우 어렵다. 어떤 감정과 생각을 품고 있는지, 어떤 삶을 살아왔는지 전혀 들을 수 없기 때문이다. 각종 검사와 테스트에도 적극적으로 임하는 것 자체가 힘들어서 잠재력이나 학습 상태를 정확히 점검하는 것도 어렵다. 아이를 이해할 수 없으니 어떤 방향으로 이끌어야 할지 막막한 유형이다. 때문에 이런 유형의 아이들이 어떻게 나타나게 되었는지는 늘 추측만 해볼 따름이며 부모의 판단에 의지하게 되는 경우가 많다.

분명한 건 체념한 채 태어난 아이는 없다는 것이다. 이 아이들이 뭔가를 체념하는 과정은 반드시 긴 시간에 걸친 결과일 뿐이다. 그 과정 속에서 어떤 아이들은 이미 어릴 때부터 적지 않은 실패를 경험한 듯 보인다. 나이가 아직 어린데도 무수한 실패를 반복했다는 건, 아이가 감당하기 어려운 과제를 연달아 수행해야 했다는 뜻이기도 하다.

아이의 실력이나 발달 수준과 맞지 않은 과도한 목표를 지속적으로 요구하는 환경 속에서 아이는 빠르게 지쳐간다. 실패할 수밖에 없는 과제를 반복해서 부여받고 그때마다 "왜 이것도 못해?" "누나는 잘했는데 너는 왜 이래?"와 같은 실망이나 질책이 따라온다면, 아이는 결국 '나는 해도 안 되는 사람'이라는 생각을 마음속 깊이 새기게 된다. 무리한 과제와 누적된 실패, 비난의 연결 고리는 아이의 존재 자체를 부정하는 강한 상처를 남기는 것이다. 아이는 점점 아무것도 시도하지 않는 편이 낫다는 결론에 이르고 빠르게 포기하는 법을 익히게 된다.

또 어떤 아이들은 지금껏 한 번도 스스로 선택을 해본 적이 없는 듯한 모습을 보인다. 언제부터 어떤 학원을 다닐지, 어떤 과목을 공부할지, 심지어 친구 관계나 취미까지도 부모의 선택에 따라왔다. 부모는 아이가 좋은 선택을 할 수 있도록 지도했을 뿐이라고 하지만, 자녀를 위하는 그 과정 속에서 아이는 조금씩 목소리 내는 법을 잊어버렸을 것이다. 우리와 잠시 만났던 한 아이는 여름 내내 단 한 번도 더운 거리를 걸어본 적이 없다고 해 내심 무척 놀랐던 기억이 있다. 에어컨이 나오는 차로만 이동했고 햇볕 아래서 땀 흘리는 일은 없었다. 부모의 지시와 통제하에 결벽증처럼 정제된 일상을 살고 있었지만 아이는 한참 전부터 멈춰 있는 것처럼 보였다.

타인과 연결되는 방법을 배우지 못한 체념형 아이들을 떠올릴 때 항상 기억나는 친구가 있다. 희준이는 또래보다 용돈도 많았고 겉으로 보기엔 별다른 결핍이 없어 보였다. 그러나 학교에서 심하게 따돌림을 당했고 오랫동안 부모는 그 사실조차 모르고 있었다. 고통이 깊었던 만큼 몇 달간 상담을 받은 후 우리를 만나게 된 아이는 자신의 이야기를 지나치게 담담한 표정으로 털어놓았다.

아팠던 경험을 이야기하는 모습에 이상하리만치 감정이 배어 있지 않았고, 듣는 이로 하여금 감정과 표현이 따로 노는 듯한 느낌이 들게 만들었다. 아이는 마치 누군가와 연결되기 위해서는 자신의 고통을 말하는 수밖에 없는 것처럼 보였다. 희준이는 완전히 단절된 상태까진 아니었지만 체념형 아이의 전형적인 모습을 보이고 있었다. 자신의 생각을 깊이 나누려 하지 않았고, 감정을 드러내는 데에도 익숙하지 않았다. 겉으로는 평범해 보였지만 스스로에 대한 기대도, 타인과의 연결도 굳게 닫아둔 채 조용히 단념하고 있었다.

희준이의 부모는 자신과 닮은 점이 한 군데도 없는 것 같은 이 아이를 이해하기 힘들다고, 아이 때문에 너무 지쳤다고 했다. 뒤늦게 아이의 고통을 알게 되었지만, 그것 역시 감당해야 할 짐처럼 느껴지는 듯했다. 아버지는 직장 때문에 아이와 멀리 떨어져 지내고 있었고, 어머니는 직장에서 밤늦게 퇴근하는 날이 잦았다. 부모는 돈을 벌어야 아이 뒷바라지를 해줄 수 있지 않느냐는 말로 아이와의 심리적, 물리적 거리를 정당화하는 것처럼 보였다.

부모의 피로하고 귀찮은 듯한 눈빛, 날이 선 말투, 무관심이 모이면 아이는 생각한다. '나는 누군가의 관심을 받을 만큼 중요한 존재가 아니구나……' 존재의 가치를 인정받지 못한 아이는 무엇을 해도 의미가 없다는 결론에 도달한다. 이것은 가장 깊고도 회복이 어려운 체념이다.

체념형 아이들은 성인이 되어서도 삶을 능동적으로 선택하거나 주도하지 못하는 경우가 많다. 대학의 전공이나 직업 선택 역시 자신이 원해서 결정하기보다는 부모가 정해준 방향을 따라 준비하다가 결국 대학 졸업 후 방황하게 되기도 한다.

이들은 자기 성장이나 경력 개발, 도전에는 뚜렷한 관심이 없다. 여가 시간에도 게임이나 유튜브 같은 수동적인 활동에 몰입하며 에너지를 바깥으로 확장하지 않고 안쪽으로만 움츠러든다. 연애나 결혼과 같은 관계의 영역에서는 막연한 두려움과 무관심을 보이고 친밀한 관계 형성 자체를 회피하는 경향을 보이기도 한다. 의견 차이가 발생했을 때 문제를 함께 해결하려는 태도보다는 상대에게 순종하거나 맞춰주며 상황을 넘기기에 급급한 모습을 보인다.

일부는 스스로를 돌보지 않는 무기력함을 드러내기도 하는데, 매일 깨끗하게 씻거나 용모를 단정하게 가꾸는 일조차 불필요하다고 여기며 기본적인 자기 관리에서부터 무너지는 모습을 보인다. 건강 관리, 인간관계, 직무 수행 등 삶을 지탱하는 최소한의 기반들이 허물어지며 무기력이 아닌 '깊은 체념'의 상태에 머물게 되는 것이다.

체념형으로 성장한 이들은 결국 삶과의 연결을 점점 잃어간다. 진심을 나누는 관계도, 자기를 밀어붙이는 동력도 없이 반복되는 하루를 그저 살아 있을 뿐인 상태에 접어들게 된다.

모든 아이들은 태어날 때부터 다양한 가능성과 욕구를 품고 있다. 체념형 아이들 또한 마찬가지였을 것이다. 다만 그 욕구를 꺼내보일 때마다 무시되거나 통제당했던 경험이 누적되어 결국 마음의 불은 꺼지고 욕구는 말라붙어버렸다.

우리는 그런 아이들의 불을 다시 켜준 경험이 여러 번 있다. 체념형 아이들에게 가장 강력한 무기는 거창한 조언이나 복잡한 이론이 아니었다. 그것은 바로 최선의 응원과 조용하지만 단단한 지원이었다. 아이의 어려움을 무시하거나 가볍게 넘기지 않고 그 상황을 함께 진지하게 들여다보고 고민해주는 것, 그것이 출발점이었다.

체념형 아이들에게 단순히 '열심히 해'라는 말은 아무런 힘을 가지지 못한다. 어떠한 설명도, 설득도 통하지 않는다. 이들에게는 '너는 존재 자체로 소중하다'는 메시지를 적극적으로 전달하는 것이 중요하다. 너를 이해하려는 사람이 곁에 있다는 느낌, 그 연결을 통해 아이는 다시 용기를 낼 수 있다.

부모들은 이제껏 살아오며 수많은 경험을 해왔기 때문에 효율적인 선택에 대해 빠르게 판단할 수 있다. 그래서 아이가 책을 고르느라 10분, 일과표를 짜느라 30분 고민하고 있을 때 그 시간을 줄여주는 것이 아이를 도와주는 합리적인 일이라 착각하게 된다. 성격이 급하거나 현실 감각이 발달한 부모일수록 아이의 느린 과정을 더욱 참기 어려워한다.

하지만 스스로 선택하는 경험, 스스로 한 선택에 책임을 지는 경험, 선택과 결과의 인과 관계를 깨닫는 경험은 의사 결정과 자기 조절을 담당하는 뇌 영역의 발달을 촉진할 수 있다. 심리적으로는 자기 효능감과 성취감을 높여 자신에 대한 신뢰를 회복하는 데도 도움이 될 뿐만 아니라, 더 나아가 무언가를 잘해보고 싶다는 동기를 자극하게 된다.

아이가 사소한 결정을 하는 데 시간이 걸려도 그 시간은 낭비가 아닌 투자다. 주말에 무엇을 할지, 어떤 책을 읽을지 등 아이에게 작은 것부터 스스로 선택할 기회를 줌으로써 아이는 자율성과 주도성을 회복할 수 있다. 아이가 덜 효율적인 선택을 하더라도 아이의 선택을 존중해주고 스스로 한 걸음씩 내딛을 때마다 응원과 칭찬을 아끼지 않는 것, 그리고 그 과정을 함께 버텨주는 것이야말로 체념형 아이들을 다시 일으켜 세울 수 있는 길이다.

또한 아이가 선택한 것이 실패로 이어지더라도 그 실패를 탓하지 않고 결과가 전부가 아니라는 신호를 끊임없이 준다면, 언젠가는 아이의 눈빛에 생기가 돌아오는 순간을 맞이하게 된다. 함께 원인을 이야기할 땐 "왜 그런 선택을 했어?"보다 "그렇게 해보니 어땠어?"가 더 좋은 질문이 된다.

설령 아이가 이 모든 어른들의 노력을 진심으로 받아들이지 않는다 하더라도 실망하거나 분노를 표출해서는 안 된다. 변화하려는 부모의 노력은 아이에게 불편함으로 다가온다는 사실을 이해해야 한다. "그냥 하던 대로 하세요" "이러는 게 더 짜증나요"와 같은 무심하거나 냉소적인 태도 속엔 '믿을 수 없다'는 깊고 오래된 상처가 숨어 있다. 하지만 그 냉소 속에서도 아이는 어른의 진심을 끊임없이 확인하고 있다.

아이들은 기다리고 있다. 아이의 냉소나 회피는 어쩌면 진심을 거절하는 것이 아니라, 그것을 믿을 수 없어 망설이는 방식일지도 모른다. 부모의 진심을 증명하는 유일한 방법은 계속해서, 일관되게, 반복적으로 메시지를 전달하는 것이다. 말처럼 쉬운 일이 아니다. 부모의 단단한 인내와 굳은 의지가 반드시 필요하다.

　체념형 아이들은 학교나 사회에서 문제아로 보이기보다 눈에 띄지 않는 아이로 남아있는 경우가 많다. 그래서 더 위험할 수 있다. 성적도 크게 나쁘지 않고 말썽도 부리지 않으니 방치되기 쉽다. 그래서 우리는 이 아이들의 무기력을 감지하는 감수성을 길러야 한다. 성과와 경쟁만을 부추기기보다 삶을 살아가는 방법, 관계 맺는 방법, 자신을 돌보는 방법을 가르쳐야 한다. 체념형 아이들의 불을 켜주는 건 특별한 프로그램이 아니다. 그들을 기다려주는 어른 한 명이면 된다.

비효율적이고 미련하게 공부한 아이는 자라서 만렙형 인간이 된다

여름 방학을 앞두고 고1 자녀를 둔 학부모가 급하게 상담을 요청해왔다. 아이의 여름 방학 동안 절반은 해외로 가족여행을 갈 예정이라 나머지 절반의 기간 동안 2학기 수학 예습을 '효율적'으로 끝낼 수 있게 도와달라는 요청이었다. 방학 동안 2학기 진도를 미리 예습하고 가야만 개학 후 뒤처지지 않는다는 걸 알고 있지만, 온 가족 해외 여행도 포기할 수 없기에 물리적으로 부족한 시간을 커버할 만큼 수학 진도를 빠르게 뺄 수 있는 비법을 알려달라는 것이었다.

"혹시 교과서 요약본이나 기출 문제 모음, 진도 자료 같은 게 있다면 받을 수 있을까요?"

우리는 방학의 절반을 할애해야 할 만큼의 긴 가족여행은, 더군다나 자녀가 고등학생이라면 웬만해선 추천하지 않는다. 하지만 또 한편으론 자녀가 아직 '품 안의 자식'인 미성년 시절까지만 가능한 가족들과의 특별한 추억 여행이라고 생각해, 상담을 요청한 학부모님에게 자녀와 즐겁게 여행을 다녀오시라 말씀드렸다. 그러면서 절반밖에 남지 않은 방학 동안 2학기 수학 진도 예습을 끝낼 수 있는 방법은 단 한 가지밖에 없다는 말도 덧붙였다. 그 유일한 방법은 바로,

"여행을 다녀온 후부터 하루 공부 시간을 두 배, 세 배로 늘려 2학기 진도를 학습하는 것입니다."

짧은 시간 안에 공부를 끝낼 수 있는 '효율적'인 방법을 알려달라고 한

것인데 공부 시간을 두 배, 세 배로 늘리라니, 어처구니없다는 학부모의 표정이 아직도 생생하게 기억난다. 아이가 지금도 공부를 열심히 하고 있는데 물리적으로 어떻게 하루 공부 시간을 두 배로 늘리냐고 묻자,

"네 어머님, 불가능하죠. 겉핥기 할 게 아니라면 공부할 시간이 절반이나 줄었는데 2학기 진도를 다 끝낸다는 건 불가능한 일입니다."

그 학부모는 가족 간의 화합과 학업이라는 두 마리 토끼를 동시에 잡을 수 있는 만능템, 적은 시간을 투자하고도 좋은 결과를 얻을 수 있는 '효율적'인 공부 비법을 끝끝내 손에 넣지 못한 채 상담을 끝내야만 했다. 하지만 이것은 비단 그분만의 이야기가 아니다. 지금 이 시간에도 수많은 학부모들이 적은 시간을 공부해도 높은 성적을 낼 수 있는 '효율적'인 공부법, 궁극의 자료와 강의를 찾아 전국의 학원을 배회한다. 그리고 그 학원들은 학부모들의 믿음에 부흥하기 위해 "○○고 기출 완전 분석" "내신 1등급 프린트 전격 제공" "EBS 교재별 변형 문제 400제 제공"과 같은 현란한 광고 문구들을 내걸고 고객들을 유혹한다.

'효율적'이라는 말은 투입한 자원(시간, 노력, 비용)에 비해 더 큰 성과나 결과를 얻는 것을 뜻한다. 즉, 낭비를 최소화하고 목표 달성까지의 최단 경로를 찾는 과정이라고 할 수 있는 것이다.

일상생활에서 '효율적'이라고 평가받는 사람에게선 마치 그의 하루는 48시간인 듯, 남들보다 더 알차고 가치 있게 하루를 운용하는 프로 갓생러의 느낌이 들고는 한다. 그런가 하면 업무 상황에서도 '효율적'이라는

단어는 스마트함과 능력을 고루 갖춘 육각형 인재, 프로 일잘러의 느낌을 주기도 하니, 이 단어에 대해 부정적인 감정을 갖고 있는 사람은 아마 없을 것이다. 우리를 제외하고 말이다.

입시는 정해진 시간 동안 방대한 양의 교과 내용을 얼마나 성실하고 체계적으로, 깊이 있게 공부했는지를 겨루는 싸움이다. 초1부터 고3까지 배운 모든 교과 내용이 시험 범위에 해당하며 어디서 어떤 문제가 출제될지 그 누구도 예측할 수 없는, 불확실성이 난무하는 미지의 전장인 것이다.

특히 본격적인 입시 레이스가 펼쳐지는 고등학교 3년이라는 한정된 시간 동안 엄청난 양의 공부를 해내야 한다는 생각 때문인지, 보다 효율적으로 공부할 수 있는 비밀(?) 자료, 혹은 쪽집게 강의에 학부모, 학생들은 그야말로 목을 매는 상황이다.

이러한 학부모들의 고민과 걱정은 등록 상담에서도 여실히 드러난다. '아이가 시험에 나오지도 않는 걸 붙잡고 있다'거나 '주요 과목인 국영수 위주로 공부를 해야 하는데 기타 암기 과목에 할애하는 시간이 너무 많다'며 우리를 찾아와 이러한 '비효율적'인 공부 습관부터 바로잡아달라고 요구하는 부모들이 너무도 많다. 그들을 볼 때마다 '효율성'이라는 허상을 어디서부터 어떻게 깨부수어야 좋을지 난감하기만 하다.

효율성이라는
허상

사실 학부모들도 시간에 구애받지 않고 깊이 있게 사고하는 공부 훈련이 장기적인 관점에서 아이의 인생에 더 큰 도움이 될 것임을 알고 있다. 하지만 수단과 방법을 가리지 않고 모두가 전력 질주하는 입시 레이스 속에서 내 아이만 독야청청 공부의 정도正道를 걷게 하기란 쉽지 않은 선택일 수 있다. 그것은 마치 자녀의 인생을 두고 도박을 하는 것 같은 위태롭고 불안한 느낌일 것이다. 때문에 입시라는 불안한 환경에서 부모는 조금 더 안전한 길, 이미 검증된 자료와 빠른 해법에 기대고 싶어한다.

또한 부모는 자녀가 학습한 내용을 얼마나 이해했고 공부를 잘 따라가고 있는지 객관적으로 파악하기 어렵다. 성적이 기대에 미치지 못하면 원인이 무엇인지 직접 확인할 방법도 마땅치 않다. 그러다 보니 더더욱 눈에 보이는 것, 즉 학원에서 나눠주는 자료의 양, 아이가 푼 문제집 개수, 기출 자료의 유무 등으로 아이의 공부를 가늠한다. 자료에 기대고 안도하는 심리는 학생들 또한 마찬가지다. 시행착오와 실패가 주는 불안감, 느리고 답답한 과정을 견디기보다 즉각적으로 성과가 보이는 방법을 선호하게 된다.

할 수만 있다면 부모 자신이 겪었던 학창 시절의 혼란스러움과 시행착오를 자녀는 겪지 않게 해주고 싶다는 그 애틋한 마음은 백 번이고 천 번이고 이해가 간다. 건강하게 한 달 동안 2kg를 감량하자는 트레이너보다 한 달 10kg 감량을 책임진다는 다이어트 약에 더 눈길이 가는 사람들의 마음도 모르는 바는 아니다.

그러나 공부에 있어 효율이 지나치게 강조되면 가장 먼저 사라지는 것은 '스스로 공부하는 시간'과 '공부 과정의 깊이'다. 표면적으로는 덜 힘들고 더 빨리 성장하는 듯 보이지만, 실상 본질은 없고 요령만 남아 새로운 유형이나 변형 문제 앞에서는 속수무책으로 무너지고 만다. 깊이 있는 과정을 건너뛰고 효율만을 극대화해 단기 성과를 맛본 경험을 반복하다 보면, 학년이 올라갈수록 오히려 학습 능력을 약화시키고 공부에 불리한 습관과 불안정한 실력을 형성하게 된다.

공부의 본질은 뒤로한 채 기출 문제, 유형별 풀이, 인기 강사의 수업 등 빠르고 편리한 방법에 의존하는 것은 마치 안개 자욱한 길에서 당장 눈앞의 표지판만 확인하며 한 걸음씩 걸어가는 것과 같다.

수능은 단순한 문제 풀이 능력만 갖고 넘을 수 있는 산이 아니다. 수능은 독해력, 논리적 추론, 문제 해결 과정의 설계, 복합적인 개념의 통합 능력, 시간 관리 등 다양한 영역을 최소 3년 이상 체계적으로 훈련해야 정복할 수 있는 높은 산이다.

이 훈련은 모든 학생들에게 동일하게 적용되는 것이 아니다. 각자의 기초 수준, 목표 대학, 강점과 약점에 맞춰 시기와 난이도를 조절하는 '맞춤형 장기 로드맵'에 따라 모두에게 다르게 적용되는 훈련인 것이다. 이러한 장기 로드맵이 부재한 채 학습할 경우, 고3이 되었을 때 국어는 독해 체력이 부족하고 수학은 고난도 문항에서 발목이 잡히며, 탐구는 개념 간 연결이 허술한 채 시험을 맞이하게 된다.

빠르고 편한 방법에 매달려 눈앞의 점수는 조금 올랐을지 몰라도 입시라는 긴 경주의 결승선에서는 뒤처질 수밖에 없다. 대입의 성공 여부는 공부의 본질을 잊지 않는 체계적이고 장기적인 전략에 의해 크게 좌우된다는 사실을 결코 잊어서는 안 된다.

02

자료에 대한 맹신

학원들은 저마다 '우리 학원에서만 받아볼 수 있는 비밀 자료'라는 광고 문구들을 앞세워 학부모들을 모객한다. 자료가 많으면 성적이 오를 것이라는 맹목적인 믿음, 학교별 맞춤 자료만 있으면 크게 노력하지 않아도 좋은 성적을 받을 수 있을 것이라는 잘못된 믿음으로 인해 학원들의 이러한 자료 마케팅은 실패가 없다. 과목별 기출문제부터 시작해 예상 문제, 진도 자료, 학교별 맞춤 정리 요약본, 변형 문제 등 자료의 명칭 또한 각양각색이다.

이러한 자료들을 얻고자 하는 목적은 최소한의 노력으로 최대한의 효과를 내기 위하여, 한마디로 공부의 효율성을 끌어올리기 위해서다. 특히 중학교에서 고등학교로 넘어가며 갑자기 늘어난 시험 범위와 난이도에 압도된 학생들과 학부모들 사이에서 자료의 도움을 받고자 하는 경향이 크게 증가하곤 한다.

하지만 실제로 공부가 일어나는 매커니즘은 타인이 만들어준 자료를 통해 효율성을 추구하려는 과정과는 상당히 거리가 멀다. 자료를 만드는 주체는 학생이 아닌 강사 혹은 선생님이다. 학생의 시간을 절약해준다는 미명하에 학생이 해야 할 사고를 강사가 대신하고 학생이 해야 할 요약 정리를 선생님이 대신 하는 것이다. 그 과정에서 학생은 스스로 깊이 사고하고 이해하며 질문하고 요약 정리하는 능력을 전혀 기르지 못하게 된다. 사고 과정이 생략된 채 단순 암기 또는 풀이 도구로 전락한 자료는 단기 기억에 머물렀다 사라지길 반복한다. 장기 기억을 만드는 건 결국 깊이 있는 사고와 반복적인 훈련이기 때문이다.

요즘은 학교별 기출 문제를 학교에서 직접 제공하는 경우가 많고, 단원별 혹은 교재별 예상 및 변형 문제, 요약 자료 같은 것을 인터넷에서 쉽게 구입할 수 있다. 중요한 것은 그 자료를 나만의 기준으로 정리하고 다시 푸는 과정과 실수를 분석하는 사고의 과정이 없다면 아무런 소용이 없다는 사실이다. 업계 사람으로서 학원에서 나눠주는 자료의 현실을 말하자면, 같거나 유사한 개념을 다루는 비슷한 수준의 문제들을 수백 개씩 뽑아냈거나 시중에서 판매하는 교재와 별 다를 바 없는 내용의 요약 프린트물인 경우가 많다. 그렇게 되면 학생들은 더 이상 풀지 않아도 될 문제를 반복해서 풀고 있거나 오랫동안 멈춰서 고민해야 하는 문제를 빠르게 유형화해서 암기하고 넘어가게 된다. 그들이 원하는 성적 향상의 길은 점점 더 요원해지고 있는 것이다.

03

강의식 수업에 대한 과도한 의존

효율적인 공부법을 찾아 헤맬 때 자료 못지 않게 중요하게 생각되는 요소가 또 하나 있다. 바로 강의식 수업이다. 스스로 사고하고 깊이 있게 공부하는 것이 좋다는 걸 알지만, 어려운 개념을 이해하는 것부터 혼자서 헤쳐나가기엔 너무 많은 시간이 소요된다. 때문에 그 비효율적인 과정을 단축시켜줄 수 있는 강사의 설명과 도움이 반드시 필요하다고 생각하는 것이다. 실제 수학 성적이 좋은 아이들에게 "자신 있는 과목이니까 스스로 공부해보면 어때?"라고 제안하면 '학원 선생님의 설명과 풀이가 있어야 이해가 잘된다'는 대답이 돌아오곤 한다. 어떤 학생들은 '수학은 해설지를 보면 안 된다고 들어서 문제를 풀다가 막혔을 때 도와줄 수 있는 선생님이 필요하다'라고 대답하기도 한다.

이해 중심의 학습은 겉보기엔 효과적으로 보인다. 이해가 되면 암기가 쉬워진다는 믿음하에 수많은 공부법들이 이해를 학습의 출발점으로 삼는다. 문제는 이러한 사고방식이 '이해'와 '설명'을 앞세운 강사의 수업 방식에 지나치게 의존하게 만들고 강사의 존재감을 비정상적으로 키운다는 점이다. 공부를 하는 데 있어 이해가 필요없다는 뜻이 아니다. 이해 중심의 공부에만 집착해서 벌어지는 강사 의존적 공부를 탈피해야 한다는 뜻이다. 나를 잘 이해시켜주는 강사가 가장 좋은 강사가 되고, 그가 제시하는 방식과 루틴으로 학습하는 경험이 반복된다. 어렵고 시간이 오래 걸리는 이해와 습득의 과정을 타인이 대신 해주는 경험은 매우 편리하고 효율적으로 느껴지지만, 이것이 계속되면 스스로 이해하는 능력을 상실하게 된다.

수학은 문제 속 상황을 읽고 전제와 조건을 스스로 해석하여 논리적으로 풀어내야 하는 사고력 기반의 과목이다. 물론 깊게 사고하는 과정 없이 문제를 읽자마자 곧장 정답을 풀어냈던 경험이 많은 학생들이라면, 이같은 수학의 정의에 동의하지 않을 수도 있다. 그러나 그들이 수많은 유형별 문제, 기출 문제, 변형 문제를 성실하게 풀어내고 강사의 설명과 풀이를 외운다 한들, 그것만으론 넘어설 수 없는 거대한 벽이 있다. 바로 수능이다.

수능에서는 생전 처음 보는 문제가 출제된다. 사고 없이 그저 성실하게 외우고 풀었던 경험만으론 감당할 수 없는 문제가 결국 최상위권과 상위권, 1등급과 2등급을 가르는 것이다. 사실 개념 공부를 끝마친 학생이라면, 해설지를 보고 그 풀이를 따라가며 스스로 부족한 개념을 찾고 이해하는 행위를 통해 사고력을 훈련할 수 있다. 하지만 해설지를 보는 노력 대신 강사의 풀이와 도움을 선택한 아이들은 그것마저 건너뛴 채 더 최소한의 시간과 노력으로 최대한의 결과를 꿈꾼다. 그리고 마침내 그들에게 남는 건 그 최소한에 걸맞은 결과뿐이다.

혼자서는 이해되지 않는 내용을 붙잡고 이해가 될 때까지 아등바등 고민하며 시간을 들이는 경험은 무척 중요하다. 현장에서 학부모들에게 '스스로 사고하는 능력의 차이가 결국 중요한 순간에 등급을 가른다'고 강조하면 "그럴 시간에 한 문제라도 더 풀고 성적을 올리는 게 중요한 거 아닌가요?"라는 대답이 돌아온다. 내신 시험만 놓고 본다면 아주 틀린 말은 아니다.

하지만 내신 시험에서도 최상위 변별을 위한 고난이도 문제가 출제되거니와, 수능은 더 말할 것도 없다. 최상위권 학생들은 기출 문제나 유형별 문제 풀이집에 매달리지 않는다. 오히려 처음 보는 유형의 문제, 생소한 개념, 낯선 문장을 마주했을 때 그것을 고민하고 이해하며 내가 가진 지식과 연결하는 데 기꺼이 시간과 노력을 할애한다. 겉으로 봤을 때 느리고 비효율적으로 보이는 과정 속에서 최상위권 아이들은 단단하고 깊은 사고의 근육을 키워간다.

강사의 도움으로 쉽게 얻은 지식은 쉽게 잊혀진다. 이해가 안 돼 혼자서 아등바등 어렵고 힘들게 한 공부는 무의식적인 반복 속에서 견고하고 깊은 기억을 형성한다. 스스로 머무르지 않고 타인의 설명에 의존한 이해만으로는 깊은 이해의 영역까지 도달할 수 없다.

04

공부 시간
배분에 대한 오해

초등학생부터 고등학생에 이르기까지, 아이들이 가장 많이 다니는 학원은 단연 영어와 수학 학원이다. 중고등학생들의 주간 스케줄을 보면 월수금에는 영어 학원에서 하루 3~4시간씩 머물고, 화목토에는 수학 학원에서 같은 시간을 보낸다. 방학이 되면 '2주 집중 특강' '3주 완성'과 같은 이름의 특강이 성행한다. 보통 하루 종일 수학 문제를 풀게 하거나 하루 종일 강의가 이어지는데, 학부모들은 이렇듯 단기간에 집중 투자하면 수학 실력이 폭발적으로 향상될 것이라는 기대를 하게 된다. 이에 더해 '선착순 마감'이라는 조건까지 더해지면 학부모들의 초조함은 극에 달한다. 마치 이번 방학이 우리 아이의 부족한 수학 실력을 단숨에 메워줄 마지막 기회처럼 느껴지기 때문이다.

얼핏 그럴듯해 보이지만 이 방식에는 간과하기 쉬운 함정이 숨어 있다. 기초 개념이 약하거나 학습 동기가 부족한 상태에서 하루 종일 같은 유형의 문제만 푸는 것은 '집중 학습'이 아닌 '무의미한 반복'으로 변질되기 쉽다. 시간을 쏟아부었지만 머릿속에 남는 것은 적고 지루함과 피로만 누적되어 오히려 학습 효율은 떨어진다. 당연하게도 많은 아이들이 수학을 싫어하게 되는 이유 또한 이러한 몰입식 학습 루틴과 무관하지 않다.

'몰입형' 방식은 이처럼 한 과목을 집중적으로 몰입해서 공부하는 방식을 말한다. 학생들을 지도하다 보면 의외로 많은 아이들이 자의든 타의든 하루에 한 과목만 공부하는 '몰입형' 방식을 택하고 있다는 걸 알 수 있는데, 이는 사교육 시스템의 영향이 크게 작용한 결과다. 요즘은 강의식 학원들도 수업을 통해 배우는 시간보다 수업 후 스스로 익히는 시간이 더 중요하다는 사실을 잘 알고 있다.

그래서 강의가 끝난 후 자습실에 남아 3~4시간 정도 추가로 공부나 숙제를 하고 하원하는 시스템을 갖추고 있는데, 그렇게 되면 아이의 귀가 시간은 보통 저녁 10시 이후가 된다. 이런 사교육 구조 속에서 아이들은 자연스럽게 하루 한 과목만 공부하는 습관을 굳히게 되는 것이다. 결국 여러 과목을 병행하는 습관은 형성되지 않고 학원 밖에서 스스로 공부하는 힘도 자라지 않는다.

이렇듯 전반적인 학습 내용을 깊이 있게 다루기보다 '주요 과목인 영어 수학 위주로 몇 시간을 투자하느냐'에만 집착하는 것 또한 흔히들 효율적인 공부법이라고 오해하는 대표적인 현상 중 하나다. 같은 과목과 같은 유형만 계속 반복해서 학습하다 보면 뇌는 금방 익숙해져 사고 작용을 최소한으로 줄이게 된다. 익숙한 패턴의 문제를 자동적으로 풀고 정답을 맞히며 스스로 해당 유형의 문제에 통달했다는 착각을 하게 되지만, 실상은 깊이 생각하는 과정이 줄어들어 며칠만 지나도 기억이 쉽게 사라져버린다.

이에 비해 여러 과목을 교차해서 학습하면 기억이 더 오래 지속된다. 국어처럼 글의 내용을 이해하고 배경지식을 활용해야 하는 과목, 역사처럼 사건의 흐름과 원인을 이해해야 하는 과목, 영어처럼 단어를 외우면서 문장 구조를 익히는 과목을 번갈아 공부하면 뇌는 매번 다른 방식으로 사고해야 한다. 새로운 과목으로 전환할 때 뇌는 이전에 배운 내용을 기억 속에서 끌어내고 재구성하는 과정을 거친다. 이런 전환과 연결 과정이 반복되면서 기억은 더욱 견고해진다.

청소년기의 뇌는 인지와 계획, 자기 조절을 담당하는 전두엽이 여전히 발달 중인 상태다. 따라서 장시간 한 과목에 몰입한다고 해서 그 과목의 실력이 곧장 비약적으로 오르는 것이 아니다. 뇌가 효과적으로 정보를 처리하고 더 많은 기억을 장기 기억으로 전환하기 위해서는 한 가지 방식의 반복이 아니라 다양한 자극과 교차 학습이 필요하다. 여기서 교차 학습interleaved learning이란, 서로 다른 유형의 과제를 번갈아 학습해 두뇌가 전환과 연결을 반복하도록 하는 학습 방식을 말한다. 하루 8시간씩 방학 특강을 들어도 다음 학기 성적이 그대로인 이유가 바로 이것이다. 아이에게 하루 8시간씩의 특강은 '집중'의 시간이 아닌 그저 '버티기'의 시간이었기 때문이다.

똑같은 하루 8시간을 다양한 과목과 공부법에 나누어 쓰면 상황은 완전히 달라진다. 예를 들어, 수학 문제 풀이만 지속하는 대신 영어 단어 암기처럼 그다지 사고력을 요구하지 않되 단기 성취감을 주는 활동을 포함한다고 가정해보자. 이어서 국어나 사회처럼 여러 단계를 거쳐 글과 용어의 의미를 파악하고 맥락과 구조를 분석하며 추론을 통해 이해를 심화하는 학습을 병행하는 것이다. 또한 역사처럼 축적된 배경지식을 기반으로 사건과 개념을 시간적·인과적 흐름 속에서 연결해야 하는 과목을 함께 공부하면, 뇌는 수학적 문제 해결과는 전혀 다른 회로를 사용하게 된다.

이렇게 서로 다른 공부 과정을 번갈아 사용할 경우 똑같은 사고 패턴에 갇히는 것을 방지하고 집중력을 장시간 유지할 수 있다. 나아가 학습 내용을 장기 기억으로 전환하는 데 훨씬 유리하다.

결국 하루를 온전히 한 과목에만 바치는 것은 겉보기에 효율적이지만 실제로는 효과를 반감시키는 방식이 될 수 있다. 공부의 본질은 방학 동안 최대한 많은 문제를 푸는 '효율'에 있지 않다. 오히려 방학이 끝난 후에도 실력이 유지되고 다음 학기, 다음 학년으로 갈수록 오히려 더 확장되는 '효과'를 만드는 것에 있다. 이를 위해서는 단순 반복이 아니라 이미 배운 개념을 다른 상황에 적용해보는 훈련이 필요하다. 또한 여러 과목을 교차로 공부하며 지식을 서로 연결하고 기억이 흐릿해질 즈음 일정 간격을 두고 다시 복습하는 전략이 효과적이다.

중요한 것은 '효율적인' 공부 시간 배분이 아닌 '효과적인' 시간 배분이다. '효과'는 결과물의 질과 지속성을 중시하는 개념이다. '효율'이 '속도'를 기준으로 삼는다면 '효과'는 '목표 달성 가능성'을 기준으로 삼는다. 겉으로 보기에 느리고 복잡하며 비효율적으로 보이는 방식이 실제로는 장기적으로 가장 효과적인 학습법이다. 하루 종일 하나의 주요 과목에만 몰입하는 것이 아닌, 서로 다른 사고 과정을 요구하는 과목들을 번갈아 학습할 때 개념들이 서로 연결되고 약점이 드러나고 메워지며 장기 기억이 강화된다. 속도는 느리지만 개념망이 촘촘해지고 사고의 깊이가 단단해져 결국 시험 성적을 넘어서는 진짜 실력이 완성되는 것이다.

05

느리고 비효율적인 공부의 가치

우리는 아이들에게 '100점을 받기 위해선 200점 받을 만큼 공부해야 한다'고 가르친다. 머리와 체력이 허락하는 한 교과서 안에 있는 모든 내용을 다 이해하고 외우려 노력하라는 뜻이다. 이런 방식은 학부모들이 말하는 효율적인 공부법, 혹은 '시험에 나올 것 위주로만 공부했으면 좋겠다'는 요구와는 완전히 반대다. 여기서 등장하는 흥미로운 개념이 바로 '비효율적'인 공부법이다.

'비효율적'이라는 말은 일반적으로는 낭비, 불필요한 수고를 뜻하지만, 학습에서는 이 낭비가 결정적인 자산이 된다. 혼자 이해되지 않는 문제를 붙잡고 이해가 될 때까지 고민하며 수차례 시행착오를 겪는 과정은 겉보기에는 한없이 느리고 비효율적으로 보인다. 그러나 이 과정이야말로 사고력과 응용력, 문제 해결력을 장기적으로 강하게 성장시키는 가장 강력한 요인이 된다. 교과서에는 버릴 내용이 하나도 없다.

그런데 많은 학생들이 공부 시간을 단축하기 위하여 교과서를 요약해 놓은 교재를 구입해 그 교재마저 요약해서 공부하며 효율적이라 자부한다. 이는 수능까지의 장기적인 관점으로 보았을 때 대단히 위험한 행동이다. 시험에 나올 것만 공부하는 습관은 단기적인 성과는 줄 수 있을지 몰라도 그 시험이 끝나면 공부했던 기억이 빠르게 휘발되는 결과를 초래한다. '효율적'일지는 몰라도 '효과적'이라고 볼 순 없는 것이다.

효과적인 공부는 빠르거나 간편한 방법과는 거리가 멀다. 하루 10시간을 투자하더라도 실력을 깊게 쌓고 오래 유지하도록 만든다면 그것은 효과적이라고 할 수 있다. 이런 방식의 공부는 많은 시간과 깊은 사고를 필요로 한다. 당연하게도 1년에 4개월밖에 안 되는 시험 기간에만 열심히 사는 아이들의 태도와 마인드로는 해낼 수 없다. 우리는 1년 내내 열심히 살아가는 것의 가치를 가르친다. 많은 학생들이 너무 힘들다며 더 쉬운 방법을 찾아달라 호소하지만, 그 어려움을 견디는 과정에서 진짜 성장이 일어난다.

결국 공부에서 추구해야 할 것은 '효율'이 아니다. 장기적으로 효과가 지속되는 방법을 찾아야 하며 그 과정에서 반드시 필요한 것이 바로 비효율적인 학습이다. 기꺼이 돌아가고 시간을 쓰며 불편을 감수하는 학생만이 장기적으로 최고의 성과를 거둔다. 공부에 있어 최고의 효과는 효율을 좇을 때가 아닌, 의도적인 비효율 속에서 도출된다. 그리고 이러한 깨달음은 단지 공부에만 국한되지 않는다. 인생에 있어 '빨리'보다 '깊이'를 선택하는 순간, 그는 가장 확실한 성공 전략을 거머쥐게 될 것이라 생각한다. 지금은 대학생이 된 수민이는 이러한 생각에 확신을 더해준 놀랍고도 귀한 아이였다.

수민이는 중학교 3학년 겨울 방학을 맞아 우리를 찾아왔다. 보통은 학부모가 먼저 등록 상담을 통해 프로그램을 이해한 후 학생을 설득해 등원하게 되는 경우가 많은데, 수민이는 아이 스스로 우리를 찾아왔다. 중학교 내내 올 A를 받았지만 최상위권이라고 부를 정도는 아니었던 수민이는, 학군지 학생답게 국어, 영어, 수학, 과학 학원을 모두 다니고 있었다. 하지만 고입에 대한 두려움 때문에 학원을 포기하지 못하는 또래 아이들과는 달리 수민이는 등원을 시작함과 동시에 수학 학원을 제외한 모든 학원을 차례차례 정리하기 시작했다.

그리고 한 달쯤 지났을 무렵, '이제 학원 없이 혼자 공부해보고 싶다'고 말하며 스스로 수학 학원까지 정리를 끝마쳤다. 수민이는 혼자 공부하다 보니 어느 순간부터 설명을 듣지 않아도 스스로 더 잘 이해되는 부분이 있다는 걸 깨달았다고 했다. 물론 혼자서는 잘 안 되는 부분도 있었지만, 반드시 도움이 필요한 경우는 생각보다 많지 않았다고 했다. 어떤 문제는 오래 붙들고 고민하면 끝내 해결할 수 있었고, 도저히 풀 수 없는 문제는 어떻게 질문하면 좋을지를 고민했다. 결국 아이는 모든 과목을 스스로 공부해보는 게 더 나을 것 같다는 결론에 이르게 되었다.

모든 걸 혼자 하겠다는 뜻은 아니었다. 필요할 땐 도움을 구하되, 그전까지는 스스로 해보는 것, 그 과정에서 자신이 어떤 방식으로 배우는지를 알아가는 것, 그게 수민이가 스스로 발견한 진짜 공부법이었다. 강사나 선생님의 설명 없이 스스로 이해하고 공부하는 과정에서 주변 친구들의 많은 유혹도 있었다. 심지어 선생님들조차 수민이의 공부법에 의구심을 품었다.

"그런 건 학자들이나 하는 거고, 우리는 그냥 시험 문제만 맞추면 되는 거 아냐?"
"혼자 하는 공부는 시간이 너무 오래 걸려서 비효율적이야. 왜 힘들고 먼 길로 돌아가려고 해?"
"중요한 부분만 빠르게 캐치해서 문제에 적용하는 연습을 해야지!"

하지만 수민이는 어려운 부분에 오랫동안 머물며 고민하고 익힐 때 기억은 더욱 강력해지고 오래도록 유지된다는 사실을 믿어 의심치 않았다. 그것은 단순한 자기주장이 아니었다. 이미 스스로 실험을 거듭해 본 아이에게서 우러나오는 확신이자 신념이었다. 수민이는 어떤 공부가 자신에게 더 잘 맞는지, 도움은 언제 요청하는 것이 효과적인지, 공부 시간은 어떻게 조절해야 하는지를 직접 실험하며 배우고 있었다. 학습 내용뿐 아니라 학습 방법까지 습득하고 있었던 것이다. 수민이의 메타인지가 폭발적으로 성장하는 순간이었다.

고1 첫 시험, 중간고사 기간이 다가왔을 무렵, 수민이의 책상 위에 하얀 종이가 쌓이기 시작했다. 처음엔 책 한 권 높이쯤이었다. 며칠 뒤엔 책 세 권 높이, 시험을 일주일 앞뒀을 땐 A4 용지 한 박스 분량의 종이가 책상 위에 쌓여 있었다. '굳이 저렇게까지 풀 필요가 있을까?' '개념은 제대로 알고 문제를 푸는 걸까?'라는 생각이 강하게 들기 시작했다. 지나치게 문제를 많이 푸는 것만이 능사는 아니다. 우리는 담당 선생님에게 수민이가 혹 무의미한 반복을 하고 있는 건 아닌지 물었다.

"수민이는 이미 시험 범위만 10회독 했습니다. 시중에 있는 문제집도 전부 풀었고 오답 정리도 끝냈어요."

그렇다 해도 저렇게까지 많이 풀 필요가 있을까? 그 시간에 개념을 한 번 더 정리하는 게 낫지 않을까? 중간고사가 끝나고 수민이를 불러 이야기를 나누어보았다. 이어지는 수민이의 답변에서 우리는 놀라움을 금할 길이 없었다.

"제가 얼마만큼 했을 때 이 성적이 나오는지 정확하게 알았어요."

다른 아이들이 '무엇을, 얼마나 더 해야 할지' 생각할 때 수민이는 '무엇을, 얼마나 더 뺄지' 고민하고 실험한 것이었다. 수민이는 그렇게 스스로에게 최적인 시간과 양을 정교하게 측정했고 최대의 효과를 영리하게 세팅했다. 스스로에게 가장 효율적인, 동시에 가장 효과적인 공부 전략을 터득한 것이다. 이미 시험 범위를 훨씬 뛰어넘어 200점을 받기 위한 공부를 해본 사람만이 할 수 있는 말이었다.

보통의 아이들은 고1 첫 시험 준비에서 어른들이 생각하는 것보다 훨씬 적은 양의 공부를 한다. 아이들 입장에서는 자연스러운 일이다. 적어도 중학교 때보다 공부를 많이 했다고 생각하기 때문이다. 그래서 본인이 공부한 양보다 훨씬 더 높은 성적을 기대하고 또 좌절한다. 더 열심히 하지 못했던 자신에 대해 한탄하고 틀린 문제에 대한 아쉬움을 토로한다. 그러나 수민이의 시험 분석은 여타의 아이들과는 확연히 달랐다. 수민이는 효율의 기준을 스스로 정의해냈다. 진정한 효율은 과도한 준비에서 찾아낼 수 있다는 것을 체험했다.

200점을 받기 위해 공부를 해본 사람은 시험지를 받아들었을 때 "어? 이 시험이 이렇게 쉬웠나?"라는 허탈함을 느낀다. 그동안 공부한 게 화가 날 만큼 시험이 쉽게 느껴지는 경험도 종종 한다. 수민이 또한 마찬가지였다. 200점을 위해 공부하는 아이들은 불확실성과 변수를 모두 대비할 수 있다. 실전에서 오는 긴장감, 난이도 예측 실패 등의 변수에도 흔들리지 않기 위해 '최악을 대비한 최상의 준비'를 하는 것이다. 최상위권 학생들은 이러한 준비를 통해 시험에 대한 불안을 떨어뜨리고 시험 중 실전력을 최대로 끌어올린다. 적당히 공부하고 원하는 점수만 받길 원하는 보통의 아이들과는 사고방식 자체가 다르다.

수민이에게는 또 하나 특이한 점이 있었다. 바로 질문을 거의 하지 않는다는 것이었다. 사실 질문하는 태도는 배움과 성장에 있어 매우 중요한 요소다. 수민이도 처음 학원들을 그만두었을 땐 질문이 꽤 많았다. 하지만 시간이 흐르고 고2 중반이 되었을 무렵부터는 하루에 질문을 한 번도 하지 않는 날이 늘어갔다. 그렇다고 궁금한 게 없었던 건 아니다. 오히려 한 번 질문을 던지면 한 문제를 두고 선생님과 한 시간을 토론하는 경우도 많았다. 자신이 찾은 정답의 논리를 설명하고 선생님은 그런 수민이의 논리적 빈틈을 찾아내려 했다. 수민이는 단순히 정답을 확인하려는 질문을 한 게 아니었다.

대부분의 교재는 정확하다. 하지만 가끔씩, 정답 자체는 틀리지 않았지만 그 설명 과정에 미세한 오류가 있는 경우가 있다. 대다수가 그런 디테일한 부분을 알아차리지 못하지만 수민이는 그 미세한 맥락의 어긋남을 감지해냈다. 그때마다 선생님들도 잠시 멈췄다. 그렇게 수민이와 선생님이 찾아낸 설명의 오류들이 종종 있었다. 수민이가 질문이 적었다는 건 무관심이나 무지가 아니라, 그만큼 스스로 오랫동안 고민하고 정리한 끝에 던지는 질문 하나가 더 깊고 의미 있었다는 뜻이다. 그리고 그토록 깊이 있는 질문이 가능했던 이유는 단 하나였다. 공부를 '머리'로 한 게 아니라 '태도'로 했기 때문이었다.

수민이는 타고난 머리가 좋은 학생이 아니었다. 공부 시간과 방식을 보면 명석한 두뇌를 타고난 천재형 학습자가 아니라는 사실을 곧장 알아챌 수 있었다. 수민이는 매년 꾸준히 성장했다. 그리고 그 성장의 배경에는 '끝까지 스스로 해결하겠다'는 집요함과 공부 그 자체에 대한 몰입이 있었다. 무작정 정답과 풀이를 외우기보다 납득하고 이해할 수 있어야 다음 단계로 넘어갔다. 수민이에게 표면적이고 단기적인 성취는 크게 중요치 않았다. 미련하다 손가락질 받을지언정 집요하게 본질을 파고드는 열정과 신념, 스스로에 대한 적확하고 예리한 분석력, 목표를 통찰하는 넓고 깊은 판단력이야말로 수민이의 진정한 가치를 대변해줄 따름이었다.

단순히 혼자서 공부하는 '자습'과 스스로 깊이 파고드는 '자기주도학습'은 엄연히 다른 개념이다. 진정한 자기주도학습은 그저 혼자 앉아 있는다고 해서 이루어지는 것이 아닌, 스스로 생각하고 의심하며 실패를 감내하고 기준을 높이는 과정을 뜻하는 것이다. 그리고 그 과정이 있을 때에만 공부는 비로소 '효율'이라는 결과, '효과'라는 성취를 만든다.

이따금씩 감기에 걸린 것 같다며 타이레놀 한 알을 삼키고 말없이 공부를 이어가던 수민이의 모습이 떠오르곤 한다. 다른 아이들이 피곤하거나 몸이 안 좋다는 이유로 루틴을 무너뜨릴 때, 수민이는 마스크를 쓰고 어김없이 같은 시간에 우리 앞에 나타나곤 했다. 3년 동안 병원에 간다거나 아파서 등원하지 않은 적은 단 한 번도 없었다. 그런 수민이의 삶의 태도는 목표를 끝까지 실행에 옮기는 힘의 근원이 되어주었다. 수민이는 고등학교 3년 동안 꾸준히 내신과 모의고사에서 1등급을 유지했고 결국 원하는 대학에 합격했다.

효율과 비효율의 경계는 언제나 결과가 지나가고 나서야 보인다. 진정한 의미의 효율, 그리고 효과를 얻으려면 때로는 엄청난 비효율을 감당해야 할 수도 있다. 우리는 이것을 '시행착오'라고 부른다. 시행착오 속에는 보이지 않는 수많은 작은 실패들이 숨어 있다. 하지만 그 작은 실패들이 모이면 결국 나만의 전략, 나만의 성공 로드맵이 그려진다. 그 지도는 어떤 시험, 어떤 과제가 닥쳐오더라도 길을 잃지 않을 수 있는 '절대 지도'다. 수민이는 그 지도를 자신의 손으로 그리고 완성한 학생이었다.

06

비효율로 완성하는
인생 로드맵

우리는 오랫동안 더 많은 지식을 쌓는 것이 곧 경쟁력이라고 믿어 왔다. 입시에서도, 직장에서도, 사회에서도 속도와 효율을 최고의 미덕으로 삼았다. 그러나 시대는 변하고 있다.

AI가 바꾸고 있는 세상에서는 지식과 정보가 이미 차고 넘친다. 이제는 지식을 얼마나 쌓았느냐가 아닌, 그 지식을 어떻게 연결하고 해석하며 얼마나 더 깊이 있게 사고하느냐가 승부를 가르는 시대가 되었다. 더 많이 아는 사람보다 더 깊이 파고드는 사람이, 더 빠르게 움직이는 사람보다 더 정교하게 설계하는 사람, 그리고 마침내 자신 만의 기준으로 올바른 판단을 내릴 수 있는 사람이 앞서 나간다. 이 는 공부를 깊이 해본 사람만이 가질 수 있는 고유한 능력이다.

요즘 사람들은 너무도 쉽게 '성공의 공식은 하나가 아니다' '공부

안 해도 얼마든지 성공할 수 있다'는 말로 어렵고 힘든 공부의 가치를 평가 절하한다. 물론 공부만이 정답이라고 가르치는 시대는 지났다. 성공의 공식도 하나가 아닐 수 있다.

하지만 대단한 성취를 이룬 사람들의 태도에는 공통점이 있다. 그것은 바로 어떤 목표든 자신만의 루틴을 만들어 최선의 노력을 다하고 끝까지 버텨내는 끈기, 그리고 크고 작은 실패 속에서 자신만의 전략을 만들어가는 태도다. 진정한 효율, 궁극의 효과를 성취하기 위해서는 비효율적으로 보이는 훈련 과정을 묵묵히 견뎌내려는 노력, 그 시행착오의 과정을 반드시 통과해야만 한다. 하나의 과제를 붙들고 몇날 며칠 씨름하며 인내하는 과정을 건너뛴 효율은 그저 형식적인 요령, 의미없는 평계에 그치고 만다.

학교 시험과 달리 사회에서 주어지는 문제에는 정답지가 없다. 누군가 친절하게 설명이나 해설을 해주지도 않는다. 과제를 맡으면 문제를 정의하는 것에서부터 자료 조사, 해결책 설계, 실행까지 전부 스스로 해야 한다.

학창 시절 내내 누군가의 설명과 해법에만 기대어온 아이가 입시를 넘어 인생이라는 무대에 홀로 섰을 때, 그가 느끼는 막막함을 감히 어떤 말로 표현할 수 있을까. 끝까지 파고들어 스스로 이해하고 해결하는 능력은 비단 수능과 입시만을 위한 해결책이 아니다. 기꺼이 비효율과 그에 따른 수많은 시행착오를 감당하기 시작할 때, 이후의 삶은 이전과는 전혀 다른 모습을 보일 것이다.

우리는 아이들에게 공부를 통해 성공해야 한다고 강요하는 게 아니다. 공부를 통해 성공이라는 목표를 스스로 설계하는 힘을 길러주고 싶은 것이다. 학창 시절에 공부를 제대로 해본 사람은 결국 어떤 길을 가든 더 오래 버티고 더 크게 성장한다. 자기주도성, 메타인지 능력, 논리적·비판적 사고, 실전 대비력, 실행력, 계획 및 전략 등 인생을 살아가며 어떤 과제를 수행하든 반드시 필요한 역량들이 있다. 이 모든 것을 훈련할 수 있는 가장 손쉽고 효과적인 방법은 바로 비효율적이고 미련하게 하는 공부다. 완성형(만렙형) 인간은 그렇게 탄생한다.

SKY 아니면 안 된다?
계층에서 최고가 되는
삶이 '찐'이다

대입에 직접적으로 점수가 반영되는 고등학교 내신 시험 기간이 되면 많은 학생들이 긴장된 모습을 보이곤 한다. 과도한 스트레스로 인해 복통을 호소하는 아이, 첫날 시험을 망쳤다며 서럽게 우는 아이, 급기야 이제 겨우 고1 1학기일 뿐인데 1등급을 못 받을 것 같으니 자퇴를 하겠다며 사라지는 아이 등 모습도 천차만별이다.

이렇듯 시험 기간마다 다른 아이들에 비해 유독 긴장감이 높은 아이들에게는 한 가지 공통된 특징이 있다. 이 아이들은 "저 이번에 꼭 1등급 받아야 돼요" "저 무조건 OO대(명문대) 경영 가야 돼요"와 같이 '반드시 ~해야 한다'라는 말을 반복적으로 사용한다. 학부모 상담을 할 때도 마찬가지다. 경험상 "우리 애 1등급 만들어주세요" "우리 아이는 무조건 의대 아니면 안 보낼 겁니다" 등의 말을 자주 사용하는 학부모들은 높은 확률로 안 좋은 입시 결과를 받아들곤 하였다.

사교육 업계에 들어온 지 얼마 안 되었을 무렵까지 이러한 '무조건 ~해야 한다'는 표현이 스스로 목표 의식을 고취시키고 동기를 유발할 수 있는 원동력이 된다고 생각했다. 하지만 지금은 아니다. '반드시 해야 한다' '무조건 돼야 한다'는 생각으로 인해 '되고 싶은 나'와 '현재의 나' 사이의 갭을 쉽사리 받아들이지 못하고 고통스러워하는 아이들을 너무도 많이 봐왔기 때문이다.

지난 시험에서 상위 15%의 성적을 받아 아쉽게 (5등급제 기준) 2등급이 된 학생이라면, 상위 10% 이내의 성적에 들어 1등급을 받아보겠다는 목표 설정이 과도하지는 않다. 그러나 현재의 내 위치는 고려하지 않은 채 과도하게 높은 '무조건 1등급'이라는 목표를 설정하고, 지금의 나 자신을 실패자처럼 여기는 자기비하형 동기 부여 방식은 위험하다.

달성하기 힘든 목표를 설정하여 반복적으로 실패하는 경험을 하면 아이는 자기 자신을 더욱 불신하게 되고, 그러한 노력이 누적될수록 정신적 피로를 호소하게 된다. 사소하고 작은 성취들을 무시한 결과는 곧 무기력으로 이어진다. 무언가를 달성해야만 한다는 당위적 사고로 자신을 채찍질하다 결국 우울증 약을 복용하고 정신과 상담을 받으러 다니는 학생들이 의외로 많다.

무리한 목표를 세운 초반에는 약속도 잘 지키고 오랜 시간 공부하며 학습 성과도 좋은, 완전히 다른 사람이 된 것처럼 행동하다가 일정 기간이 지나고 갑작스럽게 연락이 되지 않거나 결석이 잦아지는 학생들도 상당수다. 그들과의 대화를 통해 알 수 있는 건 놀라울 정도로 비슷한 생각을 갖고 있다는 것이다.

"저는 원래 이래요."

"저는 해도 안 될 거예요."

"어차피 지금 노력해도 결국 실패할 것 같아서 포기할래요."

목표를 조금만 낮추면 된다는 조언이나, 누구나 실패하고 다시 도전한다는 조언은 고집스럽게 받아들이지 않는다. 그들의 목표는 늘 높았고 현재와의 갭 사이에서 고통스러워했다. 그들은 마치 포기할 명분을 찾기 위해 높은 목표를 향한 도전을 반복하는 것만 같았다. '반드시 해야 한다'는 당위적 사고는 때때로 동기와 열정을 불러 일으키기도 하지만, 그 목표와 기대치가 합리적일 때만 효과를 발휘한다.

더욱 위험한 건 그 높은 목표라는 것도 아이들 스스로가 원했던 게 아닌, 외부의 평가나 부모, 선생님 등 타인의 기준에 의한 것이라는 점이다. '무조건 1등급이어야 한다' '의대가 아니면 안 된다'라는 타인의 기준은 '너의 편안하고 안전한 미래를 위해서'라는 선의에 기반하고 있기 때문에 자칫 정당한 요구처럼 보일 수 있다.

하지만 그 기준은 명백한 개인(부모 혹은 선생님)적 잣대에 불과하다. 어른들의 불안과 두려움이 고스란히 반영된 왜곡된 잣대 말이다. 아이가 어릴 땐 어른들의 기준을 맹목적으로 수용하고 내면화하는 것이 가능하다. 그러나 청소년기를 거치며 '진짜 내 모습'과 '내가 추구하는 모습' 사이에서 큰 정체성의 혼란을 느끼고 이제는 자신의 인생을 살고 싶다는 강한 충동을 느끼게 된다.

어릴 때부터 공부를 잘해서 늘 기대와 칭찬을 받던 아이는 점차 자라며 '나는 결과가 좋을 때만 어른들로부터 인정을 받는다'는 사실을 자연스레 깨닫게 된다. 학교나 학원 등지에서 매번 크고 작은 테스트를 거칠 때마다 단 한 번의 실패도 없이 늘 최상의 결과를 유지하기란 거의 불가능에 가깝다. 그때마다 아이는 어른들의 사소한 반응 하나까지 모두 기억하고, 결국 '나는 성적이 좋을 때만 가치가 있다'는 결론에 도달하게 될 것이다. 이는 곧 '성공하지 못하면 무가치하다'라는 인식으로 연결된다. 그로 인해 아이는 실패에 대한 두려움을 주체할 수 없는 나머지 공부를 포기하거나 회피하는 행동을 보이게 된다.

실제로 현장에서 우리는 너무 어린 나이부터 이러한 목표와 기준을 강요받은 아이들을 수없이 만나왔다. 자의로 공부를 포기한 상태에서 우리와 만나게 된 이 아이들은 왜 갑자기 공부를 그만뒀냐는 질문에 '공부할 이유가 없어졌기 때문'이라고 답하곤 했다. 그동안 시키는 대로 열심히 공부를 해왔던 시간이 아깝다, 열심히 해도 만족시킬 수 없는 부모의 기대가 버겁다고 말하는 경우도 종종 있었다.

자신이 정말 원하는 것이 무엇인지 모르는 상태의 아이들은 어릴 때부터 성취해온 성공 경험이 아무리 많다 한들 청소년기의 어느 시점에 이르렀을 때 더 이상 어른들의 칭찬과 인정이 기쁘지 않은 순간을 맞이하게 된다. '이번 시험 몇 점 받았어?'와 같은 끊임없는 성과주의, 비교 중심의 평가 구조는 똑똑하고 예민한 아이들로 하여금 '성적'이 그들의 정체성의 전부로 인식되도록 만든다.

따라서 성적, 결과 중심의 언어보다 노력하는 과정과 그것을 통해 배운 것들의 의미를 성찰해보는 과정 중심의 언어를 일상에서 자주 사용하는 것이 무척 중요하다. 자녀가 오랫동안 안정적으로 공부하는 모습을 보고 싶다면 성취나 행복의 기준을 어른들의 기대치에 맞춰 일방적으로 강요해서는 안 된다. 단순히 '1등급'이라는 압박에서 벗어나, '어떤 사람이 되고 싶은가'라는 질문을 필두로 아이와 함께 탐색하고 고민하며 그것이 자연스럽게 공부와 연결될 수 있도록 독려하고 기다려주는 자세가 반드시 필요하다.

점수보다 중요한 상대 평가 이해하기

중학교의 성취 평가 제도는 학업 성취 수준을 절대 평가 방식으로 평가하는 제도인 데 반해, 대부분의 고등학교 교과목은 상대 평가 방식으로 평가된다. 중학교에서는 다른 학생들과의 비교가 아닌, 교육 과정 기준에 따라 '얼마나 도달했는가'를 평가하는 게 핵심이기 때문에 특정한 기준에 도달하면 몇 명의 학생이든 모두 A등급을 받을 수 있다. 90점 이상은 A, 80점 이상 90점 미만은 B, 70점 이상 80점 미만은 C, 60점 이상 70점 미만은 D, 60점 미만은 모두 E 등급으로 분류되는 것이 중학교의 절대 평가 방식이다.

하지만 고등학교에서는 해당 과목 내의 학생의 석차 백분위에 따라서 성취도 등급을 부여하기 때문에 '내가 얼마나 잘했는가'가 아닌, '다른 학생들보다 얼마나 잘했는가'가 중요해진다. 이것이 상대 평가의 개념이다. 이러한 상대 평가에 대한 이해가 부족한 경우, 중학교 때 올 A등급을 받던 내 아이가 고1이 되어 (9등급 기준) 4등급의 성적을 받아왔다며 가족 간 불화가 일어나기도 한다. 점수가 아닌 석차로 비교를 해본다면 고1이 된 아이의 석차가 중학교 때와 비교해 그다지 떨어지지 않았거나 비슷한 수준임을 알 수 있지만, 상대 평가에 대한 이해 부족으로 인해 많은 학부모들이 낙담하게 되는 것이다.

간혹 중학교 때와 비교해 고1 석차가 크게 떨어지는 아이들도 있긴 하다. 그런 아이들은 중학교 상위권이 될 정도의 공부 실력만 있는, 고등학교 분량과 시험 범위를 다 공부해낼 학습 능력이 없는 친구들이다. 고등학교에선 더 이상 벼락치기가 통하지 않기 때문이다. 그러나 이런 아이들은 극소수이고, 나머지는 중학교 때와 고1 석차에 큰 변화가 없는 경우가 대부분이다. 물론 고교 진학 후 성적이 떨어진 것이 아니라 중학교 때와 비슷한 수준이라고 팩트를 이야기해본들, 나의 현재 위치가 적나라하게 드러나는 순간이 아프지 않은 것은 아닐 것이다.

문제는 "나는 절대 이 점수를 받으면 안 돼"라는 당위적 사고가 학생들과 학부모들에게 상대 평가에 대한 이해를 어렵게 한다는 것이다. 고등학교의 상대 평가를 이해하지 못해 일어나는 부모와 자녀의 갈등은 생각보다 훨씬 심각하다.

상대 평가 제도에서는 평가 기준이 유연하게 움직이기 때문에 상대적인 위치를 예측하기가 더욱 불확실해진다. 시험의 난이도에 따라 아이의 점수가 70점이 되기도, 50점이 되기도 하며 70점을 받았지만 시험이 어려워 친구들이 대부분 60점대라면 상위권이 되기도 한다. 때문에 단순히 자녀가 받아오는 시험 점수만으로 평가하는 것은 매우 위험하다.

나에게 시험이 어려웠으면 다른 학생들에게도 똑같이 어렵다. 난이도가 높아 모든 학생의 점수가 하락한 시험이었다 하더라도 그 속에서 전교 1등부터 전교 200등까지의 석차는 나뉠 것이기에 어떤 측면에서는 상대 평가 제도가 공정할 수 있다는 것을 이해해야 한다. 이 부분을 이해하지 못하면 우리 학교 시험이 다른 학교보다 어렵다는 이유로 대입에서 내신이 불리하다는 오해를 하게 된다.

다시 한번 말하지만 나에게 어려운 시험은 우리 학교에 있는 200여 명의 다른 친구들에게도 똑같이 어렵다. 그 어려운 문제를 누군가는 맞히기도 할 텐데, 이는 몇몇 상위권들끼리의 변별을 위해 출제한 문제이기 때문에 다른 아이들의 경우 상대 평가에 영향이 없다. 내신 성적은 타학교와 경쟁하는 것이 아니다. 동일한 시험을 치르는 개별 학교 내의 상위 누적 퍼센트로 등급이 결정되는 것이기 때문에 학교별 시험의 난이도 때문에 대입이 불리하다는 생각은 하지 않는 게 좋다.

현실적이고 객관적인 평가를 위해서는 '중학교 올 A, 90점 이상을 받고 있다'는 데서 안도해서도 안 되고, '1등급이 아니면 안 된다'

는 무조건적인 당위적 사고도 경계해야 한다. 가장 중요한 건, 언제든 다른 아이들과 비교했을 때 상대적인 나의 위치를 가늠하고 있어야 한다는 사실이다. 중학교 올 A라고 해서 우리 아이가 상위권이라고 인식하기보다 자녀의 상대적인 위치(석차)가 어느 정도인가를 파악하고 지난 번보다 얼마나 '성장'했는지를 항상 염두에 둬야 한다는 뜻이다.

어릴 때부터 자녀의 학업 성취를 상대적으로 판단하는 연습을 하면 고등학생이 되어 갑자기 4등급의 성적을 받아온다고 해도 특별히 충격을 받거나 갈등이 생기는 일은 없을 것이다. 상대적인 관점으로 아이의 학습 상황을 관찰하는 습관은 중학교 성취 평가 제도를 이해하는 데도 큰 도움이 된다.

'공부를 했으면 적어도 90점 이상은 나와야지'라고 막연히 생각하는 학부모들이 매우 많은데, 교사가 난이도 조절에 실패한 경우 공부를 특별히 더 열심히 해도 당연히 점수가 떨어질 수 있다. 그때 지난번보다 점수가 낮다는 이유로 아이에게 잘못된 평가를 내릴 수 있으니, 항상 상대적으로 판단하는 습관을 지녀야 한다.

상대 평가는 내가 특별히 더 노력했다고 해서 그에 상응하는 성취를 가져다주는 제도가 아니다. 우연히 나보다 더 노력한 친구들이 많다면 나의 노력과는 상관없이 실패를 맛볼 수밖에 없고, 나보다 더 노력한 친구들이 없다면 성공할 수 있는 제도라는 것을 이해해야 한다.

예측을 벗어난 결과를 받아들이지 않거나 타인과 나를 비교하려

할 때 삶은 끊임없이 고통스러워진다. 그렇다면 우리가 지금부터 해야 할 일은 명확하다. 예측 불가능한 요인에 따라 달라지는 성공과 실패라는 결과를 입시와 인생의 기준으로 두지 않는 것이다.

경쟁 사회라는 외적인 환경을 개인의 힘으로 바꾸긴 어렵지만, 그것을 받아들이고 해석하는 방식을 보다 건강하게 바꾸는 건 얼마든지 가능하다. 상대 평가를 제대로 이해하고 나의 현재 위치를 받아들이는 것에서부터 출발한다면 모두가 똑같은 1등급, 혹은 명문대를 목표로 달려갈 필요가 없다. '성공'보다 '성장'에 기준을 둔 평가를 습관화해야 하는 이유다.

스트레텀으로 다시 쓰는
성장의 공식 -
각자에 맞는 목표와 전략을 세워라

'스트레텀Stratum'이란 단어는 '층, 지층, 단층' 혹은 '계층'이라는 뜻을 가지고 있다. 우리가 보통 '위계' '계층구조'라는 뜻으로 사용하는 단어는 '하이어라키Hierarchy'로, 스트레텀과 하이어라키는 언뜻 '계층'을 뜻하는 동의어처럼 보이지만 서로 조금 다른 의미와 맥락을 가지고 있다.

하이어라키는 회사나 군대 등의 위계구조처럼 상하 관계가 명확하고 위에서 아래로 권위나 통제가 있는 맥락에서 쓰는 용어다. 스트레텀은 경제적 혹은 교육적 배경에 따라 나뉘는 사회적 계층이나 지층의 층처럼 수평적인 층을 나타낼 때 주로 사용하며, 여러 층이 수평적으로 존재할 수 있고 각 층은 독립성을 유지한다는 개념이다.

우리는 제자들에게 9등급제 혹은 5등급제라고 부르는 상대 평가에서의 각 등급을 하나의 독립된 층, 즉 스트레텀으로 이해하도록 가르친다. 등급은 단지 내가 속한 집단일 뿐, 1등급 보다 아래에 있는 등급이라고 해서 그들보다 뒤처져 있고 그들보다 열등하다고 생각하지 않도록 가르치는 것이다.

스트레텀이란 개념을 활용할 때 가장 중요한 것은 위계가 없다는 것이다. 1등급 학생들이 나보다 더 뛰어나다고 여기는 것은 하이어라키의 개념에 더 가깝다. 물론 같은 수학 시험에서 1등급을 받은 학생은 4등급을 받은 학생보다 객관적인 수학 실력이 더 좋은 것이 사실이다. 하지만 현실에서 4등급인 내가 1등급과 수학 실력을 비교하고 1등급이 다니는 학원을 따라가며 그 친구가 공부하는 교재로 공부하는 것은 전혀 도움이 되지 않는다. 4등급에서 3등급이 되기 위한 공부 방법과 2등급에서 1등급이 되기 위한 공부 방법은 엄연히 다르다.

그럼에도 불구하고 여러 등급의 아이들이 1등급의 공부 방식만을 따라 하다 안타까운 결과를 맞이하는 상황을 그동안 너무 많이 지켜봐왔다. 가장 중요한 것은 현재 내가 속한 수평적인 층, 즉 내가 속한 스트레텀 안에서 최고가 되는 것이다. '1등급=성공'이라는 공식에서 벗어나 학생들에게 각자의 위치에 맞는 다양한 성공의 기준을 허용할 수 있다면, 공부는 도전해볼 만한 가치가 있는 게임이 된다. 그리고 그 다양한 성공의 기준이란 곧 '성장'을 의미한다.

학생들을 지도할 때 스트레텀이라는 개념을 도입한 이유는 다른 계층에 속한 아이와 자신을 비교함으로써 얻게 되는 무능감이 성장에 전혀 도움이 되지 않기 때문이다. 우리는 현장에서 '지금 내가 속한 계층에서 노력하여 그곳에서 최고가 되는 것'을 목표로 해야 한다고 아이들에게 가르친다. 내가 현재 (9등급제 기준) 상위 40%의 성적으로 4등급에 속해 있다면, 노력과 성장을 거듭해 4등급 안에서 최고(상위 23%)가 되는 것을 목표로 하는 게 먼저다. 상위 2% 1등급의 계층에 속한 친구와 자신을 비교하는 건 당장에 아무런 도움이 되지 않는다.

그리고 아이가 자신의 등급, 스트레텀 안에서 마음껏 성장할 수 있도록 도와주는 것이 바로 어른들의 역할이다. 4등급의 성적에 만족하고 안주하라는 뜻이 결코 아니다. 순서와 기준, 목표와 전략이 잘못되었다는 것이다. 내가 누구와 경쟁하고 있는가에 대해 제대로 정의가 내려져야 자신에게 맞는 목표와 전략을 수립할 수 있다. 같은 스트레텀 안에선 나보다 더 특별한 사람이 없고 나보다 더 열등한 사람도 없다. 즉, 내 노력으로 따라잡지 못할 사람이 없기 때문에 그 속에서 최선을 다해 최고가 되는 것을 목표로 하는 마음가짐이 중요하다.

4등급에서 최고가 된 후 이제 3등급이라는 다른 스트레텀으로 갈 준비가 되었다면, 그때부턴 새로운 전략과 기준에 따라 또 다른 도전이 시작된다. 이렇듯 '성장'이 기준이 된 삶은 유의미하고 지속 가능한 이벤트들이 넘쳐난다. 이런 차이를 이해하지 못한 채, 지난 시험에서 4등급이었는데 이번 시험에서도 4등급을 받았다며 자녀의 노력을 아무것도 아닌 것으로 폄하해서는 안 된다.

스트레텀이라는 개념을 아이들 교육에 적용하면 경쟁 사회에서 상대 평가를 통해 서열화하는 구조를 부정하지 않으면서도 그로 인한 학생들의 스트레스를 크게 줄여줄 수 있다. '1등급이 아니면 의미

없다'는 식의 흑백 논리나 패배주의적 사고에서 벗어날 수 있고 과거의 나와 현재의 나를 비교하는 성장 중심의 사고로 합리적인 목표를 설정할 수 있다. 남의 시선이나 기대가 아니라 스스로 세운 기준 안에서 살아가고 있다는 감각을 가질 수도 있다. 각자에게 맞는 서로 다른 목표, 다른 기준, 다른 전략이 필요하다.

스트레텀이라는 개념은 고교 선택에 있어서도 활용도가 높다. 수학과 과학만 90점을 받는 아이들이 과학고를 가겠다는 경우가 종종 있다. 그러나 과학고라는 스트레텀, 진학의 기준은 단순히 수학, 과학 과목의 점수가 아닌 일종의 천재성, 재능이어야 하므로 운 좋게 합격한다 하더라도 아이는 자신과 맞지 않는 스트레텀에 속하게 된다. 그때부터 공부가 고통스러워지게 되는 것이다.

외고나 국제고 역시 외국어에 재능이 있고 언어적 감각이 뛰어나면서 전 과목도 고루 잘하는 아이들의 스트레텀으로 분류되는 곳이지만, 영어 성적만 뛰어난 아이가 무턱대고 진학을 준비하는 경우도 많다. 아이는 곧 자신이 예측하지 못했던, 해낼 수 없을 것 같은 압도적인 난이도와 학습량을 만나게 될 것이고 노력해도 안 될 것 같다는 무력감에 빠지게 된다. 그저 영어 점수가 좋아서 외고에 진학했을 뿐인데, 첫 시험에서 6등급의 성적을 받은 아이는 1등급 친구를 보며 '나는 나대로 분명 최선을 다했는데 결과는 왜 이렇게 다를까?'라는 자책과 허탈감을 느끼게 될 것이다.

자신과 맞지 않는 스트레텀 속에서 아이는 결국 자존감이 무너지고 노력 자체가 무의미하다는 결론에 이르게 된다. 이렇게 어울리지 않는 고교 스트레텀에 진학해서 결국 적응에 실패하고 자퇴하거나 전학한 학생들이 생각보다 매우 많은 것이 현실이다.

부모가 자녀의 현재 상태를 이해하지 못하면 어떤 조언도 아이의 마음에 가 닿지 않는다. 그러므로 아이를 바꾸기 전에 부모가 먼저 바뀌어야 한다. 부모의 희망과 기대를 앞세우기보다 지금 내 아이가 처한 현실을 직시하고 진심으로 이해하려는 태도가 중요한 것이다. 영어는 80점이지만 4등급으로 이전보다 등급이 떨어졌고 수학은 60점이지만 3등급으로 이전보다 등급이 올랐는데, 단지 점수만 보고 영어 학원은 그대로, 수학 학원은 바꿔버린 학부모가 있었다. 고등학생에게는 평균 점수가 의미 없다는 것과 수학 60점이 영어 80점보다 더 잘한 결과라는 것을 설명했지만 상대 평가와 스트레텀을 이해하지 못한 그 학부모는 아이를 새로운 수학 학원에 밀어넣었다.

"60점이 왜 더 잘했다는 거죠? 1등급까지 올리려면 지금은 수학에 더 집중해야 할 때인 것 같아요."

아이는 자신의 학습 상태와 수준을 잘 파악해주고 안정감 있게 공부할 수 있었던 수학 학원을 강제로 떠나게 되었고, 새로운 학원에 적응하지 못한 채 다음 시험에서 수학 5등급을 받게 되었다. 고등 내신 시험은 점수보다 상대적인 위치를 평가하는 시험이다. 평균 점수에 집착하는 건 아이의 현재 위치를 혼동하여 입시를 잘못된 전략으로 이끄는 위험천만한 행동이다. 스트레텀은 아이의 절대 능력을 의미하는 것이 아니다. 지금 이 시기에 아이가 학습적으로 편안하게 성장할 수 있는 환경을 뜻하는 것이다. 예를 들어, 내 아이의 현재 수학 점수가 중하위권이라면 기본 개념 위주의 문제들로만 구성된 수학 교재를 선택하도록 돕는다. 1~2등급 아이들이 풀고 있는 교재를 함께 풀게 하는 건 안 하느니만 못한 결과를 초래한다. 지금 내 아이에게 만점은 100점이 아닌 70점이라고 생각해야 한다. 지금 수준에서 너무 어려운 문제는 손대지 않도록 지도하고 안전하게 4등급을 받을 수 있는 수준까지 성장하는 것을 도와야 하는 것이다.

그러기 위해선, 다른 아이들이 모두 손놓고 놀고 있지 않은 이상 내 아이가 노력했다고 해서 성적이 원하는 만큼 나온다는 보장이 없다는 관점으로 아이의 결과물을 이해해야 하고, 점수만으로 아이의 노력을 폄하하는 행동을 삼가야 한다. 점수만으로 판단하다 보면 아이가 제대로 성장하고 있음에도 결과가 눈에 보이지 않는다는 이유로 방향을 잘못 잡게 된다.

경쟁 사회에서는 모두가 1등이 될 수는 없다. 하지만 각자의 스트레텀에서 최고가 되는 것은 가능하다. 결국 중요한 건 내 아이가 어떤 위치에서 시작했는지, 어떤 속도로 성장하고 있는지를 이해하는 것이다. 아이가 자신의 계층 안에서 최선을 다할 수 있도록 현재의 스트레텀을 인정하고 격려하며 지원할 수 있는 부모의 용기가 매우 중요하다.

스트레텀에서
최고가 되는 법

오랫동안 현장의 학부모들에게 이 메시지를 제대로 전달하기 위해 고군분투하고 있지만, 여전히 많은 학부모들이 아이의 노력을 당장의 성적(결과)으로만 연결지으려 한다. 노력과 성적은 선형 관계가 아닌 누적 성과형(비선형) 관계다. 일정한 시간과 방법이 충분히 쌓여야만 성적이 '튀어 오르는 시기'가 온다. 그전까지는 '무성장의 성장' 구간을 견디는 것이 중요하다.

뚜렷한 지표로 확인되는 바는 없지만 분명히 아이가 성장하고 있는, 그 고요하게 끓어오르는 구간을 우리는 '무성장의 성장' 구간이라고 표현한다. '무성장의 성장' 구간을 지날 때 지표가 없어 막막하다면 방법은 하나다. 현재의 나와 과거의 나, 오늘의 나와 어제의 나를 비교하는 것이다. 아이가 과거에 보여줬던 모습과 현재의 모습을 세심하게 비교하고 관찰해보는 것이다. 어제 몰랐던 것을 오늘 확실히 학습했는지, 아이의 작은 성취들을 예민하고 차분하게 관찰하다 보면 분명 어느 순간 폭발적인 성장의 구간을 만나게 된다.

나의 스트레텀 안에 존재하는 확실한 경쟁 상대는 오직 '과거의 나'여야만 한다. 불확실하고 예측불가능한 타인은 나의 경쟁 상대가 될 수 없다. '결과'가 아닌 '성장'의 관점으로 아이를 이해하기 위해선 노력이 가진 가치를 인정하는 것부터가 시작이다. 그리고 이를 위해 모든 정서적, 학습적 지원을 아끼지 않는 것이 부모의 마땅한 도리다.

노력의 가치를 인정하는 자세는 학부모뿐 아니라 학생들에게도 해당된다. 현장에서 만난 많은 학생들이 낮은 삶의 기준에 안주하고 자신보다 못하는 친구들을 보며 안도하곤 한다. "이 정도면 괜찮지 않나요?"라고 되묻기도 하고 "이 정도면 못하는 건 아니지 않나요?"라며 당당하기도 하다.

개인이 추구하는 삶의 기준과 목표는 모두 다르고 타인이 그 기준에 대해 함부로 왈가왈부할 순 없는 노릇이지만, 아이들이 크게 간과하고 있는 사실이 있다. 그들이 생각하는 평범하게, 혹은 적당히 잘 사는 삶을 살기 위해선 삶의 기준과 태도를 지금보다 훨씬 더 끌어올려야 한다는 것이다.

인생의 풍파를 겪어본 어른들이라면 이미 다 알고 있겠지만, 적당히 잘 사는 삶, 평범한 삶이 얼마나 도달하기 어려운 목표인지 지금의 아이들은 짐작조차 할 수 없다. 모르면 용감해진다는 말처럼, 얼마나 어려운 일인지 모르기 때문에 아이들은 지금 나보다 성적이 낮은 친구들을 보며 안도하고 적당히 안주하는 삶의 태도를 보이고 있는 것이다.

문제는 성적이 아니라 그 성적을 받아들이는 태도다. 노력으로 4등급을 달성한 아이들이 아닌, 계속 4등급에 머무르는 아이들이 있다. 4등급은 상위권도 하위권도 아닌 모호한 구간이다. 9등급제 기준 상위 23%에서 40% 사이, 중상위에 해당하지만 실제로는 위로 치고 올라가기 가장 어려운 구간이기도 하다. 하위권에서 중위권으로 가는 것은 기초 개념 학습과 습관 개선으로도 충분히 가능한 반면, 중상위권에서 상위 10% 이내로 진입하려면 학습의 깊이와 태도 전반의 거대한 전환이 필요하기 때문이다.

계속 이 구간에 머무는 학생들이 가지고 있는 공통적인 착각이 있다. 실제로 상담을 해보면 '이 정도면 괜찮지 않나?'라고 생각하며 스스로 현실을 위협받지 않는 안전지대에 있다고 느낀다. 위로도 잘하는 학생들이 많지만, 체감상 내 아래에 더 많은 아이들이 있다는 사실이 오히려 근거 없는 자신감을 만든다.

꼭대기는 아니지만 그렇다고 바닥도 아니라는 그 애매함 속에서 변화는 정체되고 성장은 멈춘다. 어떤 아이들은 1등급을 받고도 운다. 이미 충분히 잘하고 있지만 아직 도달하지 못한 자신만의 기준이 마음속에 살아 있기 때문이다. 그들은 자신의 모자람에 치를 떨며 눈물을 털어내고 다시 책상 앞에 앉는다.

진짜 차이는 이 지점에서 발생한다. 자신의 모자람 앞에서 아무렇지 않은 사람, 더 잘하고 싶은 마음에서 우러나오는 분노가 없는 사람은 결코 앞으로 나아갈 수 없다. 많은 4등급 아이들의 삶이 정체되는 이유는 실력이 부족해서가 아니다. 지금 이 정도면 괜찮다고 믿는, 노력의 가치를 인정하지 않는 태도 때문이다.

많은 사람들이 학벌, 등급, 숫자가 앞으로의 인생을 안정적으로 대변해줄 것이라고 착각한다. 학벌과 등급, 성적도 분명 우리 삶의 일부이기 때문에 전혀 틀린 말이라고 생각하진 않는다. 하지만 그것들이 삶의 본질을 결정짓는 기준은 될 수 없다. 본질은 결코 숫자로 가려지지 않으며 얼마 못 가 드러나게 되어 있다. 결국 '얼마나 성실하게 자기 기준을 지켜왔는가' '어떤 태도로 삶에 임하고 있는가' '자기 삶에 얼마나 몰입하고 있는가'라는 한 사람의 본질이 세상에 드러났을 때, 사람들은 이에 대한 값어치를 냉정하고 가혹하게 평가한다.

자본주의 시장에서 살아남기 위한 방법은 단순하다. 나를 소비하는 사람들에게 '기대 이상의 경험'을 주는 것이다. 줄서는 맛집, 유명한 일타 강사, 유명 연예인 등 분야를 막론한 이들의 공통점은 모두 같은 값이어도 기대치를 훨씬 넘어서는 존재들이란 사실이다.

기대치를 넘어서는 경험을 선사하는 사람들에겐 소비가 집중된다. 그리고 기대 이상의 결과를 주는 사람들은 대체 불가의 존재가 되며 마지막까지 시장에서 살아남는다. 비슷한 능력치를 지닌 사람들, 비슷한 상품들이 넘쳐나는 치열한 자본주의 시장 속에서 나에게 소비가 집중되도록 만드는 건 결국 '어디에 속해 있는가'가 아니라 '어떤 자세로 살아가고 있는가'의 문제로 귀결된다.

노력과 실력으로 증명되는 최선을 다하는 삶은 곧 나의 경쟁력이자 최고의 무기가 된다. 이러한 감각은 성인이 되어 어느 날 갑자기 생기지 않는다. 학생 때부터 할 수 있는 모든 걸 쏟아부은 경험을 해본 사람만이 이 놀라운 가치를 스스로 만들어낼 수 있다.

입시는 중요하다. 그러나 입시는 목적지가 아닌 하나의 과정이자 삶의 태도를 훈련하는 기회다. 입시 과정에서 자신이 할 수 있는 걸 끝까지 해내고 스스로의 기준을 지키며 하루하루 버텨냈다면, 이때의 경험은 당장의 점수보다 훨씬 더 큰 자산이 되어 삶 전체에 영향을 미친다.

어떤 학생은 공부를 '직장인'처럼 하고 또 어떤 학생은 '직업인'처럼 공부한다. '직장인'처럼 공부하는 학생은 말 그대로 출근하듯 학교와 학원에 온다. 공부는 누가 시켜서 하는 일이고 항상 공부가 언제 끝날지, 퇴근 시간처럼 기다린다. 시험은 하나의 업무처럼 지나가는 것일 뿐이고 그 과정에서 가능한 한 적은 에너지를 쓰려고 한다. 공부는 외부에서 주어진 과업이지, 자신의 삶과 연결된 일은 아니기 때문이다.

어떤 학생은 공부를 '직업'처럼 대한다. 공부는 단순히 시험을 치기 위한 준비나 시켜서 하는 일이 아니다. 삶의 일부이고 미래를 설계하는 도구이며 지금 이 순간 나를 완성해가는 과정이다. 그 아이는 무엇을 배우든 그 안에서 의미를 찾고 자신만의 기준을 세운다. 공부를 하나의 업業이라는 관점으로 보고 최고의 성과물을 만들어 내기 위해 최선의 노력을 다한다. 이러한 아이들은 어떠한 등급 스트레텀 안에 있든, 어떠한 직업 스트레텀 안에 있든 그 안에서 최고의 가치를 창출해내는 사람이 된다.

스스로의 삶의 기준을 끌어올리지 못하고 늘 타인과의 비교 속에서만 존재하는 사람은 자신의 스트레텀 안에서 최고가 될 수 없다. 중요한 건 대학도 등급도 아닌 삶을 대하는 태도다. 세상은 누구나 최고가 될 수 있는 길을 열어둔다. 다만 그 기준을 어디에 두느냐는 스스로의 선택이다. 진짜 성공은 명문대도, 대기업도 아니다. 자신이 선택한 자리에서 최선의 태도로 최고의 결과를 내기 위해 몰입하는 인생이야말로 진짜 성공이라고 생각한다.

실패할 자유, 좌절할 권리

아이들의 발달 속도는 저마다 다르다. 하지만 안타깝게도 국가가 제공하는 현실 교육 시스템은 모든 아이들에게 동일한 속도를 강요한다. 빠른 학습자와 느린 학습자가 같은 교실에서 같은 시험을 치르고, 같은 평가 기준으로 줄 세워진다. 이 과정에서 부모들은 "우리 아이가 뒤처지면 어쩌지?" "실패하면 어쩌지?"라는 불안감을 느낀다. 그리고 이러한 부모의 불안은 종종 아이의 실패를 막으려는 집착으로 변해버리곤 한다.

초등 저학년까지는 귀엽다고 웃어주던 실패가 본격적인 시험과 경쟁이 시작되는 중등 이후부턴 허용되지 않는다. 시험 점수가 조금 낮게 나왔다고 해서 인생이 끝나는 것이 아니지만, 부모들은 그 작은 실패조차 허용하지 않는다. 아이가 스스로 부딪치고 극복할 기회를 기다려주지 않는 것이다. 공부의 본질과 의미는 전혀 모른 채, 오로지 시험과 경쟁에서 살아남는 기술만을 가르쳐줄 전문가를 찾아 헤맨다. 그 결과 아이는 스스로 어려움을 견디고 이겨낸 경험을 송두리째 잃어버린다.

유·초등, 혹은 중등 시기의 아이들은 시험에서 몇 문항을 더 틀려도 크게 문제되지 않고, 친구와 갈등이 생겨도 금세 회복할 수 있으며, 선생님으로부터 지적을 받아도 다시 도전할 기회가 충분히 주어진다. 그러나 고등학교를 지나 대학 입시, 취업, 사회생활에 이르면 그때부터 아이는 스스로 버텨내야 한다. 이 중요한 시기에 필요한 힘은 어린 시절부터 실패와 좌절을 겪고 스스로 회복해본 경험에서 길러진다. 우리는 그것을 회복 탄력성resilience이라고 부른다.

아이의 인생 전체를 놓고 보았을 때 '실패할 자유'는 매우 중요한 권리

중 하나다. 어린 시절 부모가 지켜줄 수 있는 환경 속에서 겪은 작은 실패와 좌절의 경험들은 아이를 단단하게 만든다. 그 실패들 속에서 아이는 '내가 이것 때문에 실패했구나'라고 생각하며 과정을 돌아보게 된다. '다음엔 이렇게 해봐야겠다'라는 생각을 통해 연습과 시뮬레이션을 하기도 하고 마침내 성공을 맛보기도 한다.

항상 성공하리란 보장은 없다. 실전에서 다시금 무너지거나 실패할 수도 있다. 그러나 아이는 결국 깨닫게 된다. 실패가 별것 아니라는 사실, 그리고 오래 준비하면 나도 할 수 있다는 깨달음을 얻게 되는 것이다. 그 과정에서 느낀 기쁨과 성취감은 아이의 인생을 오래도록 지탱하는 든든한 양분이 된다. 실패 없이는 성장도 없다.

01

실패를 막기 위한 부모의 과도한 개입은 아이의 성장을 방해한다

아이의 실패 경험을 막는 부모의 개입은 과거에도 존재했지만 지금은 훨씬 더 강하고 직접적인 형태로 나타난다. 예전에는 가정 내에서 단순히 자녀를 훈계하거나 지도하는 수준에 그쳤다면, 지금은 아이의 학원 세팅부터 숙제 등 일거수일투족을 세세히 관리하고 교사에게 직접 항의하기도 하며 심지어 법적 대응까지 서슴지 않는 부모들이 생겨난 것이다.

부모의 개입은 비단 학습적인 부분에만 그치는 것이 아니다. 사회적 관계에서도 부모는 아이의 실패를 허용하지 않는다. 친구와 다퉈도 어른인 부모가 개입하고, 교사와 갈등이 생기면 부모의 즉각적인 압박이 시작된다. 우리는 그런 부모들을 '자식 대신 칼춤을 추는 부모'라고 표현한다.

정작 그들은 자신이 칼춤을 추고 있다는 사실조차 모른다. 오히려 그것을 헌신이라 착각한다. 아이가 기분이 상했다는 이유로 '당신이 무슨 권리로 그딴 말을 하느냐?' '어떻게 우리 아이에게 그런 말을 할 수 있느냐?'며 막말을 하고 학원에 들이닥쳐 고성을 지른다. 아이가 규칙을 어겼고 약속을 지키지 않았으며 또래에게 피해를 준 사실은 안중에도 없다.

그러나 그 칼춤은 아이를 지켜내는 것이 아니라 아이의 삶을 난도질한다. 교사와 학원을 향하던 칼날은 결국 되돌아와 아이를 깊숙이 베어버린다. 부모의 과도한 개입과 집착은 교사라는 한 개인의 삶을 파괴함과 동시에 아이가 배워야 할 좌절과 회복의 경험마저 철저히 빼앗아버린다.

아이러니하게도 고등학교에 들어서면 이러한 부모들의 칼춤은 확연히 줄어든다. 교사에게 생기부를 기록할 수 있는 권한이 있기 때문에 함부로 개입하지 못하는 경우가 많고, 무엇보다 부모 스스로 현실을 깨닫기 때문이다. 애지중지 키웠던 마음과 달리 내 아이가 지극히 평범하게 자랐다는 자각이 찾아오는 순간 외부를 향하던 칼춤은 멈춘다. 그러나 이러한 부모의 좌절은 '자기 관리에 실패한 아이' '부모 말을 듣지 않아서 망한 아이'라는 프레임으로 변질되어 자녀를 낙인 찍는다. 이것은 아이의 가능성과 자존감을 송두리째 묶어버리는 족쇄가 된다.

더 큰 문제는 고등학교까지 올라가는 과정에서 아이가 실패와 회복을 통한 기본적인 학습 경험조차 제대로 누리지 못했다는 점이다. 분수 연산, 일차방정식, 인수분해, to 부정사와 동명사, 시의 표현법, 자유낙하 운동, 힘과 가속도 등의 개념들은 아이가 직접 부딪치며 깨달아야 한다. 실패를 두려워하지 않고 마음껏 생각하며 자유롭게 틀릴 수 있는 기회를 만나야 한다. 이것이 바로 깊은 학습의 과정이다. 수능형 문제의 추론은 진리를 찾는 훈련이 아니다. 불확실한 상황에서 가장 적절한 답을 고르는 연습이다. 그러기 위해서는 무엇보다도 치열하게 틀려본 경험, 실패와 좌절 속에서 얻은 회복과 깨달음의 경험이 반드시 필요하다.

불행하게도 이 과정을 부모와 교사가 앞장서서 가로막는다. 아이가 힘들어하면 즉시 답을 알려주고 풀이법을 설명해준다. 어려움이 드러나는 순간마다 부모는 사교육 선생님을 붙여주고, 그 결과 아이는 스스로 사고하는 과정을 빼앗긴 채 부모가 깔아놓은 사교육 레일 위에서만 움직이게 된다.

아이는 '어려움이란 내가 아닌 누군가가 대신 해결해주는 것'이라는 잘못된 습관을 몸에 새긴다. 스스로 해본 경험이 전무한 채 고등학생이 된 아이는 입시라는 실전 무대 한복판에 내던져진다. 사교육의 힘만으론 감당할 수 없는 분량과 난이도 앞에 아이는 더 크게 무너지고 더 깊이 좌절한다.

입시가 끝난 뒤의 상황은 더 최악이다. 내 곁에서 도와줄 선생님도, 부모도 없는 삶 속에서 아이가 풀어야 할 건 객관식 문항이 아니라 살아가면서 맞닥뜨리는 수많은 도전 과제다. 무수히 많은 시행착오를 거치고 수없이 좌절해야만 풀 수 있는 인생의 과제에는 정답도, 해설지도 없다. 오로지 스스로 고민하고 실패하다 우연히 성공하고 다시 회복하는 과정을 통해서만 풀 수 있다.

실패와 회복의 경험이 전무해 문제 해결에 관한 근본적인 매커니즘이 몸에 새겨져 있지 않은 아이는 세상의 벽 앞에 번번이 주저앉게 된다. 부모가 해줄 수 있는 건 더 이상 없다. 이미 아이에게서 가장 중요한 힘, 실패를 통해 회복하는 힘을 빼앗아버렸기 때문이다.

02

안전한 실패를 훈련하기 위한 최적의 타이밍

실패는 인생을 무너뜨리는 재앙이 아니다. 단지 이번 목표를 달성하지 못했을 뿐이다. 다시 연습하고 도전하여 실전에서 결국 잘 해내면 된다. 이 단순한 진리는 누군가의 설명이나 조언으로 깨달을 수 있는 것이 아니다. 반드시 몸으로 직접 부딪치며 배워야 하는 것이다. 이때 부모와 교사는 그 실패와 좌절의 안전망이 되어주어야 한다. 부모와 교사가 있는 한 이번 실패로 인해 아이는 위험에 빠지지 않을 것이며 죽을 만큼 무너지지 않을 것이라는 것을 알려주어야 한다. 부모는 이 안전한 울타리 안에서 아이가 마음껏, 안전하게 넘어지고 상처받고 좌절하며 다시 일어서는 경험을 하게 만들어줄 의무가 있다.

제자 중에 중1 혜진이라는 아이가 있다. 혜진이는 지금껏 영어 문법을 제대로 공부해본 적이 없었던 터라 중학교 입학 후 큰 혼란을 느꼈고, to 부정사, 동명사 등 매 단원마다 불편한 감정을 호소했다. 어렵게 하나의 개념을 이해하면 곧장 다른 곳에서 막혔고, 겨우 정리해 암기한 내용은 다음 단원에서 다시 흐트러지기도 했다.

"하나를 넘어가면 또 하나가 나타나요. 언제쯤 영어가 쉬워질까요?"

보통 이럴 때 부모는 좋은 영어 선생님이나 좋은 영어 학원을 찾아야겠다고 결심한다. 실제로 찰떡같이 설명해주는 선생님을 만나면 별다른 노력 없이도 갑작스럽게 완전한 이해의 지점에 도달할 수 있다. 하지만 우리는 조금 다른 선택을 했다. 부모의 협조하에 혜진이를 몇 주 동안 그 혼란 속에 두고 스스로 해결하도록 지켜본 것이다. 그것은 혼란 앞에서도 뒷걸음치지 않는 추진력, 답답한 감정을 끝까지 붙들어두는 집요함, 기꺼이 도움을 청하는 용기와 실패 후에도 다시 도전하는 회복 탄력성, 이 모두를 키울 수 있는 절호의 기회였다.

그리고 이런 힘은 시험 점수나 단기 성과로는 결코 가늠할 수 없다. 우리는, 어쩌면 실패하는 듯 보이는 그 느리고 답답한 시간이 머지않은 미래에 통합적 사고로 이어질 것임을 잘 알고 있었다. 그 결과 혜진이는 어떤 공부든 당연히 어렵다는 것을 자연스럽게 받아들이게 되었다. 이해는 뒤섞이고 기억은 불확실하며 개념은 자꾸 흔들리는 그 혼란스러움 속에서 아이의 공부 실력은 계속해서 성장했다.

회복 탄력성이 높다는 것은 단순히 '멘탈이 강하다'는 뜻이 아니다. 회복 탄력성은 무너졌다가도 회복해내는 능력, 즉 넘어져도 다시 일어나는 힘이다. 이 힘은 타고난 기질만으로 결정되는 것이 아니다. 회복 탄력성은 얼마나 실패를 겪었는지, 그 실패를 어떻게 해석했는지, 어떤 방식으로 극복했는지 등 삶의 경험을 통해 길러진다. 그리고 이 힘은 아이의 내면을 단단하게 만든다.

학창 시절은 단순히 성적을 쌓는 시간이 아니다. 부모님의 울타리 안에서 자라는 학창 시절은 아이들이 실패와 회복의 근육을 단련할 수 있는 최적의 시기다. 부모가 곁에 있다는 확신 속에서 아이는 실패와 좌절을 연습하게 된다. 조금 냉정하게 얘기하자면 좌절을 연습할 수 있는 적기는 사춘기 이전, 고작 10년 남짓한 시간뿐이다. 사춘기가 시작되면 부모가 아이를 직접 가르칠 수 있는 기회는 점점 사라진다. 이후부터는 학교와 또래 관계, 사회가 아이를 교육하게 되는 것이다.

그때부터 아이는 어릴 적 익힌 감정 조절력과 좌절 회복력으로 현실의 문제를 하나씩 해결해나가야 한다. 몸이 자랐다고 해서 마음까지 저절로 자라나는 것은 아니다. 지금의 작은 실패를 견디는 법을 배우지 못한다면 사춘기를 지나 어른아이가 된 자녀는 "왜 이제 와서 그래?" "그동안은 다 해줬잖아?"라고 말하며 불안해할 것이다. 결코 막을 수 없는 예정된 실패 앞에서 무너지는 아이를 보며 부모는 뒤늦게 깨달을 것이다. 우리 아이가 실패를 훈련할 수 있는 기회를 내 손으로 막아왔다는 것을 말이다.

03

아이의 환경을 통제하려 하지 마세요

청소년들에게 너무 조용한 공간은 오히려 긴장감을 높일 뿐만 아니라 사소한 잡음에도 민감해지게 만든다. 생각은 멈추고 감각만 살아나는 것이다. 아이들은 아직 감정과 집중을 스스로 완벽하게 조절하지 못한다. 때문에 질문이 오가는 적당한 소음, 적당한 움직임이 있는 공간은 아이들을 안정시키기에 더욱 효과적이라고 할 수 있다.

우리 학원은 학습 계획부터 공부법, 질문 및 점검까지 학생과 선생님이 일대일로 소통하며 학습을 이어가는 방식으로 운영된다. 이 과정에서 자연스러운 대화와 피드백이 오가는 구조는 필수이기 때문에 어느 공간도 문을 닫지 않는다. 완전한 정숙보다 열린 소통이 우선이다.

이러한 환경에서 2년 넘게 공부해오던 정환이가 어느 날 '소음 때문에 집중이 되지 않는다'고 말했다. 이 말을 들은 부모는 곧장 학원에 방문했고, 공간 구조를 바꾸지 않으면 아이를 더 이상 보낼 수 없다고 했다. 정환이는 이미 같은 환경에서 2년 동안 공부하며 좋은 성과를 올린 경험이 있었기 때문에 단순히 소음의 문제는 아니라고 생각했다. 집중력이 일시적으로 저하된 것일 수도 있고 내적 동기의 문제일 수도 있다.

이럴 때 가장 중요하고 시급한 건 아이의 내면을 먼저 살펴보는 일이다. 그러나 정환이의 부모는 아이의 내면보다는 '집중이 안 된다'는 현상에만 주목해 집중이 잘되는 환경부터 만들어주고자 했다. 결국 정환이는 불편함을 견디는 연습도, 감정을 조절하는 시도도 해보지 못했다. 문제가 생기면 곧장 부모가 개입하고 환경이 정리되었기 때문에 스스로 집중을 회복해보는 기회를 번번이 놓쳤다.

환경을 바꾸면 일시적으로 집중력은 올라간다. 하지만 이 효과는 오래가지 않는다. 뇌는 금세 새로운 환경에 익숙해지고 익숙해진 환경은 더 이상 집중의 이유가 되지 못한다. 문제는 환경이 아니라 내면에서부터 집중을 끌어내는 힘의 부재다. 집중력은 반복과 조절을 통해 축적되는 하나의 능력이다. 소음은 단순히 귀를 거슬리게 하는 자극이 아니다. 내 사고의 흐름을 깨고 내가 하려던 일에 긴장을 주는 '방해 자극'이다.

그리고 그 순간, 뇌는 '지금 이 일이 중요하다!'는 경고와 함께 감각과 주의력을 끌어올리기 시작한다. 집중이 안 되는 상태에서 자리를 지켜보는 시간, 불안하고 불편한 감정을 견디며 다시 몰입하려 애쓰는 시간이 반복되면 코끼리가 눈앞에 지나가도 모를 고도의 집중력을 갖게 된다.

정환이처럼 불편함이라는 감정을 스스로 다스리지 못한 아이는 불편한 상황을 바꾸는 데만 익숙해진다. 하지만 환경을 통제하려는 것은 마치 세상을 통제하려는 것과 같이 무모한 일이다. 세상은 아이의 뜻처럼 그리 조용하지 않다. 아이에게 세상을 바꾸는 법을 가르칠 것인지, 아니면 그 안에서 자신을 조절하고 단단해지는 법을 가르칠 것인지, 부모는 선택해야 한다.

고등학교에서 상위권을 유지하려면 천둥같이 시끄러운 쉬는 시간과 점심시간에도 집중할 수 있는 힘이 필요하다. 공부량이 매우 많기 때문에 정숙한 시간만 기다려서는 감당할 수 없기 때문이다. 또한 수능은 정해진 시간 안에, 낯선 시험 상황 속에서 최대한의 집중력을 끌어내 치러야 하는 시험이다. 평점심이 흔들리고도 다시 회복해내는 힘, 실패의 두려움 속에서도 문제에 몰입할 수 있는 힘, 즉 감정을 조절하는 능력이 필요한 시험이다.

실제로 많은 아이들이 시험장에서 예상치 못한 문제 하나에 멈춰선다. 극도의 긴장과 불안이 집중을 가로막고 당황한 채로 시간을 흘려보내는 것이다. 그동안 부모가 한 방에 정리해준 그 낭비 같은 시간은 사실 공부의 핵심 시간이었다. 그 시간을 건너뛴 아이는 결국 실전에서 더 취약해진다.

이럴 때 부모가 해야 하는 일은 환경을 바꿔주는 것이 아니라 아이와 대화를 시작하는 것이다. 소음이 어떻게 불편한지를 묻고 그 불편이 어디에서 오는지, 어떤 감정에서 비롯된 것인지를 함께 들여다봐야 한다. 그 대화 속에서 부모는 소음 이면에 자리하고 있는 실패에 대한 두려움, 스스로에 대한 실망과 기대감 등을 확인할 수 있다.

이러한 불안, 긴장, 두려움과 같은 부정적 감정은 없앨 수 있는 것이 아니라 다루는 방법을 배워야 하는 대상이다. 평소 정환이는 공부가 잘 안 되는 날이면 집에 가서 감정이 폭발했다는 이야기를 여러 차례 하곤 했다. 부정적인 감정을 다루는 데 어려움을 보였던 것이다. 불편한 환경을 바꿔주는 것은 결과적으로 아이가 감정을 다루는 능력을 잃게 만든다. 아이는 결국 '내 감정은 내가 해결할 수 없다'는 무력감을 학습하게 된다.

환경은 절대로 아이에게 맞춰지지 않는다. 세상은 아이의 편의에 따라 움직이지 않는다. 그렇다면 교육이 길러야 하는 것은 불편함 속에서도 끝까지 자신의 과제를 달성해내는 힘이다. 그 힘은 조용하고 정돈된 환경에서 만들어지지 않는다. 불완전한 환경, 방해 자극, 흔들리는 감정 속에서 실패하고 다시 집중하며 다시 도전하고 다시 회복하는 과정에서 길러진다. 그리고 바로 그 힘이 실전에서 아이를 지켜주는 진짜 실력이 된다.

그렇다면 언제 개입해야 할까? 스스로 실패하고 다시 회복할 수 있도록 기다려주되 언제까지 기다려야 하는 것일까? 지금 개입해야 할까? 아니면 더 기다려야 할까? 부모들에게 이 문제는 어렵고 불안한 과제일 수밖에 없다. 그런데 흥미로운 건 개입하고 싶은 마음을 꾹 참고 최대한 기다려줬던 아이들일수록 오히려 성적이 안정되고 더 크게 성장하는 모습을 보여줬다는 것이다.

그러기 위해선 아이가 받아들일 수 있는 한 최대한 해결을 미루는 것을 추천한다. 이래도 되나 싶을 정도로 "다시 해보자" "다시 한번 생각해보자"는 말을 반복해보는 것이다. 아이가 해결하지 못할 것 같다는 의심이 올라오겠지만 그 불안을 조금만 더 견디고 해결을 늦춰보는 연습이 필요하다. 놀랍게도 많은 아이들이 스스로 도달한다. 부모가 자녀에게 작은 실패를 여러 번 허용함으로써 아이는 앞의 실패를 돌아보며 다음 시도에 변화를 주게 되고 사고의 틀을 확장해간다.

같은 문제를 다른 방식으로 접근해보는 유연함, 실패 앞에서 멈추지 않고 시도해보는 끈기, 타인의 해결을 기다리기보다 스스로 해내고자 하는 내적 동기, 이 모든 것은 아이가 부모가 진심으로 원하는 성공적인 삶을 살아가는 데 꼭 필요한 힘이다.

04

실패와 감정,
그리고 공부의 역학 관계

아이들은 때때로 학교에서의 해결되지 않은 갈등, 친구 사이의 억울함, 혹은 부모와의 팽팽한 긴장과 침묵 속에서 무기력해진 상태로 책상 앞에 앉는다. 아무리 좋은 커리큘럼과 선생님이 있다 한들 그 감정들이 정리되지 않으면 공부에 에너지를 온전히 집중시키는 것은 불가능하다. 단순히 공부를 가르치는 행위에서 그치는 게 아니라, 공부를 가능하게 하는 조건을 만들어가는 것이 중요한 이유가 바로 이것이다.

현장에서 학생들을 지도하다 보면 종종 아이가 겪고 있는 불안과 두려움 등의 감정적 어려움을 부모에게 조심스럽게 알리고 마음을 정리할 수 있도록 협조를 구해야 하는 순간을 맞게 된다. 그리고 이때 부모들의 반응은 극명하게 갈린다.

"왜 학원에서 그런 것까지 다룹니까?"

"지금 중요한 건 국어 점수 아닌가요?"

"진짜 공부 잘하는 애들은 그런 거 하나도 신경 안 쓰던데요?"

물론 부모의 입장도 충분히 이해된다. 시간과 돈이 들어가는 만큼 눈에 보이는 성과를 기대하게 마련이고, 그것이 학원을 보내는 목적이기 때문이다. 하지만 정서적으로 무너진 아이에게 점수부터 올리라고 요구하는 것은 숨이 턱끝까지 찬 아이에게 더 빠르게 달리라고 하는 것과 다르지 않다.

청소년은 더 이상 어린아이는 아니지만 여전히 부모의 관심과 인정 없이는 절대로 혼자 성장할 수 없는 존재이다. 부모가 아이의 감정적 삶에 과도하게 개입하는 것도 문제지만, 공부와 감정이 마치 아무 상관없다는 듯 여기는 태도 또한 아이의 학업에 지대한 영향을 미친다. 아이가 감정에만 매달리게 하라는 뜻이 아니다. 단지 그 감정을 짧게라도 잘 통과할 수 있도록 도와달라는 것이다. 아이의 감정적 문제를 해결하는 것은 공부의 흐름을 방해하는 일이 아니라 공부에만 몰입하기 위한 전제 조건이기 때문이다.

아이의 감정을 다룬다는 뜻은, 아이가 자기 내면을 스스로 탐색하고 관계에서 오는 감정을 온전히 겪어보며 갈등과 실패의 경험을 배우는 일체의 행위를 의미한다. 예를 들어 아이가 학원에서 친구와 갈등을 겪었을 때, 부모가 그 관계를 조율하거나 이해시키려는 시도 대신 '그 친구를 내보내 달라' 혹은 '우리 아이가 학원을 그만두겠다'고 요구하는 경우가 있다. 아이가 스스로 관계를 회복하거나 감정을 정리할 수 있도록 기다려주기보다 관계 자체를 끊어내는 것으로 문제를 해결하려는 것이다.

모든 관계가 반드시 회복되어야 하는 것은 아니다. 모든 사람이 친구가 될 필요는 없으며 때로는 거리를 유지하는 것이 오히려 더 건강한 선택일 수도 있다. 중요한 것은 관계의 단절이냐, 거리 두기냐, 회복이냐가 아니다. 아이 스스로 그 과정을 선택하고 감정을 정리하며 관계를 다루어보는 경험이다. 그 시간을 허락받지 못한 채 관계를 끊어내는 방식만 반복된다면 아이는 '부정적 감정이 드는 관계는 언제든 끊어버릴 수 있다'라는 잘못된 학습을 하게 될 위험이 있다.

정말 심각한 괴롭힘이 있었던 경우라면 우리는 당연히 학부모의 요청을 신중하게 받아들인다. 집단 따돌림의 형태든, 간접적 괴롭힘이든, 아이에게 안전히 보장되지 않는 상황이라면 학습 이전에 보호가 우선되어야 하기 때문이다. 하지만 가벼운 오해에서 비롯된 다툼, 어릴 적 친하게 지내다 한번 크게 싸운 뒤 화해하지 못한 경우, 옆자리에 앉아 부딪히는 일 등의 갈등들도 부모의 눈에는 심각한 문제로 보일 때가 있다. 본능적으로 자기 아이의 상처를 먼저 바라보게 되는 부모의 마음은 충분히 이해한다.

그러나 교육의 관점에서 보면 이야기는 달라진다. 앞으로 인생을 살아가면서 반복적으로 겪게 될 수많은 갈등 상황 속에서 매번 관계를 피하거나 끊어내는 방식으로만 대응한다면, 아이들은 '회피'를 유일한 해결 방법으로 배우게 될 수도 있다. 아이가 관계에 실패하고 감정을 들여다보며 회복을 경험할 자유는 부모가 함부로 차단해서는 안 될 중요한 권리다. 이 과정은 수학 문제 하나를 잘 풀어내는 것보다 훨씬 깊이 있는 배움이 될 때가 많다.

"괜찮아. 아무 일도 아니야."

아이의 감정을 무마하려 하거나 빠르게 안심시키려 할 때 어른들이 흔히 쓰는 말이다. 물론 어른들의 입장에서 보면 아이가 겪은 갈등 상황이 아무 일 아닌 것처럼 보일 수 있다. 그러나 그 말을 듣는 아이에게는 지금의 일이 인생에서 가장 무거운 고민, 가장 아픈 갈등일 수 있다. 이 문장은 아이가 겪고 있는 감정을 제대로 경험하지 못하도록 가로막는 새로운 통제가 되기도 한다. 그리고 감정이 차단되면 그 감정이 만들어낸 갈등 또한 해결되지 않은 채 남게 된다.

부모들은 때때로 자기 자신의 삶이 벅차 누군가의 감정까지 감당할 자신이 없게 되기도 한다. 슬픔과 분노를 겪고 있는 아이 옆에 조용히 머물러주는 것, 그리고 그 감정이 흘러가도록 기다려주는 일은 정서적으로도, 시간적으로도 에너지가 필요한 일이다. 때문에 부모들은 '너 마음대로 해' '그 친구랑 이제 보지 마' '전학 가는 게 좋겠다'는 말로 문제를 단번에 정리해주고 싶어지기도 한다. 하지만 이런 방식이 반복되면 아이는 관계와 감정의 실패를 경험할 수 없다. 실패가 없으니 좌절도 없다. 아이는 점점 더 회피하고 더 무력해지며 더 무감각한 존재가 되어버린다.

실패할 자유란, 부정적 감정을 충분히 느낄 수 있는 권리다. 좌절할 권리란 아무 일도 아닌 것처럼 취급되지 않을 권리다.

05

실패라고 해서
다 같은 실패가 아니다

실패도 모두 똑같은 실패가 아니다. 스스로 시도하고, 부딪치고, 왜 실패했는지를 돌아보며 다시 도전하는 좋은 실패가 있다. 반면 스스로 선택하지도 않았고 준비도 되지 않았지만 타인에 의해 너무 빠르게, 너무 높은 기준과 계획에 던져진 결과로서의 나쁜 실패도 있다. '초등 5학년이면 고1 수학을 하고 있어야 한다'는 말처럼 과도한 선행 학습 문화 속에 내던져진 아이들의 반복되는 실패가 바로 그것이다.

'선행 중심' '엘리트식 커리큘럼'을 신뢰하는 문화 속에서 아이들은 너무 이른 나이에, 자신의 수준을 초과하는 학습을 강요받는다. 특정 수학 학원에 보내면 아이들의 40%가 잘 따라간다는 말을 들은 학부모들은 '내 아이도 해볼 수 있지 않을까?' '40% 확률이면 도전해볼 만하지 않을까?'라는 생각을 하게 된다. 하지만 이는 통계적 착시다. '40%의 아이들이 따라간다'는 말은 '10명의 아이들 중 4명이 가능하다'는 뜻이지, '내 아이가 40%의 확률로 커리큘럼을 따라갈 수 있다'는 뜻이 아니다.

내 아이에게는 단 한번의 인생이 주어진다. 내 아이에게 선행이 맞을 확률은 100% 아님 0%이다. 게다가 현실은 이렇다. 일부 학원에서 중2까지 고등수학을 다 끝내겠다는 커리큘럼이 존재하지만, 그걸 완전히 소화해서 자기 실력으로 만드는 학생은 극히 드물다. 설령 '40% 성공'이라는 수치가 존재한다 하더라도 그것은 전체 중 일부가 운 좋게 버텨냈다는 이야기일 뿐이다. 내 아이에게 그 확률을 적용해서는 안 된다.

내 아이의 고유한 두뇌, 성향, 속도, 방식, 정서적 리듬을 무시한 채 '남들도 한다'는 이유로 일률적인 속도에 밀어넣는 순간, 아이는 자기 자신을 잃는다. 기하, 대수, 함수, 확률과 통계 등 수학은 그 영역마다 주요하게 작동하는 사고방식이 다르고 아이에 따라 선호도와 강점도 다르다. 어떤 아이는 도형을 직관적으로 잘 이해하는 반면, 어떤 아이는 숫자와 방정식에는 강하지만 그래프에는 약하다.

이 모든 것들을 무시한 채 일률적인 커리큘럼을 강요하는 순간, 내 아이의 실패가 시작된다. 이것은 그동안 많은 아이들이 수없이 반복해온 실패 스토리의 시작일 뿐이다. 그러나 이 아이들이 끝내 마주하게 될 실패는 단순한 좌절로 끝나지 않는다. 처음에는 어떻게든 따라가 보려 애쓰지만 반복되는 실패와 좌절 끝에 아이는 무기력감에 빠진다. 자존감은 점차 낮아지고 '노력해도 안 된다'는 믿음이 마음 깊이 자리 잡는다. 문제없이 잘 따라가는 것처럼 보이는 친구들 속에서 아이는 무엇이 문제인지 모른 채 표현하지 못하는 혼란을 겪는다. 공부는 스스로 하는 것이 아니라 누군가 시켜서 억지로 해야 하는 것이 되어버린다. 조금만 막히거나 어려워져도 불편한 감정이 느껴지고 실패에 점점 더 민감해진다. 그렇게 아이는 회복 탄력성을 잃어간다.

엄밀히 말하자면 이 아이들은 실패한 것이 아니라 실패할 수밖에 없는 구조 속에 던져진 것이다. 준비되지 않은 상태에서 타인의 기준으로 내몰려 겪게 되는 실패는 아이를 무너뜨린다. 실패를 자기 존재에 대한 부정으로 받아들이게 되는 것이다. 아이는 이런 실패를 통해 성장하는 것이 아니라 자신이 무능하다는 결론을 학습하게 된다. 그리고 아이는 결국 제 손으로 가능성의 문을 닫아버린다.

우리가 아이들에게 허락해야 할 실패는 성공하지 못했다는 이유로 낙오자라 낙인찍히는 실패가 아니라, 자기 힘으로 다시 일어설 수 있는 실패다. 아이 스스로 시도하고, 자기 속도대로 부딪치며, 안전한 관계 안에서 감당 가능한 실패를 경험할 수 있어야 하는 것이다. 실패를 자존감과 연결지어서도 안 되고 실패로 인해 내면이 파괴되어서도 안 된다. '내가 부족해서 실패한 게 아니라 접근 방식이 잘못되었기 때문에 실패한 것'이라고 해석할 수 있는 환경을 아이들에게 제공해줘야 한다. 단순히 실패를 겪게 하는 것만이 중요한 것은 아니다. 실패를 '어떻게' 겪게 할지, 실패 방식을 설계해줘야 한다.

부모가 아이들에게 가르쳐야 할 것은 성공만을 강요하는 인생이 아니라 실패해도 꽤 괜찮은 사람으로 살아갈 수 있는 조건이다. 비록 실패는 늘 아프지만 그 속에서도 자기 자신이 중심이 되는 실패, 자신의 속도와 이해로 다시 일어나는 실패여야 한다.

3부.

팩폭 솔루션

입시 상식
팩폭 Q&A

고등학생이 되면
누구나 성적이 떨어진다?

입시와 교육에 일찍부터 관심을 갖는 부모들이 자주 듣는 말이 있다. '고등학교 올라가면 누구나 성적이 떨어지니 그전에 선행 학습을 많이 해놓아야 그나마 버틸 수 있다'는 말이다. 앞서 불필요한 선행학습의 위험성에 대해 여러 차례 강조한 바 있다. 그렇다면 '고등학생이 되면 누구나 성적이 떨어진다'는 소문은 과연 진실일까?

결론부터 말하자면, 사실 대부분은 성적이 떨어진 것이 아니라 중학교 때 성적 그대로인 경우가 많다. 점수가 아닌 등수로 보면 중학교 때와 비교해 큰 차이가 없는데도 불구하고 상대 평가에 대한 이해가 부족해 성적이 떨어졌다고 착각하게 되는 것이다. 중학교는 학업 성취 수준을 절대 평가 방식으로 평가하는 성취 평가제를 운영하고 있다. 90점 이상의 점수를 받으면 몇 명의 학생이든 누구나 A

등급을 받을 수 있는 구조인 것이다.

반면 고등학교는 상대 평가제이기 때문에 각 등급별 비율이 정해져 있고 점수의 서열, 즉 등수에 따라 등급이 결정되는 구조다. 이러한 평가 체계의 변화를 이해한다면 중학교 시험 점수와 고등학교 점수, 등급을 단순 비교해선 안 된다. 중학교 때 평균 80~90점대 성적을 받던 아이가 고등학교 진학 후 첫 내신 시험에서 4등급대(9등급제 기준), 70점 안팎의 점수를 받았다고 해서 무조건 '성적이 떨어졌다'고 단정해선 안 된다는 뜻이다.

실제 중학교와 고등학교의 등수를 비교했을 때 큰 변화가 없다면 이 학생은 성적이 떨어진 것이 아니다. 아이가 갑자기 공부를 게을리한 것도, 시험이 갑자기 어려워져 아이가 적응을 못한 탓도 아니다. 단지 처음으로 서열화된 진짜 성적을 마주한 것 뿐이다.

여기에 자사고·특목고·특성화고로 일부 학생들이 빠져나가면서 일반고 아이들은 중학교 때보다 좀 더 작아진 새로운 집단 속에서 경쟁하게 된다. 성적이 떨어진 것처럼 보이는 현상은 실력이 하락한 것이 아니라 평가 방식 및 집단 구성의 변화에 따라 재산출된 결과인 것이다.

우리 학교 내신 시험이 다른 학교보다 어렵다고 해서 불리한 것은 아니다. 내 아이가 어렵게 느꼈다면 다른 아이들도 마찬가지였을 것이다. 그 결과 학교 전체의 평균 점수가 낮아질 수는 있지만 아이의 서열이 바뀌진 않는다. 난이도 높은 몇몇 문제들은 1등급과 2등급의 상위권 변별을 위한 장치일 뿐, 대부분의 학생들이 함께 틀리기 때문에 그 외 등급에 거의 영향을 받지 않는다.

오히려 시험이 어느 정도 어려워야 변별력이 생기고 공부를 성실히 한 학생과 그렇지 않은 학생을 구분하며 등급 간 비율도 안정적으로 유지된다. 고등학교 시험의 평균 점수가 지나치게 높아지면 점수의 차이가 크지 않아 실력보다 운이나 사소한 실수로 등급이 달라지기 때문에 외려 불공정해진다.

상대 평가는 학생 간의 미세한 차이까지 구분해내야 하는 제도, 말하자면 극한의 경쟁력을 설계해야 하는 시스템이다. 모든 학생이 비슷한 점수를 받는 시험은 변별력을 상실하기 때문에 잘 만든 시험이라고 할 수 없다. 1등급부터 9등급까지 균형 있게 구분되려면 각 등급의 학생이 틀릴 만한 문제를 정교하게 배치해야 한다. 그래야만 서열이 제대로 형성되고 평가가 의미를 갖는다.

고등학생이 되어 갑자기 60~70점대 점수를 받으면 많은 아이들이 큰 충격을 받는다. 9등급제 기준으로 4등급을 받는 건 아주 일반적인 일이지만, 중학교 상위권이었던 학생에게는 처음 겪는 낯선 현실이다. 이때 "성적이 떨어졌다"는 말이 입 밖으로 나온다. 어쩌면 그 말은 위로이자 방어일지도 모른다. 평가 구조의 변화를 이해하면 결국 남는 건 심리적 적응력이다.

어릴 때부터 유명한 학원을 다니며 착실하게 공부했다고 생각한 아이들이 첫 시험에서의 4등급 성적을 받아들이지 못하고 그 성적을 자신의 한계로 오해하는 모습을 수없이 봐왔다. 그것은 한계가 아니라 변화에 적응하는 과정의 일부다. 성적의 변화는 탓할 대상이 아니라 이해하고 적응해야 할 현상이다. 고등학교 공부는 누구에게나 버거운 게임이다. 모두가 힘든 환경에서 버티고 성장하는 힘이 성적의 격차를 만든다.

고등학교에 진학한 뒤 실제로 성적이 떨어지는 학생들도 있긴 하다. 아니, 생각보다 많은 고1 학생들이 이런 유형에 속한다. 이런 아이들의 공통점은 중학교 상위권 정도의 학습 습관과 공부 실력만 갖추고 있다는 것이다. 다시 말해, 공부량이 충분히 많지 않고 중학교 시험에서 좋은 점수를 받는 기술만 익힌 경우다. 이 아이들은 고등학교 교과 과정의 학습량과 난이도를 감당하지 못해 무너진다. 이러한 현상은 '고등학생이 되었기 때문에' 발생하는 것이 아니다. '충분한 공부 실력을 갖추지 못했기 때문에' 성적이 하락하는 것이다.

현장에서 아이들을 지도해보면, 고등학교 성적의 차이는 시험 범위를 얼마나 완전히 이해하고 소화했는가에 달려 있다는 사실을 뼈저리게 느끼게 된다. 상대 평가에서는 절대적인 점수가 중요한 것이 아니다. '남들과의 차이'가 성적을 결정하는 것이다. 너무 어려운 문제로는 순위를 가르지 못한다. 오히려 남들이 모두 맞히는 문제를 틀렸을 때, 그 작은 차이가 등급의 격차를 만든다. 시험의 난이도보다 얼마나 안정적으로 기본을 잡았는가가 성적을 결정하는 셈이다.

중학생 때부터 우리와 함께해온 고1 학생들 중에도 첫 시험에서 중학교 때보다 더 좋은 성적을 거둔 아이들이 있다. 시험이 특별히 쉬웠던 것도, 운이 좋았던 것도 아니다. 이유는 단순하다. 많은 양의 시험 범위를 여러 번 반복해서 공부해냈기 때문이다. 중학교 때 상위권이 아니었던 이 아이들은 개념을 스스로 익히고 사고하며 서서히 학습량을 늘려왔기 때문에 고등학교에 진학해서도 성적이 떨어지지 않는다. 도리어 시간이 지날수록 성적이 유지되거나 상승 곡선을 그리는 경우가 많다.

시험 제도가 바뀌면 학습 방식도 함께 바뀌어야 한다. 중학교에서는 단순 암기와 기출 풀이만으로도 충분했지만 고등학교는 이해와 문제 해결 중심으로 사고를 확장해야 한다. 내신과 모의고사 역시 성격이 전혀 다르다. 내신은 '학교 안에서의 경쟁'이고 모의고사는 '전국 단위의 비교'다. 때문에 내신이 떨어졌다고 해서 수능도 실패할 것이라 쉽게 단정해서도 안 된다.

학년별로도 흐름이 다르다. 고1은 적응기, 고2는 격차가 벌어지는 시기, 고3은 정리기다. 어느 시점이든 완전한 안정은 없고 변화의 속도에 적응하는 힘이 곧 성장의 속도다.

고등학교, 그리고 상대 평가라는 새로운 환경에서 얼마나 빨리 자신의 리듬을 찾는지가 성적을 결정한다. 중학교 때 상위권이었다가 무너지는 경우를 제외하면 대부분의 아이들은 큰 변화 없이 자기 자리를 지켜내기 때문에 학부모들 사이의 소문에 휘둘려 불안해하거나 일희일비할 필요가 없다. 학습량과 난이도의 변화, 교사의 수업 스타일, 친구들과의 분위기 등 이 모든 요인에 유연하게 적응하는 아이가 오래 버티고 끝까지 완주할 수 있다는 사실을 꼭 기억하자.

02

수학은
해설지를 보면 안 된다?

'수학 문제를 풀 때 해설지를 보면 안 된다'는 말은 많은 학생들과 학부모들이 한 번쯤 들어본 말일 것이다. 특히 수학 학원의 강사들로 부터 말이다. 이 말에는 문제를 끝까지 붙잡고 스스로 고민해야 사고력이 자란다는 조언이 숨겨져 있다. 표면적으로는 타당한 말이다. 그러나 분명한 맥락과 전제를 구분하지 않고 무작정 이 말을 신념처럼 받아들인다면 학습 과정 전체에 커다란 오해를 낳을 수 있다. 실제로 아이들이 처해 있는 현실 학습 환경은 그리 단순하지 않다.

이 말을 수학 공부의 '절대 원칙'처럼 붙들고 있는 학생들 중 거의 대다수는 수학을 좀 더 잘하고 싶어하는 아이들이다. 끝까지 혼자 풀어보겠다는 각오 자체는 멋지다. 하지만 이 아이들이 자주 빠지는 함정이 있다. 그들은 해설지를 보지 않기 위해 대신 선생님을 찾는다. 선생님에게 문제를 들고 가 "설명해주세요"라고 말하기보다 "선생님도 한번 생각해보세요"라는 태도를 보이는 것이다. 그러고는 선생님이 풀이의 방향이나 핵심 단서를 떠올리는 순간, "됐어요! 말하지 마세요!"라며 돌아가 스스로 풀어낸다.

이것은 해설지를 보지 않는 것이 아니다. 단지 해설의 주체를 바꾼 것뿐이다. 결국 수학에서 중요한 건 해설지를 봤느냐의 문제가 아니라, 그 풀이의 방향과 단서가 되는 조건을 스스로 사고하고 활용할 수 있느냐의 문제다.

사실 아이들이 수학 학원에서 '해설지를 보지 말라'는 말을 듣게 된 데에는 좀 더 현실적인 이유가 있다. 숙제를 빠르게 끝내기 위해 답지를 베끼는 학생들이 많기 때문에, 학원에서 해설지를 거두고 부모는 '해설지를 보면 안 된다'고 말하는 것이다. 이러한 상황과 맥락에서 '해설지를 보면 안 된다'는 말은 관리의 편의성을 위한 일시적 조치일 뿐, 진짜 학습을 위한 조언은 아니다. 요즘 아이들은 인터넷으로 해설지를 손쉽게 구해 휴대폰에 저장해두기도 한다. 단순히 해설지라는 도구를 차단한다고 해서 근본적인 학습 태도가 바뀌거나 사고력이 저절로 자라는 것은 아니다.

정답을 그대로 베껴 숙제를 빠르게 끝내려는 건 공부가 아니지만, 해설지를 보는 것 자체가 잘못된 건 아니다. 수학 공부를 하면서 해설지를 봐야 하는 경우가 분명히 있다. 기본 개념이 충분히 학습된 상태라면 해설지는 오히려 강력한 학습 도구가 될 수 있기 때문이다. 이 럴 경우 해설지의 역할은 '정답 확인'이 아니라 '사고의 지도map'가 된 다. 반면 문제를 풀 때 개념이 부족하면 해설지를 봐도 이해가 되지 않는다. 이 경우는 해설지를 볼 게 아니라 개념으로 돌아가야 한다.

그렇다고 해서 무조건 해설지를 보라는 뜻도 아니다. 시간이 충분 하다면 최대한 스스로 고민하는 시간을 길게 가져가는 것이 맞다. 한 문제를 며칠이고 붙잡는 경험, 실수하고 막히며 고민하는 시도는 수학적 사고력을 기르는 핵심 훈련이다.

하지만 당장 내일 시험을 앞둔 학생에게 끝까지 혼자 고민하라고 조언하는 건 적절치 않다. 시간이 부족한 상황이라면 해설지를 보고 빠르게 논리를 이해한 뒤 그 과정을 스스로 재현해보는 편이 훨씬 낫다. 핵심은 해설지를 보느냐 마느냐가 아니라, 해설지를 '이해의 도 구'로 쓰느냐 '공부를 대신하는 도구'로 쓰느냐에 달려 있다.

해설지를 참고했다면, 그 내용을 단순히 이해하는 데 그치지 않고 반드시 유사한 개념이 적용된 문제를 스스로 다시 풀어보며 '내가 이해한 논리를 재현할 수 있는가'를 점검해야 한다. 여기서 중요한 점 은 그 문제 풀이가 단순히 많이 푸는 것이 아닌, '선택적이고 목적이 분명한 반복'이어야 한다는 것이다. 즉, 양적인 문제 풀이가 아니라 내가 이해한 사고 흐름을 점검하고 강화하기 위한 질적인 연습이 필 요하다는 뜻이다.

해설지를 본 후 아무것도 풀지 않는다면 그것은 논리를 익힌 것이 아니라 답을 베껴 적은 것과 다를 바 없다. 반대로 무작정 많은 문제를 푸는 것도 사고 과정 없는 무의미한 반복으로 이어질 수 있다. 수학은 그저 문제를 많이 푼다고 해서 실력이 향상되는 과목이 아니다. 수학 실력 향상의 핵심은 한 문제를 통해 익힌 사고의 흐름을 자기 것으로 만들고 이를 다른 문제 상황에 어떻게 적용할 수 있는지를 체화하는 데 있다. 이 과정이 없는 반복적인 문제 풀이 학습은 오히려 실력은 쌓이지 않고 오개념만 굳어지는 결과를 초래할 수 있다.

정리하자면, '수학 풀 때 해설지 보지 마라'는 말은 '막히는 순간 고민 없이 해설지로 도망치지 말고 먼저 생각해보라'는 말이지, 해설지 자체를 금지하라는 말이 아니다. 이 말의 본질은 '생각하는 근육을 길러야 한다'이다. 그러나 이 말이 맥락과 취지를 벗어나 수학 공부의 절대 원칙처럼 받아들여진다면, 학생과 학부모들은 '해설지 없이 풀지 않으면 수학을 잘할 수 없다'는 잘못된 명제를 신념처럼 떠받들게 될 것이다.

만약 이 말을 맹목적으로 따르면 수학 문제 하나에만 한 달을 쏟아 다른 과목은 손도 못 대게 될 수도 있다. 해설지를 보는 것 자체가 나쁜 게 아니다. 해설지를 금지할 이유도 없고 맹신할 이유도 없다. 공부의 본질은 정답을 맞히는 데 있지 않다. 스스로 답을 낼 수 있는 사고의 구조를 세우는 데 있다. 이때 해설지는 그 구조를 세우기 위해 이해를 확장시키는 도구로 기능할 수 있다.

‘해설지를 봐야 할까, 보지 말아야 할까?’ 보다 더 중요한 질문은 ‘지금 아이가 어떤 이유로 이 문제 앞에서 멈추고 있는가?’이다. ‘해설지를 본다’는 학습 행동보다 더 중요한 것은 그 행동 이면에 어떤 심리적 이유와 동기가 작용하고 있는지를 이해하는 일이다. 실제 학생들이 수학을 대하는 태도와 방식은 다음과 같이 매우 다양하다.

- 끝까지 해설지를 보지 않고 스스로 답을 도출하려 애쓰는 아이

- 공부 자체가 귀찮아 수업 직전에 해설지를 베껴 오는 아이

- 수학이 너무 두렵고 틀린 자신이 창피해서 답을 베껴 오는 아이

- 조금만 막히면 타인의 해설을 요구하며 스스로 해설지는 읽지 않는 아이

- 해설지를 보려 해도 용어나 논리를 제대로 이해하지 못하는 아이

- 사고력은 있으나 정답에만 집중해 객관식 답을 끼워 맞추는 아이

- 잘하고 싶다고 말하지만 풀이 과정을 중요하게 여기지 않는 아이

- 계산력은 탁월하지만 조금만 어렵거나 복잡하면 포기하는 아이

- 사고 훈련 없이 무조건적인 문제 풀이를 반복하는 아이

- 빠르게 푸는 것에 집착해 실수와 논리 비약이 많은 아이

이를 통해 알 수 있는 사실은 해설지를 베끼는 학생들의 상황과 이유 또한 제각각 다르다는 점이다. 단지 게으르거나 귀찮아서 정답을 베끼는 친구들도 있다. 하지만 혼자 풀 수 없다는 무력감이나 부족한 실력을 들키고 싶지 않은 마음에서 비롯된 경우도 많다. 이러한 아이들은 대체로 성실하지만 과묵한 편이기 때문에 수학 선생님

이나 부모가 이 사실을 전혀 눈치채지 못하는 케이스가 대부분이다.

겉으로는 조용히 수업에 참여하고 고개를 끄덕이지만, 그 '끄덕임'은 이해의 표시가 아니라 '모른다는 사실을 들키지 않기 위한 방어적 몸짓'인 것이다. 이 아이들은 '푸는 법을 까먹었다'고 말하거나 이해한 듯한 표정으로 넘어가는 일도 잦다. 그러나 그 속에는 '모른다'는 말 한마디조차 꺼내기 두려운 학습적 불안과 자존감의 문제가 자리하고 있다.

단순히 문제 푸는 능력이나 레벨 테스트 점수로 학생을 분류하는 것은 적절하지 않다. 어떤 아이는 의욕의 문제고, 어떤 아이는 자존감이 문제이며, 또 어떤 아이는 이해의 언어가 부족할 뿐이다. 아이가 왜 해설지를 봐야만 했는지, 수학에 대한 각각의 태도와 감정을 복합적으로 고려해 학습 전략과 피드백 방식을 달리할 때, 진정한 맞춤형 수학 교육이 가능해질 것이다.

03

놀기만 하던 4등급 아이가
수리 논술로 명문대 합격했다?

학부모 상담을 하다보면 종종 논술 전형에 대한 환상을 가진 분들을 만나게 된다. 특별히 공부에 몰두하는 모습을 보이지 않던 (9등급제 기준) 4등급 성적의 이웃집 아이, 혹은 조카가 수리 논술로 명문대에 진학했다는 소식을 들었다는 것이다. 그 이야기를 전하던 학부모는 이렇게 말했다.

"우리 아이도 지금은 공부를 전혀 안 하지만 나중에 수학 학원 보내서 수리 논술로 대학 보내려구요."

우리가 판단한 이들의 자녀들은 공통적으로 행동은 미루면서 가능성은 과대평가하는 함정에 빠져 있었다. 그리고 이 함정에 '논술'이라는 유니콘이 던져졌을 때, 아이는 노력하지 않아도 기회가 남아 있다는 착각, 즉 심리적 마취 상태에 빠져버린다. 공부하지 않아도 역전할 수 있다는 잘못된 낙관은 아이를 멈춰 세우고, 결국 아무것도 시작하지 않은 채 시간을 흘려보내게 만든다.

'공부 안 하던 4등급 형이 수리 논술로 명문대에 합격했다'는 전설(?)에는 두 가지 근본적인 오해가 숨어 있다. 첫 번째는 4등급에 대한 오해이고, 두 번째는 논술 전형에 대한 오해다. 이 말에는 이미 '4등급=공부를 안 한 상태'라는 인식이 자연스럽게 깔려 있다. 또한 그 뒤에 붙는 '논술로 명문대에 합격했다'는 문장에는 '손쉽게 명문대에 갈 수 있는 비밀 루트가 있다'는 식의 오해를 만들어낸다.

현장에서 본 4등급 학생들은 생각처럼 그렇게 한가로이 놀고 있지 않다. 4등급은 전체 상위 23~40%에 해당하는 구간으로, 내신 체계와 학교 환경, 시험의 난이도를 고려할 때 결코 낙오자의 위치가 아니다. 현장에서 만난 고2 내신 4등급 제자는 중학교 시절 최상위권이었고 언제나 마음 편히 놀았던 적이 없다.

이들은 단지 내신 경쟁에서 밀려났을 뿐, 절대적인 학업 역량이 부족한 것이 아니다. '놀기만 하던 4등급 학생이 수리 논술로 명문대에 갔다'는 말을 처음 퍼뜨린 사람은 분명 4등급이 뭔지도 잘 모르는 사람이었을 것이다. 함께 어울려 논 것처럼 보였을 수는 있지만 그 아이는 이미 공부에 필요한 기본 역량을 갖추고 있었을 것이라 확신한다.

4등급에 대한 인식이 이러한 데엔 언론과 방송, 그리고 일부 교육자들의 탓도 분명 있다. 교육 관련 프로그램에서조차 4등급 아이를 향해 "그동안 왜 공부를 안 했니?"라는 식으로 자연스럽게 폄하하는 장면을 어렵지 않게 찾아볼 수 있다. 유명 인강 강사나 입시 전문가들 중 일부는 주로 극상위권이나 상위권 학생들을 상대해온 경험에 기반하여 상대적으로 낮은 등급 아이들을 과소평가하거나 인서울 대학이 아니면 의미가 없다는 관점을 은연중에 드러내기도 한다.

실제 한 TV 프로그램에 출연한 유명 강사는, 자신은 이제껏 3등급까지의 학생들만 만나보았다고 고백하기도 했다. 교육계와 방송계에 만연한 이러한 시선은 잠재력 있는 다수의 학생들을 주류 경쟁에서 벗어난 실패자로 규정하게 만든다.

여기에 '4등급에서 ○○대 합격' 같은 쉽고 자극적인 표제가 더해지면 드라마는 완성된다. 실제 해당 학생의 학업 역량이나 맥락에 대한 분석, 교육의 본질은 필요없다. 수리 논술을 준비하는 데 필요한 고등 수학 전 범위에 대한 탄탄한 개념 이해와 논리적 사고력도 관심 밖이다. 사람들은 '한 방에 역전' '드라마틱한 반전' '극적인 성공' 스토리에 환호한다. 그들에게 4등급이라는 숫자는 마치 절대적인 실패처럼 해석되며, 이 등급을 받은 학생이 명문대에 진학하면 그것은 정상적인 결과가 아닌 예외적이고 비정상적인 경로, 우연한 역전의 기회로 여겨지게 되는 것이다. 하지만 현실은 훨씬 더 복합적이며, 단일한 등급만으로 학생의 학업 수준을 결코 단정지을 수 없다.

더구나 상당수 논술 전형에는 수능 최저학력 기준이 존재한다. 국어·수학·영어·탐구 등 주요 과목 중 세 과목 합산 7등급, 또는 상위 두 과목 4등급 이내와 같은 기준이 설정되는 것이다. 이러한 기준은 단순히 논술 실력만으로는 넘을 수 없는 문턱이며 결국 수능에서도 일정 수준 이상의 성취를 이룬 학생만이 합격할 수 있는 구조다. 물론 일부 대학은 수능 최저가 없지만 대부분의 주요 대학에서는 여전히 그 기준이 유지되고 있다.

수리 논술에 대한 이러한 소문이 반복될수록 사람들은 점점 그 시험의 실체를 놓치게 된다. 특히 이과 수리 논술은 단순한 암기나 테크닉으로 접근할 수 있는 시험이 아니다. 출제되는 문제는 고등학교 교육 과정 범위 내에서 출제되지만, 단순한 개념 암기나 공식 적용만으로는 해결할 수 없는 사고의 깊이와 복합성이 요구된다. 수리 논술 문제를 풀어내는 능력은 단지 학원을 다니고 문제 유형을 익힌다고 해서 가능한 일이 아니다. 그 문제를 끝까지 밀고 나가 해결할 수 있었다는 것은 이미 그 학생에게 수학적 개념의 체화, 응용 능력, 수학적 논리 구성력이 충분히 축적되어 있었다는 뜻이다. 그리고 그 역량은 오랜 시간에 걸친 공부와 사고의 훈련 속에서 형성된다.

만약 소문의 아이가 뒤늦게 준비해서 합격한 경우라고 해도, 그만큼 치열하게 노력했을 것이라는 전제엔 변함이 없다. 고3이라는 압박 속에서도 다른 과목 학습을 병행하면서 그중 논술 공부까지 소화해낸 것이다. 그 학생은 수학뿐 아니라 과학, 국어 등 다양한 과목에서 학업 역량을 갖춘 학생이며, 논술은 그 아이가 가진 실력과 조건을 바탕으로 선택한 전략적 전형들 중 하나였을 뿐이다. 수리 논술은 무작정의 한 방이 아니다. 실력을 갖춘 학생이 선택할 수 있는 또 하나의 경로다.

그렇다면, 논술 전형으로 대학을 쉽게 갈 수 있을까?
단언컨대, 쉽지 않다.

논술 전형은 단순히 어려운 시험이라기보다는 경쟁률 자체가 높은 전형이다. 대부분의 경쟁률이 10 : 1 이상으로, 90% 이상이 탈락하는 구조다. 상위권 대학의 논술 전형은 평균 20 : 1 안팎의 경쟁률을 보이며 일부 모집 단위는 30 : 1을 넘기기도 한다. 수능 최저 기준 미달로 인해 실질 경쟁률이 다소 낮아질 수는 있지만, 그렇다고 해서 경쟁의 본질이 가벼워지는 것은 아니다. 즉, 논술 전형 하나에만 기대어 준비한다면 대입 전체를 실패를 끝낼 위험이 커진다는 뜻이다.

논술 전형은 누구에게나 열려 있는 듯 보이지만 그렇지 않다. 실제로는 수능 최저 충족 여부, 고난도 문제 해결력, 사고력 중심의 평가 구조로 인해 상위권 학생들을 중심으로 실질적인 실력 경쟁이 이루어질 가능성이 높다. 겉보기와는 달리, 입시 후반부에 치열하고 절박한 총력전이 펼쳐지는 마지막 희망인 셈이다. 따라서 논술을 준비한다면 그것이 확률적으로 어떤 무게를 지니는 기회인지, 그리고 그것에 걸맞은 준비와 각오가 되어 있는지 신중하게 따져봐야 한다. 그들과 경쟁해야 한다는 사실을 무시한 채 논술만을 준비하는 것은 입시 전략이라기보다 차라리 도박에 가깝다.

상황이 이러한데, 무턱대고 '논술이 희망'이라고 가볍게 말하거나 논술을 권장하는 것은 오히려 아이의 다른 가능성을 소모하게 만드는 무책임한 조언이 될 수 있다. 논술 전형은 충분한 실력을 갖추고도 내신 관리가 일시적으로 어려웠던 학생들에게 열려 있는 전략적 선택이다. 내신 관리도 무너졌고 기본 실력도 애매한 아이가 도전한다면, 그 경쟁에서 살아남을 가능성은 거의 없다.

한 제자는 우리의 강한 만류에도 불구하고 끝내 수시 6장의 원서를 모두 논술 전형으로 채우는 '6논술' 전략을 선택했다. 그 전략의 위험성과 현실적인 한계를 수없이 설명했음에도 다른 전형은 사실상 포기한 채 논술 한 전형에 올인한 것이다. 그 아이는 다른 과목 학습은 최소한으로 유지한 채 '대역전의 기회'라고 생각한 논술 전형에만 집중하며 1년을 보냈다. 하지만 재수 기간 내내 학업 역량은 뚜렷하게 성장하지 않았고 하반기에는 논술에 사실상 전부를 걸었지만 6곳 모두 불합격 통보를 받았다. 제자는 결국 학생부 내신으로 지원할 수 있었던 대학보다 더 낮은 수준의 학교에 진학하게 되었다.

그 과정에는 1년 넘게 그에게 '가능성이 있다'고 말하며 수업을 이어간 논술 학원 선생님과 아이의 의사를 최대한 존중해주던 부모님이 있었다. 선생님과 부모님은 분명 학생을 아꼈고 진심을 다했을 것이다. 그러나 입시는 가능성만으로 움직이지 않는다. 가능성은 확률과 현실 속에서 작동해야 한다. 자녀를 전적으로 믿는다는 말은 아름답지만, 그 믿음이 현실을 외면한 낙관으로 이어질 때 결국 세상의 무게를 감당해야 하는 사람은 오롯이 아이 혼자다.

그렇다고 해서 논술을 아예 배제할 필요는 없다. 수시 전형의 기회는 총 여섯 번이고 그중 한두 개 정도를 논술 전형으로 활용하는 것은 충분히 전략적인 선택이 될 수 있다. 기본 실력이 뒷받침되지만 일반적인 내신 경쟁이나 수시 전형에서 불리한 학생들이라면 논술 전형은 기회의 창구가 된다.

예를 들어, 초등학교 때부터 수학적 재능을 보였고 수학 올림피아드에도 출전했던 아이가 있다. 그러나 사춘기 무렵 게임에 빠져 프로게이머를 꿈꾸게 되었고 그렇게 몇 년을 허비했다. 그러는 동안 학업은 뒷전이 되었고 고등학교에 진학해서야 뒤늦게 공부를 시작했다. 하지만 이미 고1, 고2 내신은 무너진 상태였다.

이런 아이에게 논술 전형은 하나의 대안이 될 수 있다. 물론 수능 최저 기준을 만족해야 하고 논술 문제 자체도 고난도라는 현실적인 어려움이 있지만, 사고력과 수학 실력에 특화된 아이들은 그 장벽을 넘기면 상대적으로 덜 치열한 경쟁을 치를 수 있기 때문이다.

얼마 전 우리를 찾아온 아이가 그랬다. 그 아이는 국어 5등급, 영어 7등급, 탐구 4등급이지만 수학은 늘 1등급을 유지하는, 말 그대로 수학 유니콘 같은 학생이었다. 생전 처음 영어 단어를 외우고 한국사를 공부하며 바닥부터 시작했지만, 수학만큼은 전국 최상위권 수준이었다. 아이는 입시 초반 논술 6장을 다 쓰겠다고 했지만 긴 설득 끝에 수능 공부를 병행하게 되었다. 논술 전형에 도전하되 '논술만으로 대학 간다'는 생각보다 '논술까지도 준비해볼 수 있다'는 전략을 택한 것이다.

논술 전형은 보통 수능 시험을 치른 주말 혹은 그다음 주말에 고사를 치르는 경우가 많다. 그 말인즉 수능 가채점 결과로 수능 최저 기준을 충족했는지를 판단한 뒤 논술 시험을 응시할지를 결정할 수 있다는 뜻이다. 결국 논술 시험장에는 수능 최저를 맞춘 아이들만 남게 되고, 그 안에서 가장 문제를 잘 풀어낸 학생이 합격하게 된다. 다른 학생들이 수능 최저를 맞추지 못해 경쟁자가 줄어드는 바람에 가끔, 아주 가끔 운 좋게 합격하는 경우가 있긴 하다. 하지만 그 운이 나에게 올 거라는 보장은 없다.

수능 최저 기준이 없는 학교라면 오히려 경쟁은 더욱 치열해진다.

수능 준비를 포기하고 논술 전형에만 올인하는 학생들이 그 학교에 몰리기 때문이다. 수학만 1등급인 전국의 유니콘들은 입시의 마지막 승부처라 생각해 목숨 걸고 논술을 준비한다. 그들과 경쟁해서 이기기란 결코 쉬운 일이 아니다. 학교마다 전형 조건이 다르기 때문에 반드시 모집 요강을 꼼꼼히 확인하되, 수능 최저가 없는 학교를 선택했다면 더 강한 상대들과 경쟁하게 되는 구조를 꼭 이해하고 있어야 한다.

앞서 언급한 유니콘 제자 역시 예외는 아니다. 영어 하나만 삐끗해도 논술 자격이 사라지기 때문에, 아이는 마지막까지 영어 성적도 함께 끌어올리며 치열하게 입시를 준비하고 있다. 바닥이었던 영어 성적을 3개월 만에 7등급에서 4등급까지 끌어올리는 등 아이는 현재 대단한 성취를 보이고 있다. 논술이 로또라면, 그 로또의 확률은 끝까지 자리를 지킨 사람만이 거머쥘 수 있다.

따라서 내 아이가 논술 전형에 도전해도 될지 여부는 단순히 점수만으로 판단해선 안 된다. 학업 역량, 사고력, 수능 최저 충족 가능성, 언어적 문해력, 그리고 무엇보다 포기하지 않는 끈기까지 고려해야 한다. 논술은 결코 쉬운 길이 아니다. 그러나 준비된 아이에게는 분명 전략이 될 수 있다.

평소에는 영수 위주로, 암기 과목은 시험 직전에만 공부하면 된다?

영어와 수학은 점수가 잘 나오는 편인데 나머지 과목은 성적이 좋지 않다고 말하는 아이들이 있다. 그 아이들의 학부모와 상담을 하다 보면 "암기 과목은 그냥 시험 직전에 외우기만 하면 잘 나오는 거 아닌가요?"라며 답답해하는 경우가 많다.

결론부터 말하자면, 요즘엔 '암기 과목'이라는 말 자체가 성립하지 않는다. 대신 우리는 사회와 과학 과목들을 일컬어 '탐구 과목'이라 부르고 있다. 교과서를 그대로 외운다고 해서 그 문장이 그대로 문제에 출제되지 않을뿐더러, 단순 암기 문제 또한 출제되지 않기 때문이다. 외운 내용을 바탕으로 생각하고 응용해야 풀 수 있는 문제들, 우리는 이런 문제들을 '수능형 문제'라고 부른다.

상황이 이러한데 학생들조차 여전히 '암기 과목'이라는 인식에 지배를 받고 있어 안타깝다. 국영수 같은 주요 교과에서만 성적이 잘 나와야 한다고 생각하고, 평소 영어와 수학만 집중적으로 공부하는 학생들이 많은 것이다. 이런 아이들의 집에서는 대체로 '시험이 아닐 때 사회, 과학을 공부하는 것은 비효율적이고 시간 아까운 짓'이라는 사고방식을 가지고 있다. 이들 학부모는 평소 암기의 중요성을 무시하고 살아왔기 때문에 아이가 암기를 잘하는지, 암기력이 어느 정도인지조차 알지 못한다.

'암기력'이라는 표현은, '암기'가 반복적인 훈련을 통해 후천적으로 길러질 수 있는 능력임을 뜻하는 말이다. 그런데 본격적으로 공부를 시작해야 할 나이가 됐음에도 그 능력이 미처 자라지 못한 아이들이 있다. 어릴 때부터 암기 경험이 많지 않았던 아이들이 훗날 암기 자체에 큰 어려움을 겪게 되는 것이다.

특히 어휘력이 부족해 본인이 암기한 내용을 스스로 이해하지 못하는 친구들이라면 중학교부터의 공부 난이도는 더욱 가파르게 상승한다. 외워야 할 내용이 너무 많은 데다 외운 내용의 의미를 몰라 조금만 표현이 달라져도 문제를 틀리는 상황의 연속이다.

요즘 아이들은 과거 부모 세대가 공부했던 것보다 훨씬 더 어렵고 복잡한 내용을 더 일찍부터 공부하게 된다. 게다가 단순 암기가 아닌, 응용과 사고력까지 요구하는 문제들이 출제된다면 시험 직전 벼락치기 공부만으로는 절대 해결할 수 없다. '암기 과목'이라고 불리는 과목에서조차 성적이 나오지 않게 되는 이유가 바로 이것이다.

'암기 과목은 시험 직전에 그냥 외우기만 하면 되지 않아?'라고 생각하는 학부모라면, 자녀에게 직접 암기를 시켜보고 그 능력치를 확인해볼 것을 강력히 권한다. 이때 아이가 암기를 곧잘 한다면 매우 다행한 일이지만, 그렇지 않을 경우 시간을 조금씩 늘리거나 반복 학습을 통해 암기력을 점진적으로 향상시키는 전략을 취해야 한다.

실제 현장에서 만나는 아이들 중에는 1시간 동안 공부를 시켰을 때 요약된 교재 한 페이지를 겨우 소화하는 학생들이 많다. 이런 아이들은 시험 직전이 아닌 평소에 전 과목을 균형 있게 학습하고 지속적으로 훈련하는 전략이 필요하다.

영어, 수학에 집중하다가 시험 직전에 탐구 과목을 슬쩍 훑고도 성적이 잘 나오는 아이들은 애초에 매우 뛰어난 학습 능력을 지닌 학생들이다. 일반 아이들이 따라 한다면 당연히 실패할 수밖에 없다. 실상은 많은 아이들이 시험 범위를 온전히 소화하지 못하고 있으며 그 범위를 감당할 수 있는 학생은 극히 일부에 불과하다는 사실을 반드시 알아야 한다.

탐구 과목은 단순한 '암기 과목'이 아니다. 소문과 왜곡된 여론에 휘둘리지 않고 내 아이에게 맞는 목표와 전략을 구체적으로 설정하려는 자세가 무엇보다 중요하다.

05

의대 진학이 목표인데 1등급을 놓쳤다면 자퇴 후 재입학해야 된다?

2025학년도부터 시행된 고등학교 내신 5등급제 적용 이후, 고1 학생들과 학부모들 사이에서는 '1등급을 받지 못하면 의대를 갈 수 없다'는 이야기가 빠르게 돌고 있다. 때문에 의대를 가고 싶은데 고1 첫 중간고사에서 전 과목 1등급을 받지 못해 자퇴를 고민하는 아이들, 혹은 이미 자퇴를 하고 우리를 찾아오는 아이들이 늘고 있다.

심지어 중학교 때 경쟁하던 친구가 자퇴 후 재입학을 준비하고 있다는 말을 듣고 이를 따라 하는 아이도 있었다. 사교육에 종사하며 한 해 동안 이렇게 많은 고1 학생들이 자퇴를 고민하고 결심하는 것을 본 적은 처음인 듯하다. 아이들의 불안과 조급한 마음이 마치 유행처럼 번지고 있다.

여기서 짚고 넘어가야 할 한 가지는 '내신 평균 1등급이면 의대를 갈 수 있다'는 착각이다. 이는 곧 성적표에 '1'만 있어도 의대를 못 갈 수 있다는 뜻이기도 하다. 내신 5등급제에서 1등급(상위 10%)은 내신 9등급제를 기준으로 했을 때 2등급(상위 11%) 정도의 비율이라고 볼 수 있다.

그렇다면 대학 측에서는 5등급제에서 1등급을 받은 학생이 9등급제에서의 1등급(상위 4%)과 같이 정말 우수한 인재라고 단정할 수 있을까? '재입학해서 올 1등급을 받아 의대에 진학한다'는 전략은 오히려 내신 9등급제에서는 어느 정도 현실적이었을 수 있다. 내신 9등급제에서의 1등급은 상위 4% 안에 드는 우수한 인재라는 확신이 있었기 때문이다. 하지만 내신 5등급제의 1등급은 그렇게 확신할 수도, 자신할 수도 없다. 올해 시작된 이 제도를 대입으로 경험해본 사람은 아직 아무도 없으며, 모든 것은 추측일 뿐이다.

재입학을 하면 올 1등급을 받을 수 있을 거라는 확신은 또 어디에서 오는가? 재입학을 했음에도 1등급이 나오지 않는다면 계속해서 자퇴와 재입학을 반복할 것인가? 재입학을 했는데 또다시 1등급을 놓친다면 무너지는 아이의 멘탈은 어떻게 다스릴 것인가? 5등급제 기준 올 1등급이 실제로 의대를 갈 수 있는지조차 확인되지 않은 상황에서 왜 그런 도박을 하는 것인지, 너무나 섣부르고 위험한 판단이 아닐 수 없다.

그동안 우리가 현장에서 만난 '의대 진학을 희망한다'는 학생들 중 상당수는 과목별 학원 수업에 의존해 성적을 유지해온 불안정한 상위권 아이들이었다. 학습 실력도, 자기주도력도 아직 단단히 자리잡지 못한 그들에게 지금 필요한 것은 자퇴를 통한 리셋이 아니다. 그들에게는 처음 맞닥뜨린 실패를 어떻게 견디고 극복해갈 것인가에 대한 현실적인 훈련이 필요한 것이다.

이런 아이들에게는 오히려 고등학교 3년을 제대로 보내는 과정이 자기주도학습 능력을 키워주는 가장 현실적인 훈련이 될 수 있다. 검정고시를 통해 수능에 전념하는 길은 이미 자기 조절력과 학습 습관이 완성된 일부의 아이들에게 가능한 방식이다. 극소수의 성공 사례가 마치 일반적인 대안처럼 포장될 때, 그 신화를 믿고 따라가는 애매한 상위권 아이들은 큰 위험에 놓이게 된다.

자퇴를 선택하는 아이들 중에는 실패의 원인을 바로잡기보다 실패한 자신을 불편해하고 견디지 못해 그 상황 자체를 지워버리려는 경우도 있다. 이들은 회복 탄력성이 낮을 뿐 아니라 자신의 사고방식이나 공부 습관을 점검하고 수정하는 경험도 부족하다. 수능은 단순히 문제를 푸는 시험이 아니라 나의 사고가 왜 틀렸는지를 끊임없이 인식하고 고쳐가는 훈련으로 완성된다. 한 번의 실패가 '끝'처럼 느껴지는 현실 속에서 이대로는 회복이 불가능하다는 불안, 나는 이미 뒤처졌다는 절박함이 자퇴를 종용하고 있는 것은 아닌가 세심히 살펴야 한다.

학교를 떠난다고 해서 그 불안이 사라지는 것도 아니다. 오히려 아이를 지탱하던 일상의 구조와 관계망이 무너지면서 새로운 환경에서

조차 이전과 같은 패턴이 반복되는 경우가 많다. 자퇴는 단순히 진학의 문제가 아니라 감정의 문제이기도 하다. 불안을 이겨내는 힘, 실패를 견디는 힘을 배우지 않은 아이들에게는 자퇴가 해답이 될 수 없다.

물론 '올 1등급을 받으면 의대에 갈 수 있다'는 주장은 틀릴 수 있다 하더라도, '올 1등급을 받지 못하면 의대를 꿈꿀 수조차 없다'는 말에는 일정 부분 설득력이 있다. 그만큼 경쟁이 치열하고 의대 진학의 문이 좁다는 사실을 부정할 수는 없기 때문이다.

하지만 수능 위주의 정시 전형이 여전히 열려 있는 의대들도 있다. 무턱대고 자퇴를 고민하기보다 모의고사 성적을 끌어올리고 수능 성적을 높여 의대에 진학하는 길을 모색해볼 수도 있는 것이다. 또한 내신 5등급제 시행으로 내신 변별력에 대한 우려가 커지면서 일부 대학에서는 면접이나 대학별 고사 등 평가 요소를 확대할 가능성이 제기되고 있다. 다만 학교, 모집 단위, 전형 유형마다 반영 요소가 다르므로 반드시 최신 모집 요강을 확인해야 한다.

게다가 학생부 종합 전형도 있다. 만약 1학년 때 통합사회를 제외한 모든 과목에서 1등급을 받은 학생이라면, 대학 측에서는 오히려 '왜 이 과목만 5등급일까?' 궁금해할 수 있고, 그 질문이 스토리의 시작이 될 수도 있다. 누구나 한 번쯤 실수할 수 있다. 그런 실수가 학생부 교과 전형이나 평균 등급에는 불리하게 작용하겠지만, 학생부 종합 전형에서는 그 경험을 어떻게 해석하고 극복했는지가 중요한 평가 요소가 된다. 이 서사가 설득력을 가지려면 이후의 노력과 변화가 분명히 보여야 한다. 결국 중요한 것은 완벽한 성적이 아니라 실패 이후의 성장 궤적이다.

“학생부 종합 전형에서도 내신이 제일 중요한가요?”라는 질문을 종종 받는다. 결론부터 말하면 그렇다. 학생부 종합 전형에서도 내신은 여전히 가장 중요한 평가 요소다. 내신의 비중을 축소하거나 ‘비교과만 잘하면 된다’고 말하는 사람은 전문가가 아니다. 비교과 활동 역시 평가 요소이지만 학생부 종합 전형의 중심축은 일관되게 학업 역량이다.

이를 가장 잘 보여주는 사례가 특목고나 자사고의 내신 구조다. 이 학교들에서는 전교권 학생들이 심화 과목에 몰리기 때문에 전교 1등이 1.0등급이 아닌 경우가 흔하다. 예를 들어, 20명 내외 상위권 학생들만 듣는 심화 수업에서 3등을 했다면 성적표에는 3등급으로 기록될 수 있다(9등급제 기준 3등급은 11~23%).

그러나 대학은 이 학생을 ‘3등급 학생’으로 보지 않는다. ‘전교권 상위 3등 수준의 학업 역량을 가진 학생’으로 해석한다. 이것이 바로 학생부 종합 전형의 본질이며 존재 이유다. 학생부 종합 전형은 수치나 등급만으로 설명되지 않는 학업 맥락을 평가하기 위한 제도이기 때문이다.

학생부 종합 전형은 아무 근거 없이 학생을 선발하지 않는다. 2008

년 입학사정관제 도입 이후, 대학 입학처에는 수십만 건의 학생부를 정성 평가해온 노하우가 축적되어 있다. 선택 과목, 교과 이수 난이도, 학업 성취 추세, 경쟁 환경, 학업 태도 등을 종합적으로 검토한다.

따라서 학생부 종합 전형은 단순한 등급 경쟁이 아니다. 평가 대상은 성적표가 아니라 성장의 증거다. 어떤 과목을 선택했고 그 과목이 어떤 도전이었는지, 그리고 그 과정에서 학업적으로 어떻게 확장되었는지를 함께 본다. 때문에 어려운 과목을 선택했거나 등급을 받기 어려운 환경을 감수한 학생은 정성 평가에서 긍정적으로 반영된다. 낮은 등급이 곧 낮은 평가로 직결되지 않는 이유가 바로 여기에 있다.

우리는 아이들에게 마음에 들지 않는 제도 속에서도 최대한의 기회를 찾아내고 그 안에서 실패하고 다시 일어서는 법을 가르친다. 교육 및 입시 제도가 바뀔 때마다 불안이 커지지만, 진짜 중요한 것은 그 혼란 속에서도 자신의 목표를 다시 정돈하고 나아가는 능력이다.

자퇴 후 재입학, 혹은 검정고시 후 수능에 집중하는 길 모두가 인생을 건 절실한 선택이라는 것을 잘 알고 있다. 그 결심을 가볍게 보는 것이 아니다. 그러나 교육이 과정을 건너뛰어 결과만을 추구하는 방식으로 흐를 때 그 안에서 배워야 할 의미는 사라진다. 지름길이 아니라 과정 속에서 성장할 수 있다는 믿음, 그 믿음이야말로 교육자의 마지막 이상이라고 생각한다.

06

힘들고 시간만 낭비하는 수행 평가, 도대체 왜 해야 할까?

최근 몇몇 유튜브 채널이나 일부 언론들에서 '수행 평가는 아이들을 혹사시키는 제도'라는 자극적인 의견을 퍼뜨리고 있는 것으로 안다. 그리고 언제나 그렇듯 이러한 극단적인 프레임은 대중의 관심을 아주 쉽게 사로잡는다. 우리는 수행 평가를 싫어하는 학생들과 학부모들을 비난할 생각이 없다. 다만 대중을 선동하려는 일부 사람들을 향해 목소리 내고 싶은 것이다. 수행 평가에 대해 이야기하려면 적어도 수행 평가가 무엇인지부터 알아야 한다.

수행 평가는 최근 고교 학점제가 시행되면서부터 갑자기 생겨난 제도가 아니다. 수행 평가는 지필 평가의 한계를 극복하고 학생의 전인적 성장과 고차원적 사고 능력 발달을 지원하기 위해 1999년부터 도입된 제도다. 수행 평가는 중간고사와 기말고사로 불리는 지필 평가와 더불어, 각 학교의 연간 평가 계획에 포함된 정식 평가 항목으로, 한 학기 최종 성적은 지필 평가 60%, 수행 평가 40% 등의 비율로 합산되어 결정된다. (지필 평가와 수행 평가의 반영 비율은 지역, 학교, 과목에 따라 달라질 수 있다.) 둘 다 동일한 평가이건만, 지필 평가를 대비하기 위해 밤 늦게까지 공부하는 건 '필요한 준비'로 여겨지고, 수행 평가에 할애하는 시간은 '부담' '비효율' '폭력'으로 매도하는 건 도대체 무슨 경우인가?

많은 학생들이 수행 평가에 대해 막연한 두려움과 부담을 느끼는 이유는 수행 평가가 어려워서가 아니라 준비 방법을 모르기 때문이다. 수행 평가는 지필 고사와 마찬가지로 미리 공개된 평가 계획 위에서 진행된다. 대부분의 학교는 3월 말에서 4월 초중순 사이에 연간 평가 계획을 공개하고 이를 학교 홈페이지에 게재한다.

이 평가 계획 안에는 지필고사 일정을 포함한 수행 평가 주제, 반영 비율, 평가 기준까지 모든 정보가 공개되어 있다. 학교의 평가 계획을 꼼꼼히 읽고 분석하며 수행 평가 주제에 맞는 실행 전략을 세운다면 수행 평가는 더 이상 두려움의 대상이 아닌 게 되는 것이다. 입시는 정보 게임이다. 공개된 정보를 읽을 줄 아는 사람과 그렇지 못한 사람의 격차는 바로 이 지점에서부터 발생한다.

수행 평가는 기준표가 공개되어 있고 요구 조건이 구체적으로 명시되어 있는, 절차가 명확한 평가다. 분량을 지키고 주제를 벗어나지 않으며 기본 구성만 제대로 갖추면 점수를 얻을 수 있는 구조다. 그러나 준비 방법에 대해 전략을 세우지 못했거나 정보가 부족한 학생들은 수행 평가에 불안함을 느껴 부모에게 도움을 청하게 된다. 구글링한 내용을 복사, 붙여 넣기를 하거나 사교육에 대행을 맡기는 것 또한 준비가 부족하기 때문이다.

그러나 사람들은 이러한 현상의 단면만을 보고 수행 평가라는 제도 자체를 '부정의 온상'이라고 말하곤 한다. 이는 수행 평가의 구조를 제대로 이해하지 못한 주장이다. 수행 평가는 학생을 변별하거나 탈락시키려는 평가가 아니다. 기준을 투명하게 공개하고 그 기준을 통과만 하면 모두 점수를 주는 평가인 것이다.

이와 관련해 또 다른 문제가 있다. 바로 수행 평가를 지나치게 과도하게 준비하는 문화다. 본래 수행 평가는 '정답을 맞히고 학생들을 변별하기 위한 평가'인 지필 평가와 달리, '수업에의 참여와 성실도를 확인하는 평가'다. 그런데 일부 학생과 학부모는 흡사 논문 프로젝트 하듯 불필요한 표지 디자인, 과도한 자료 조사, 과장된 발표 영상 등 지나친 형식 경쟁을 벌인다. 그 결과 수행 평가는 원래의 목적을 잃은 채 노동 경쟁으로 변질된다. 수행 평가가 부담스러운 것이 아니라 수행 평가를 잘못 다루는 방식이 부담을 만드는 것이다.

제자 중에서 유독 수행 평가를 무서워하던 아이가 있었다. "저 글 못 써요. 수행 평가 너무 무서워요"라며 거의 울다시피 도움을 청하던 그 학생이 받은 수행 평가는 교과서 19~25쪽을 읽고 학습지 빈칸을 채우는 과제였다. 제출 기준은 8줄 이상 × 4회 제출 = 20점 만점이었다. 우리는 그 아이에게 중요 문장을 찾는 법, 단락 구성 방법, 핵심 개념을 유지하면서 정리하는 방법 등 교과서 읽는 법에 대해 알려주었다. 글쓰기 능력이 부족해서가 아니라 학습 방법을 모르는 게 문제였던 것이다. 아이는 스스로 학습지를 작성했고 수행 평가에서 만점을 획득했다.

수행 평가는 정답을 맞혀야지만 점수를 얻는 평가가 아니라, 기준을 충족하면 점수를 얻을 수 있는 평가다. 기준을 잘 지키고 제때 시작하기만 하면 충분히 감당 가능한 평가라는 뜻이다.

또 한 가지 수행 평가에 대한 오해를 바로잡자면, 수행 평가는 지필 고사에 취약한 아이들의 성적을 보완해줄 수 있는 최후의 보루라는 점이다. 수행 평가가 없어지고 지필 평가만 남는다면 중간고사와 기말고사 점수만으로 등급이 결정되게 된다. 수행 평가를 강하게 비난하는 이들은 대개 학교 교육을 무시하고 지필 평가 성적만을 위해 사교육에 과도하게 의존하는 상위권과 그들의 학부모다. 그들의 시선에서 수행 평가는 공부를 방해하는 요소이자 시간 낭비이며 의미 없는 활동을 억지로 강요하는 제도인 것이다.

우리 역시도 지필 평가의 중요성과 필요성을 부정하려는 것이 아니다. 하지만 교육이 오직 지필 평가 한 가지 방식으로만 이루어져야 한다고 주장하는 것은 교육의 본질을 지나치게 좁게 바라보는 것이다. 학습 격차는 기초 학습력의 누적에서 비롯된다.

어떤 학생은 이전에 쌓아온 기반 학습이 탄탄하기 때문에 지금 수업을 어려움 없이 따라가는 반면, 어떤 학생은 기초가 부족해 같은 노력을 해도 지금 당장은 성과를 내지 못한다. 이런 현실에서 지필 평가 점수 하나만으로 학생을 평가하는 것은 기초 학습력이 부족한 학생을 구조적으로 배제하고 실패자로 낙인찍는 것에 다름 아니다.

수행 평가는 현재의 참여 의지와 학습 태도를 통해 점수를 획득할 수 있는 유일한 제도다. 현재 실력이 부족해도 노력과 과정으로 점수를 만들 수 있는 공정한 평가 방식인 셈이다. 수행 평가는 하위권 학생들에게 숨 쉴 공간이 된다. 이것이 바로 교육적 안전장치로서의 수행 평가가 가지는 함의다.

이러한 우리의 주장에 때때로 '하위권 학생의 입장에서만 대변하지 마라'는 공격이 날아들기도 한다. 그러나 이는 현실을 전혀 모르는 주장이다. 수행 평가는 하위권 학생들만을 위한 제도가 아니다. 상위권 학생들에게도 수행 평가는 매우 전략적인 제도다. 상위권 학생들은 수행 평가를 소위 '날로 먹는 점수'라고 표현하곤 한다. 미리 준비하기만 하면 거의 무조건 만점이 가능하기 때문이다.

그럼에도 불구하고 상위권 학생들 중 일부는 지필 고사 평균

97~98점을 받아놓고도 수행 평가를 챙기지 않아 결국 내신 평균이 1등급에서 2등급으로 내려가기도 한다. 처음부터 이미 평가 계획표에 지필 60%, 수행 40%을 반영한다고 공개되어 있음에도 수행 평가를 방치했다면, 이는 불공정이 아니라 예고된 결과이자 전략의 부재다.

수행 평가는 학생들을 공교육의 틀 안에 안전하게 붙잡아두려는 최소한의 제도다. 때문에 수행 평가를 향한 혼란스러운 시선은 사실상 수행 평가라는 제도 자체가 아니라 수행 평가를 다루는 방식에서 비롯된 것이라고 보는 게 정확하다. 제대로 이해하면 기회가 되고, 모르고 접근하면 고통이 된다.

엄밀히 말하자면 수행 평가는 학생을 평가하는 것이 아니다. '학생이 스스로를 관리할 수 있는가'에 대한 질문이다. 마감 전날 허겁지겁 밤을 새워 붙잡고 있을 것인가, 아님 과제가 주어진 날부터 차근차근 기준에 맞춰 전략을 세울 것인가. 그 선택에 따라 수행 평가는 기회가 될 수도, 두려움이 될 수도 있다.

4부.

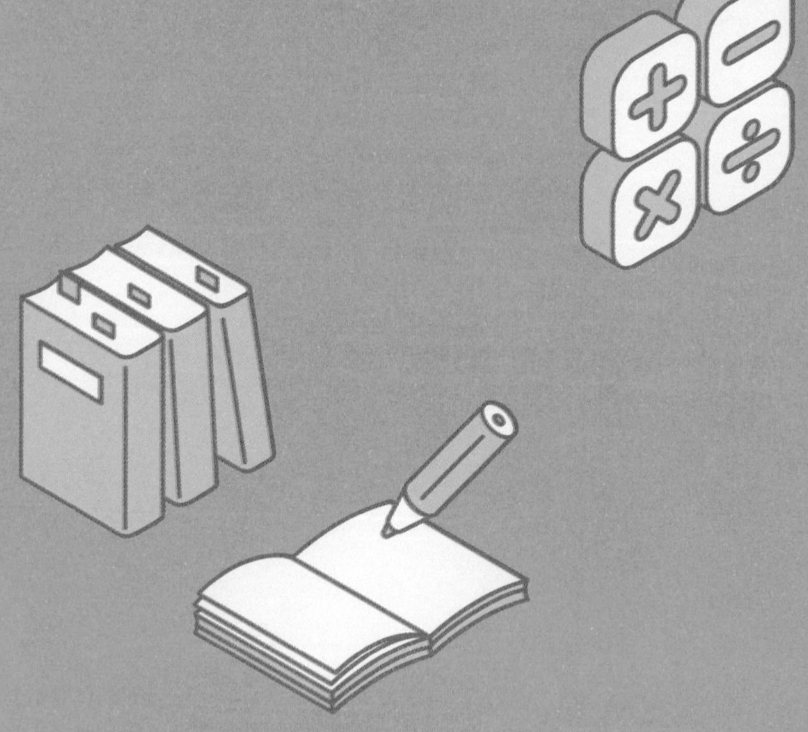

이대로만 따라 하세요!

학원 망할 각오로 알려주는 실전 솔루션

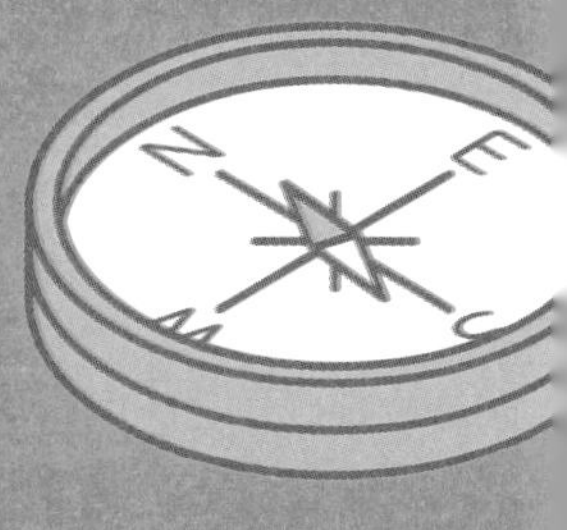

어떤 교재를
골라야 할까?
교재 선택 및 활용 가이드

'시중에 교재가 너무 많아서 어떤 교재로 공부해야 하는지 알려달라'는 학부모들의 요청이 쇄도해 교재 추천 콘텐츠를 촬영한 적이 있다. 해당 콘텐츠를 릴스로 제작해 인스타에 업로드한 첫날, 하루 만에 70만 조회수를 기록했을 뿐만 아니라 유튜브 롱폼 영상들 중 자체 최고 조회수를 기록하는 등 관심이 뜨거웠다. 학부모들이 이런 반응을 보이는 이유는 명확하다. 내 아이에게 지금 부족한 부분이 무엇인지, 필요한 영역이 무엇인지 정확히 모르기 때문에 교재 선택의 기준이 없는 것이다.

초등 연산 교재를 예로 들어보자. 교재마다 디자인이나 난이도, 해설의 차이는 있지만 핵심 학습 구조는 크게 다르지 않다. '덧셈·뺄셈의 받아올림과 받아내림' '분수와 소수의 사칙연산'과 같은 내용이 중심을 이루며 결국 정확성·속도·반복 훈련을 목표로 한다. 교재마다 차이는 있지만 기본 골격은 유사하다. 이는 동네 서점 혹은 온라인 서점에서 '초3 연산' 등으로 검색해 몇 권만 미리 보기로 비교해봐도 금방 느낄 수 있는 부분이다. 교재 자체를 고민하기보다 아이가 어떤 단원에서 막혀 있는지, 하루에 어느 정도 분량을 소화할 수 있는지를 먼저 파악하는 게 우선인 이유가 바로 이것이다.

중3 겨울 방학을 앞둔 학생의 경우도 마찬가지다. 이 시기는 대체로 중학교에서 부족했던 개념을 보완하면서 동시에 고등 과정을 준비하기 시작하는 분기점으로 여겨진다. 그러나 모든 학생들이 고등 과정을 대비해야 한다는 것은 아니다. 학습 기초가 부족한 학생이라면 오히려 겨울 방학 동안 중등 개념을 보완하는 것을 목표로 하는 것이 더 적합할 수 있다.

정리하자면, 아이의 과목별 성적 변화, 영역별 성취도, 학습 속도, 자기 공부 시간, 학습 습관, 시기별 목표를 알지 못하는 상태에서 일괄적으로 교재를 추천하는 것은 불가능하다. 특정 브랜드의 교재가 중요한 것이 아니라 어떤 교재가 필요한지 판단할 근거를 찾는 작업이 선행되어야 하는 것이다.

아이의 학습 상태와 목표를 객관적으로 진단했다면, 그에 맞는 교재나 문제 자체는 이미 시장에 다 나와 있다. 요즘은 특정 유형만 모아둔 교재는 물론이거니와 작품별·단원별 문제를 직접 뽑아 학습지를 만들 수 있는 온라인 문제 은행 플랫폼까지 등장했다. 부족한 것은 지금 우리 아이에게 필요한 단원과 유형을 명확히 짚어낼 통찰력, 단지 그 하나다.

아이를 객관적으로 진단하는 작업은 학년이 아니라 학생의 실제 수준에서 출발해야 한다. 학년별, 과목별, 영역별로 나의 수준을 파악하는 작업은 자기 객관화의 중요한 과정이다. 하위권 학생이라 하더라도 공부 행동을 지속하려면 반드시 자기 수준에 맞는 교재를 선택해야 한다. 수학이라면 연산 속도·문제 해결력·개념 이해도 같은 요소, 국어라면 독해력·어휘력·지문 이해 능력, 영어라면 어휘력·구문 해석력·듣기 능력 등이 객관적으로 파악되어야 한다.

이런 능력치에 대한 진단이 없으면 아무리 좋은 교재를 쥐어줘도 효과는 반감될 수밖에 없다. 중요한 것은 '더 좋은 교재'가 아니라 '더 정확한 진단'이라는 점을 명심하도록 하자.

01

한자 공부와 한글 어휘력 학습의 필요성

본격적인 교재 선택 가이드에 들어가기에 앞서 한자 학습의 중요성에 대해 짧게 강조하고자 한다. 한자 학습은 초중등 시기에 반드시 다뤄야 할 영역임에도 불구하고, 의외로 많은 학부모들이 이를 간과하고 있다. 중학교에 올라가면 과목 수가 늘어나고, 교과서의 어휘는 '분권' '자치' '공정' '정체성' '합리' 등과 같이 점점 추상적이고 복합적인 개념을 포함하게 된다. 이런 어휘들을 정확히 이해하려면 어휘의 뿌리 구조를 이해하는 학습이 병행되어야 하고 그 접점에 한자 학습이 있다. 현재 중학교에서는 한문이 선택 과목인 경우가 많고 고등학교에서도 대부분 필수가 아니다. 학교 수업만으로는 어휘의 뿌리를 익히기 어렵기 때문에 아이가 스스로 한자 어휘를 배울 수 있는 기회를 마련해주는 것이 중요하다.

아이들은 한자 공부를 통해 비슷한 음을 가진 어휘들 속에서 정확한 뜻을 구별할 수 있는 힘, 즉 문장을 문맥에 따라 정확히 해석할 수 있는 능력을 기를 수 있다. 예를 들어 '고마움을 나타내는 인사'인 '감사感謝'와 '감독과 검사'를 뜻하는 '감사監査'는 같은 발음이지만 의미가 전혀 다르며 사용되는 상황도 완전히 다르다. 이러한 어휘 감각은 읽기와 쓰기의 기반이 되고 자기주도학습의 핵심 요소가 된다.

한자 공부를 위해서는 단순히 개별 한자의 뜻과 음을 외우는 데서 그치는 것이 아니라 실제 어휘 속에서 자연스럽게 익히도록 도와주는 교재를 사용하는 것이 좋다. '더울 열熱'이라는 글자 하나만 외우는 것이 아닌, '열대야' '열기' '열정' '열병' 등 다양한 어휘 속에서 공통된 의미 흐름을 파악할 수 있게 하는 교재를 추천한다. 또한 아이들이 자연스럽게 한자의 쓰임을 이해하도록 다양한 예시나 그림을 통해 시각적, 직관적으로 음과 뜻풀이를 구성한 교재도 추천할 만하다.

한자 학습이 어휘의 뿌리를 다지는 과정이라면, 한글 어휘력 학습은 그 뿌리 위에서 사고를 확장하는 과정이다. 두 영역은 따로 분리된 공부가 아니라 서로를 보완하는 언어 훈련이다. 교과서의 문장들은 고학년이 될수록 점점 더 추상적이고 개념화되어간다. 모든 과목의 이해는 언어로 시작되며 어휘력은 그 언어적 기반이다. 어휘 공부는 사고력을 세우는 출발점이자 모든 학습의 토대가 되는 것이다.

그러나 지금의 학습 현실은 영어 단어에는 시간을 쏟으면서 정작 모든 과목의 바탕이 되는 한글 어휘에는 상대적으로 무관심하다. 이 불균형은 결국 사고력의 격차로 이어진다. 어휘 기초를 다지지 않으면, 일상에서는 많이 쓰이지 않지만 교과서에는 자주 등장하는 어휘들을 이해하지 못한 채 고등 과정을 맞이하게 된다. 이런 어휘들은 타고난 언어 감각이 아니라 많은 양의 독서나 후천적 학습을 통해서만 얻을 수 있다. 한글 어휘 공부는 더 이상 여유가 있을 때 하는 부가 학습이 아니다.

요즘은 다양한 단계와 구조를 가진 한글 어휘력 교재가 생각보다 많다. EBS에서도 단계별로 한글 어휘의 기본적인 뜻과 쓰임을 함께 익히고 스스로 점검할 수 있는 교재를 발행하고 있다. 최근에는 교과별·학년별 빈출 개념어를 정리한 교재나 강의도 나오고 있다. 중학 국어 어휘, 고등 국어 어휘, 빈출 어휘, 수학/과학/역사 기본 용어 등을 정리한 교재를 출판하고 강의까지 활용할 수 있도록 되어 있는 것이다.

어휘력은 하루아침에 쌓이지 않는다. 매일 일정량을 읽고 익히며 스스로 점검하는 루틴이 사고의 기반을 단단히 세운다.

02

교재의 구조와
단계에 주목하자

아이들이 스스로 공부 계획을 세우고 실천하는 일은 생각보다 쉽지 않다. 특히 초등학생이나 중학교 저학년처럼 공부량과 소요 시간을 가늠하기 어려워하는, 즉 '공부에 대한 메타인지'가 아직 발달하지 않은 시기에는 더욱 그렇다. 따라서 이 시기의 아이들에게는 내용의 난이도 못지않게 교재의 구성 방식이 매우 중요하다.

이럴 때 유용한 것이 하루 학습량이 명확히 나누어져 있는 교재이다. 하루에 해야 할 분량이 정해져 있다면 아이는 '얼마나 해야 할지'를 고민하는 대신 '오늘은 여기까지'라는 분명한 목표를 가지고 학습에 집중할 수 있다. 이는 공부 습관을 기르는 데 큰 도움이 된다.

같은 과목이라도 교재의 구조와 단계는 모두 다르다. 어떤 교재는

'기본-완성-실전'처럼 단계가 명확히 나뉘어 있고 어떤 교재는 개념과 문제 풀이가 함께 구성되어 있다. 개념 설명에 대부분의 공간을 할애하는 교재도 있고 실제 기출로만 구성되어 있거나 예상 문제가 섞여있는 경우도 있다. 내신 수준 문제로만 구성된 교재도 있고 유형별 혹은 주제별로 구성된 교재도 있다. 이런 교재의 구조를 읽고 학생의 수준과 목표에 맞게 설계하는 것이 공부의 출발이다.

공부 습관을 들이기 위해서는 아이가 스스로 읽고 이해할 수 있는 쉬운 수준에서 시작하는 것이 중요하다. 처음부터 어려운 문제집을 선택하는 것보다 쉬운 교재를 반복하며 익숙해지는 과정이 진짜 실력을 만든다. 아이는 익숙함 속에서 자신감을 얻으며 자연스럽게 더 높은 수준의 교재로 옮겨갈 힘을 기르게 된다.

교재는 단계별로 구성되어 있을수록 좋다. 한 권을 끝낼 때마다 다음 단계로 나아간다는 경험을 주는 '라인line형 교재'는 학습의 리듬과 성취감을 만들 수 있다. '라인형 교재'는 하위 단계에서 공부법을 익히고 그 흐름을 유지한 채 상위 단계로 확장하는 구조다.

학생들은 같은 디자인과 문제 유형으로 이루어진 다음 단계를 만나면 낯설지 않게 공부할 수 있다. 단계별로 올라가는 구조의 교재는 아이들에게 공부를 '게임'처럼 느끼게 해주는 효과를 발휘한다. 아이들에게 게임은 실패해도 다시 도전할 수 있고 단계를 클리어할수록 '내가 해냈다'는 감정이 쌓이는 공간이다. 공부를 게임처럼 접근하면 아이는 실수에 민감하게 반응하지 않고, 작고 반복적인 성공을 통해 자기 효능감을 키울 수 있다.

아이들은 작은 목표를 매일 달성해나가는 과정을 통해 '공부는 내가 할 수 있는 일'이라는 믿음을 갖게 된다. 단계별 레벨업 구조, 스스로 채점하거나 점수를 매기는 방식, 짧은 미션을 완료하는 경험은 특히 초등 고학년과 남학생에게 강한 동기 자극이 될 수 있다. 여기에 그림이나 도식처럼 시각적 단서가 포함된 교재라면 금상첨화다. 아이의 몰입도를 한층 높여줄 수 있기 때문이다.

고등학생들이 수능 대비와 모의고사형 문제에 익숙해지기 위해 사용하는 교재 라인이 있다. '유형별 훈련'이라는 구조가 세분되어 있고 '기본-실전-파이널'이라는 단계가 분명하다. 예를 들어, 파란색 교재는 유형별 접근, 분홍색 교재는 시간 제한 모의고사, 초록색 교재는 실전 파이널 훈련용인 식이다. 교재를 세팅할 때 아이의 학습 목적에 따라 이 라인을 여러 가지 조합해서 사용할 수도 있다. 이렇듯 교재의 구조와 목적을 이해하고 그에 맞게 사용하는 행위 자체가 이미 학습 설계다.

과학과 사회의 경우 설명량이 많고 암기해야 할 개념이 촘촘하다. 그래서 개념이 잘 정리되어 있고 이해한 내용을 곧바로 문제로 확인할 수 있는 개념·문제 결합형 교재가 가장 효율적이다.

그런데 여기서 흥미로운 문제가 생긴다. 학생들이 교과서를 이미 요약해 놓은 교재를 또다시 요약하여 암기한다는 점이다. 요약된 교재를 다시 요약하면 개념의 맥락이 사라지고 내용은 빈껍데기만 남는다. 따라서 줄글로 쓰인 교과서를 함께 읽으며 전체 흐름과 맥락 속에서 요약된 개념을 다시 읽고 정리하는 과정이 반드시 필요하다. 요약은 생략이 아니라 사고의 압축이어야 한다. 생각을 덜어내는 게 아니라 본질을 남기는 일인 것이다.

보기 편하고 손에 잘 잡히며 디자인이나 구성에서 거부감이 없는 교재를 고르는 것도 중요하다. 어른들이 책을 고를 때 글자 크기, 여백, 종이 질감 같은 요소에 영향을 받는 것처럼 아이들도 마찬가지다. 아이가 책을 펼쳤을 때 공부하고 싶어지는 교재인지 아닌지가 공부의 시작을 결정짓기도 하는 것이다.

부모 혼자 서점에 가 교재를 사 왔을 때, 아이는 책을 받자마자 '보기만 해도 공부하기 싫다'는 느낌을 받기도 한다. 때문에 아이가 직접 가서 보고 스스로 교재를 선택하는 과정 자체도 공부 동기에 중요한 요소가 된다.

중하위권이 많이 보는 특정 교재의 라인 표지에는 '쉬운 문제, 수능에 나온다, 내신에도 나온다'라는 문구가 적혀 있다. 이 문구는 단순한 광고가 아니라 학습 동기를 자극하는 언어다. 책은 많지만 '이건 내가 할 수 있을 것 같다'는 느낌이 드는 책은 많지 않다. 이 감각이 들어가야 공부가 시작된다.

공부 습관은 교재의 난이도로 길러지는 것이 아니라 '그 교재를 끝까지 해냈다'는 성취 경험에 달려 있다. 부모의 역할은 아이가 이런 구조 안에서 그 경험을 반복하도록 돕는 일이다. 과목별로 이런 교재를 몇 권 선정해두고 아이가 매일 정해진 분량을 해나가도록 도와주면 된다. 공부의 본질은 어떤 교재를 쓰느냐, 문제집을 몇 권 푸느냐에 달려 있지 않다. 교재를 얼마나 이해하고 어떻게 연결하며 어느 순서로 활용하느냐에 의해 결정되는 것이다. 교재를 읽는 힘이 곧 공부의 독립을 만든다.

03

교재의 순서 :
개념서 > 유형서 > 기출서 > 심화서

앞서 단계별로 구성된 라인형 교재의 중요성에 대해 언급한 바 있다. 자신의 수준과 맞지 않는 단계의 교재를 풀었을 때, 이는 도전이 아니라 좌절, 득보다 독이 되어 끝나는 경우가 많다.

대부분의 학생들은 우선 개념서를 중심으로 기초를 단단히 다지는 작업을 해야 한다. 그 기반이 탄탄하지 않으면 아무리 많은 문제를 풀어도 실력이 쌓이지 않는다. 개념을 충분히 이해한 다음에는 유형서를 통해 공부한 내용을 실제 문제에 적용하는 연습을 해야 한다. 이 과정을 통해 문제의 구조와 출제 의도를 읽을 수 있다. 그 다음 단계가 기출서다.

중학생들에게도 기출서는 있다. 학교 시험에서 자주 등장하는 문제 유형을 모아놓은 교재인데, 만약 유형서를 충분히 풀지 않은 채 기출부터 시작하면 단순 암기로 흐르기 쉽다. 문제의 형태를 익히기보다 개념이 어떻게 문제로 구현되는지를 이해하는 것, 그것이 기출학습의 본래 목적이다.

심화서는 상위권 학생들이 깊이 있는 사고력과 응용력을 다지기 위해 사용하는 교재다. 자신의 수준과 관계없이 심화서를 푸는 건 성취가 아닌 포기로 이어지는 지름길이니 주의해야 한다.

이러한 학습 구조가 중요한 이유는 단순히 교재를 효율적으로 사용하는 데 있지 않다. 개념서로 배우고 유형서로 익히며 기출서로 확인하고 심화서로 확장하는 흐름이 쌓일수록, 아이의 사고는 깊어지고 배움의 방향은 명확해진다. 출판사들이 개념서와 문제서(유형서/기출서/심화서)를 유기적으로 설계하는 이유도 여기에 있다. 학습이 자연스럽게 이어지고 스스로 연결되도록 교재를 설계함으로써, 아이들은 배운 내용을 되짚으며 개념과 개념을 스스로 엮어가는 힘을 기른다.

많은 학생들이 교재를 한 번 끝내면 그걸로 충분하다고 생각하지만, 학습은 그렇게 완성되지 않는다. 같은 교재를 두 번, 세 번 반복할 때 그것은 '복습'이 아닌 '재이해'가 된다. 처음에는 개념을 따라가기에 바쁘지만 두 번째부터 문제의 흐름이 보이고, 세 번째부터는 개념과 유형이 서로 연결된다.

개념서를 다시 보면 처음엔 몰랐던 연결이 보이고, 유형서를 반복하면 문제의 구조가 선명해지며, 기출서를 다시 풀면 출제 의도와 사고의 흐름이 새롭게 잡힌다. 이렇게 하나의 교재 안에서, 그리고 개념서 〉 유형서 〉 기출서 간의 흐름 속에서 순환을 반복하면 배운 내용을 자신이 이해한 방식대로 촘촘히 구조화할 수 있다.

04

개념서 공부의
필요성

공부는 교재를 펴는 순간부터 시작되지만 그 교재를 읽을 수 있는지가 학습의 첫 번째 관문이 된다. 개념서로 공부를 시작한다는 것은 글로 쓰인 개념을 자기 힘으로 이해할 수 있는 능력을 기른다는 뜻이다.

초중등 교재의 대부분은 타인의 설명, 즉 강의 없이도 스스로 이해할 수 있도록 충분히 잘 설계되어 있다. 그러나 학부모와 학생들은 이 구조를 읽지 못한 채 '먼저 설명을 들어야 한다'는 믿음만을 앞세워 모든 공부를 타인의 언어로 시작한다. 공부를 '설명을 전달받는 행위'로 한정하는 순간, 아이의 사고는 타인의 언어 안에 갇히고 아이는 스스로 생각하는 능력을 잃어버리게 된다.

개념서를 스스로 공부하기 위해선 글을 읽고 개념의 핵심을 파악하며 낯선 정보를 자신의 언어로 재구성하는 능력이 필요하다. 이는 단순히 독해력을 뜻하는 것이 아니다. 어휘력·문장 해석력·핵심 파악력·논리적 구조화 능력이 함께 작동하는 사고 기술을 말하는 것이다. 이 능력이 없으면 아이는 글자를 보고 있을 뿐, 내용을 배우고 있지 않다.

그렇기 때문에 초중등 시기에 길러야 할 가장 중요한 습관은 '많이 푸는 연습'이 아니라 '읽고 이해하는 훈련'이다. 이때 막연히 아이에게 책을 많이 읽으라고 요구하기보다, 학년별 교육 과정에 맞는 교과 지식을 천천히 읽으며 낯선 어휘를 찾아 정리하고 그 내용을 스스로 요약하거나 말로 정리해보는 짧고 반복적인 훈련이 훨씬 효과적이다. 물론 다양한 주제의 책을 읽으면 좋다. 하지만 모든 아이가 독서를 즐기는 것은 아니기 때문에 이 방법을 적극 추천한다.

이러한 언어적 사고력이 자라야 비로소 개념서 공부가 가능해진다. 개념서로 공부하는 훈련이 쌓이면 아이는 '설명 없이는 공부가 안 된다'는 말에 갇히지 않는다. 교재의 개념을 해석하고 구조화하여 스스로 진도를 나가는 힘이 생기는 것이다. 이 힘은 주어진 설명이나 정답을 그대로 받아들이지 않고 스스로 사고의 틀을 세우며 왜 그렇게 생각하는지에 대한 근거를 제시할 수 있는 능력이다. 그리고 이 힘은 특정 과목에만 머물지 않는다.

따라서 마음에 드는 교재가 있다면 먼저 '우리 아이가 이 교재를 스스로 읽고 어느 정도까지 이해할 수 있는지'를 파악해야 한다. 만약 스스로 이해가 힘든 아이라면 교재 진도를 나가기 전에 교과서를 읽고 어휘를 정리해두는 작업이 선행되어야 한다.

같은 개념서라도 중하위권에 맞는 책과 상위권에 맞는 책은 다르다. 설명이 구체적이고 문장이 단순한 교재는 중하위권 아이들의 이해를 돕지만, 이미 개념 구조가 잡힌 상위권에게는 사고의 깊이를 제한할 수 있다. 반대로 상위권용 교재는 압축된 문장과 치밀한 논리로 구성되어 있기 때문에 읽는 힘이 있는 학생일수록 내용을 더 깊이 흡수할 수 있다.

유명 출판사 또는 베스트셀러가 선택의 기준이 되어서는 안 된다. '우리 아이가 이 교재를 읽고 스스로 이해할 수 있는가'를 기준으로 교재를 선택해야 한다. 완벽히 이해되는 교재는 성장을 자극할 수 없고 너무 어려운 교재는 의지를 꺾는다. 조금 낯설고 어렵지만 끝까지 붙잡을 수 있는 수준의 교재가 이상적이다. 교재의 난이도를 올리기 전에 아이의 읽는 힘이 그 교재를 감당할 수 있는가를 세심하게 살피는 작업이 반드시 필요하다.

05

심화서를 활용하는 방법

심화서는 공부의 깊이를 넓히고 사고의 한계를 확장하는 교재다. 그러나 심화서를 푼다고 해서 반드시 사고력이 자라나는 것은 아니다. 대부분의 학생들은 심화서의 문제를 스스로 해결하는 것이 아니라 강사의 설명을 따라가며 이해하는 것에 그치고 있기 때문이다. 이는 외부로부터 주어진 이해이지, 내부에서 만들어진 사고가 아니다. 심화서를 '풀었다'기보다 '풀이를 받았다'고 표현하는 편이 더 정확하다.

심화서의 가장 큰 함정은 여기에 있다. 문제가 어렵기 때문에 학생들은 스스로 생각하지 않고 강사의 설명과 풀이법을 배우는 것이다. 그 결과 풀이를 이해하는 능력은 향상되지만 새로운 문제를 마주했을 때 스스로 아무것도 떠올릴 수 없게 된다.

그렇다고 심화서가 불필요한 것은 아니다. 심화서는 정답을 맞히기 위한 교재가 아니라 생각하는 법을 배우는 교재로 접근해야 한다. 따라서 어려운 문제를 만났을 때는 즉시 해설을 보지 말고 시간을 두고 생각해야 한다. 오늘 해결하지 못하더라도 괜찮다. 며칠 동안 다른 과목을 공부하는 사이에 30분씩 문제를 다시 들여다보며 사고의 지속력을 키워야 한다. 그 후 해설서를 읽고 풀이를 이해했다면 책을 덮고 스스로 다시 풀어본다. 이때 그 풀이 과정을 재현할 수 있다면 이해가 된 것이다. 하지만 왜 그렇게 풀었는가를 스스로 설명하지 못한다면, 그것은 사고가 아닌 단순 기억에 가깝다.

심화서 공부의 본질은 문제를 푸는 능력이 아니라 문제를 끝까지 붙잡고 생각할 수 있는 힘을 기르는 데 있다. 그 힘이 바로 상위 사고력, 즉 내적 해결력이다. 이 능력은 타인의 설명으로 길러지지 않는다. 스스로 생각하고 실패하며 다시 사고를 이어갈 때만 자라난다.

06

해설서가 두꺼운 교재를 선택하자

지금은 '시중에 교재가 많다'는 표현으로도 모자라 '넘쳐난다'고 해야 맞는 시대다. 서점에만 가도 '초등 베스트셀러', '중등 인기 교재', '국영수 필수'라는 말로 포장된 교재들이 가득하다. 많고 많은 교재들 중 어떤 것을 선택해야 할지 막막한 상태에서 '베스트셀러'라는 광고 문구에 한번쯤 현혹되지 않는 학부모는 없을 것이다.

하지만 베스트셀러 교재엔 함정이 있다. 모든 베스트셀러 교재가 그렇다는 것은 아니지만, 이 중 학원이나 인강 교재로 활용되기 때문에 베스트셀러가 된 교재들이 분명 존재한다는 점이다. 이런 교재들은 학생 중심이 아니라 강의 중심으로 설계된 경우가 많다. 학생이 혼자 공부하지 못하고 강사나 인강의 도움이 반드시 필요하도록 문제의 해설이 지나치게 간단하거나 아예 생략된 교재들이 있는 것이다. 해설이 빈약한 교재는 생각보다 많다. 문제의 정답만 표시돼 있을 뿐, 오답의 이유나 문항 해석 과정이 빠져 있다. 해설서가 얇다는 것은 곧 혼자 공부하기 어려운 교재란 뜻이다.

반대로 해설서가 두껍다는 것은 그 안에 강사의 역할이 이미 녹아 있다는 의미다. 두꺼운 해설서 안에는 모든 선지에 대한 해석, 정답과 오답의 이유, 지문에 대한 필기와 해석이 포함되어 있다. 해설서가 두꺼운 교재를 구입하는 것은 사실상 '강사를 사는 것'과 같다. 해설서를 제대로 읽고 이해할 수만 있다면 강사의 설명 없이도 충분한 학습이 가능한 것이다. 또한 요즘은 교재 자체에 QR 코드나 연계 강의가 포함되어 있어 해설서와 강의가 하나의 학습 시스템을 이룬다. 완전한 이해를 위한 보조 도구로써 강의를 활용할 수도 있으니 일석이조인 셈이다.

학년이 올라가면서 개념이 추상화되고 문제의 난이도가 높아지는데도 계속해서 해설이 부족한 교재만 사용한다면, 아이는 결국 강사 없이는 공부를 이어가지 못하는 상황에 갇히게 된다. 문제를 해석하고 판단하는 힘, 새로운 상황에 적용하는 추론력과 사고력은 강사의 설명만으로는 기를 수 없다. 이런 이유로 학년이 올라갈수록 해설서가 충실한 교재의 비중을 점차 늘리는 것이 중요하다.

해설서가 충실하다고 해서 너무 자세한 설명 위주로만 채워진 교재를 생각하면 안 된다. '의문이 남지 않게 모든 걸 설명해주겠다'는 컨셉의 교재로는 아이가 스스로 생각하고 탐색하는 능력을 키우기 어렵다. 아이 스스로 생각해볼 수 있는 여지를 주고 필요할 때는 곁에서 도와주는 설명이 있는 교재가 좋은 교재다. 즉, 혼자 읽고도 내용을 따라갈 수 있으면서도 막혔을 때 참고할 수 있는 해설이 균형 있게 갖춰져 있을 때, 그 교재는 아이의 공부를 돕는 진짜 도구가 된다.

비슷한 맥락에서 인강 교재의 문제도 짚고 넘어가지 않을 수 없다. 수능 기초 영문법을 다루는 교재인데도 예시 문장이 수능 기출로 구성되어 있어서 중3이나 고1 학생이 접근하기엔 지나치게 난해한 경우가 있다. 기출 지문에서 한 문장만 떼어내 맥락은 끊겨 있고 단어는 어렵다. 문법을 익히기 위한 교재임에도 정작 문법은 흐려지고 해석만 어렵게 만드는 식이다. 이쯤 되면 의문이 생긴다. 이 교재의 목적은 문법을 학습하기 위함일까? 아님 강의를 사게 만드는 것이 목적일까?

물론 모든 교재가 그런 것은 아니다. 하지만 교재를 고를 때는 단순히 유명 브랜드나 출판사, 판매 순위만 볼 것이 아니라 실제 아이가 그 책으로 무엇을 할 수 있을지를 먼저 따져야 한다. 우리 아이가 지금 스스로 공부할 수 있는 시간은 얼마나 되는지, 이 교재는 강의를 들어야만 이해되는지, 아님 혼자서도 풀어갈 수 있는지, 강의 교재와 자습용 교재의 비율은 어느 정도로 하는 게 효과적일지를 고루 판단하여 교재를 선택해야 하는 것이다. 교재는 학습 도구다. 중요한 건 그 도구를 쥐는 사람의 상태와 조건이다. 아이의 현재 학습 역량과 공부 가능 시간을 고려해 실현 가능한 목표를 제시하는 교재를 고르는 안목이 필요하다.

저성장 고물가 시대,
돈값 제대로 하려면
어떤 학원을 다녀야 할까?

먼저, 학원을 알아보기 전에 부모가 스스로 고민해봐야 할 질문이 있다.

'나는 우리 아이의 학습을 정확하게 평가하고 제대로 된 피드백을 줄 수 있는 상태인가?'
'우리 아이는 학교라는 공간을 이용해 어떤 평가와 피드백을 받고 있는가?'

부모가 전문 학습 코치처럼 아이의 학습 상태에 대해 정확한 평가와 교정을 해줄 수 있으면 좋겠지만, 실상은 "숙제 다 했어?" "이거 왜 틀렸어?" 정도에 머무르기 십상이다. 이것은 피드백이 아닌, 자녀와의 갈등을 부추기는 잔소리에 가깝다.

그렇다고 학교가 학습 코치의 역할을 대체해줄 수 있는 것도 아니다. 공교육의 한계는 명확하다. 한 명의 선생님이 다수의 학생들의 정서 상태와 태도, 학습 결과를 동시에 정확히 파악하는 것은 불가능하다. 아무리 담임 선생님이라 해도 여러 반을 오가며 과목 교사의 역할을 병행해야 함은 물론이거니와, 100명이 넘는 학생들의 교과 성취도와 생활 기록을 관리해야 하는 상황이다. 단순 셈만 해봐도 모든 아이를 학교 선생님이 면밀히 관찰하고 파악한다는 것은 말이 되지 않는다. 물론 쉬는 시간, 점심시간, 방과 후 활동을 적극적으로 활용하며 선생님과 소통하는 용기 있는 아이들도 있긴 하지만, 대다수의 학생들은 학교라는 곳을 능동적으로 이용하지 못한다.

그렇다면 답은 명확하다. 부모와 학교가 우리 아이에게 제대로 평가와 피드백을 해줄 수 있는 상태가 아니라면 사교육(학원, 공부방, 과외, 인강 등)을 적극적으로 이용해야 한다. 중요한 건 '학원을 다니지 않는 것이 자기주도학습'이라는 착각을 버리는 것이다. 진짜 자기주도학습은 능동적으로 학습 목표를 세우고 스스로 점검하며 필요할 때 외부 환경을 도구처럼 활용하는 태도에서 나온다. 학원은 그런 자기주도학습의 중요한 도구가 될 수 있다.

좋은 학원을 고르는 기준은 무엇일까? 좋은 학원을 고를 땐 가장 먼저 교습자의 태도를 눈여겨봐야 한다. 아이를 진심으로 이해하고 도와주려는 프로 의식, 친절함과 인성도 물론 중요하지만 그것만으론 충분치 않다. 좋은 교습자는 학습을 구조화해서 전문적으로 코칭할 수 있는 능력, 그리고 체계적으로 피드백해줄 수 있는 시스템을 갖춘 사람이어야 한다.

좋은 학원이란 단순히 수업만 하고 끝나는 곳이 아니라, 주간·월간 단위의 진단과 학부모 상담이 체계적으로 이뤄지는지는 곳이어야 한다. 모든 학생에게 같은 방식으로 수업을 반복하는 곳이 아닌, 학생 개개인의 목표와 상태에 따라 맞춤형 지도가 이루어지는지도 중요하다. 마지막으로 중요한 건 투명성이다. 아이가 배우는 진도와 과제, 평가 결과가 학부모에게 명확히 공유되는지 확인해야 한다.

나아가 학원과 부모가 어떤 협력 모델을 만들 것인지도 중요하다. 비용을 지불했으니 아이에 대해서는 학원에 전적으로 일임한다는 태도는 매우 위험하다. 부모는 학원에서 받은 피드백을 직접 점검하고 이를 아이의 학습 습관, 태도와 연결해주는 역할을 해야 한다. 부모는 운전석에서 핸

들을 잡고 직접 운전을 하는 사람도 아니고 뒷좌석에서 가만히 운전을 구경하는 사람도 아니다. 부모는 조수석에서 함께 내비게이션을 확인해주고 안전벨트와 장애물을 점검하는 역할을 맡아야 한다. 그것이 아이가 학원과 가정이라는 전혀 다른 환경들 속에서 갈등 없이 안정적으로 학습할 수 있는 가장 좋은 협력 방식이다.

아이의
학습 상태 진단

우리 아이에게 가장 잘 맞는 학원을 선택하기 위해선 자녀의 현재 학습 상태에 대한 진단이 반드시 선행되어야 한다. 아이의 학습 상태를 진단하는 4가지 기준인 '속도' '학습 기초' '공부 마인드' '공부 자세', 이 4가지를 점검하지 않고 학원을 고르는 건 병명도 모른 채, 진단과 검사도 없이 수술부터 해버리는 의사에게 아이를 맡기는 것과 다르지 않다. ('1장. 어머님, 수능 세대세요? 현 중학생들 긴급 진단' 참고)

'우리 아이에게 가장 적합한 좋은 학원'을 찾는 것이 핵심이다. 아이의 현재 학습 상태와 수준을 정확히 측정해야만 학원이 어느 부분을 보완해야 할지, 가정에서 챙겨야 할 몫은 무엇인지 명확히 구분된다. 학원 선택은 단순히 시장 소문만을 좇아 '어느 학원이 좋다더라'에만 의존해 결정할 문제가 아니다. 우리 아이에 대한 정확한 진단이야말로 좋은 학원을 고르는 가장 현명한 출발점이 된다.

학원을 다니는
목적 설정

다음으론 학원을 보내는 목적이 명확해야 한다. '목표' 설정이 아니다. '목적' 설정이다. '다른 아이들도 다 학원에 다니니까' '학원 없이 공부할 수 없으니까' '전교 1등이 다니는 학원이니까'와 같은 이유로 학원에 보내는 게 아니다. 학생과 부모가 왜 그 학원을 선택했는지에 대한 목적이 분명해야 한다.

그 목적을 찾기 위한 첫 번째 질문은 '아이의 기준에서 현 학기 학업 성취도가 적절한가?'이다. 이에 더해 '그것이 부모가 바라는 정도인가?' '그 바람이 과하거나 모자라진 않은가?'까지도 질문이 확장될 수 있겠다. 여기서 '아이의 기준'이라는 다소 모호한 표현에 당황하거나 걱정할 필요는 없다. 일반 학부모가 가장 쉽게 활용할 수 있는 기준은 무조건 현재 아이가 학교에서 배우고 있는 교과 과정이다.

우리 아이가 현 교과 과정의 학습 목표를 온전히 이해하고 설명할 수 있는지, 용어 이해와 암기가 완성된 상태인지를 파악해 이를 기준으로 삼는 것이다.

문제 풀이 결과는 학생마다 달라질 수 있지만 개념 이해와 암기의 정도는 달라져서는 안 된다. 그것은 학습의 기본기이기 때문이다. 어려운 문제를 누군가의 도움 없이 술술 푸는지는 중요하지 않다. 이러한 학습의 기본기를 기준으로 했을 때, 아이의 타고난 능력과 지금까지 쌓아온 학습을 모두 더해 나타나는 현 학기 학업 성취도가 어느 정도인지, 또 그것이 적절한지를 판단하여 학원을 보내는 목적을 결정해야 한다.

만약 기본기가 안 되어 있는 아이라면 그것을 해결할 목적의 '현행 기초 학원'을 찾아야 한다. 통학 가능한 범위 안에서 부족한 과목을 지도해줄 수 있는 사람이 있다면 학원·교습소·과외 무엇이든 상관없이 관리를 받아야 한다. 많은 학부모들이 수학과 영어만을 떠올리지만 아이가 전 과목에서 기본기가 부족할 수도 있다는 점을 꼭 기억하자.

필요하다면 전 과목을 모두 도와줄 수 있어야 한다. 시간과 비용이 들더라도 현 교과 과정을 완성하며 올라가는 것이 결국엔 가장 큰 절약이 될 수 있다. 초중등 시절에 학습 결손이라는 구멍을 막지 못하면 고등학교에 올라가서는 그 몇 배의 비용을 치르게 된다. 초중등 시절에 100만 원이면 해결할 수 있는 일을 고등에서는 500만

원, 1,000만 원이 들어간다.

기초가 약한 채로 고등학교에 진학하게 되면 급한 불 끄기식 과외·단과 학원·보충 학습 등이 이어지고, 학원 수가 늘면서 학원들 간에 숙제가 충돌한다. 복습할 시간도, 숙제할 시간도 터무니없이 부족하다. 학원과 숙제를 감당하지 못한 아이는 기본기가 쌓이기는커녕 혼란스러움과 무력감만 커지고, 이로 인해 부모는 더 많은 비용을 지불하게 될지도 모른다.

기본기가 제대로 갖춰지지 않은 상태에서는 목표를 낮춰야 한다. 당장의 성적 목표를 갖고 학원을 고르는 건 아무런 도움이 되지 않는다. '교과 내용을 충실히 학습하는 것에 모든 초점을 맞추겠다'를 목적으로 '현행 기초 학원'을 선택해야 한다. 지금 상태에서 필요한 건 성적이 아니라 아이가 스스로 학습할 수 있는 힘이다. '어떻게 공부해야 하는지' '어느 정도까지 공부해야 하는지' '복습은 어떻게 해야 하는지' 등을 훈련받아야 하는 것이다.

반년 이상 지도를 받으며 혼자 공부할 용기가 생긴다면 그때부터 학원 수를 줄이는 게 옳다. 중요한 건 선생님과의 정확한 소통이다. 목적을 명확히 제시하고 그 목적을 실현해줄 수 있는 사람과 기관을 만나는 것, 그것이 우리 아이에게 가장 좋은 학원을 선택하는 기준이다.

현 학기 학업 성취도와 학교 교과 활동(수업 참여, 학습 활동, 시험,

수행 평가 등)에 아무런 문제가 없는 아이라면 학교 교육만으로도 충분히 배우고 익힐 수 있으니, 학교 밖에서 반복과 복습을 통해 개념을 더욱 튼튼히 하는 훈련을 해야 한다. 이것이 바로 강화 학습이다. 이 목적을 위해 '현행 강화 학습'을 위한 학원을 다녀도 좋고 스스로 자습을 해도 된다. 그 과정에서 아이가 주도성을 가지고 있다면 두 가지 방식 모두 자기주도학습이라고 할 수 있다.

문제는 학원 밖에서는 공부를 거의 안 하는 아이들이 많다는 점이다. 그래서 당장의 성적에 문제가 없어 보이는 친구들이 현행 학기의 강화 학습을 소홀히 한 채 심화와 선행 학습만 진행하다 결국 기초가 무너지는 경우를 수도 없이 보았다. 그들이 기초가 무너지는 과정은 서서히 진행되다 고1이 되어서야 비로소 그 실체가 드러나기 때문에 주의가 필요하다.

학원 없이도 반복과 복습, 즉 강화 학습을 스스로 할 수 있다면 그렇게 해도 좋다. 그러나 혼자서는 습관이 잘 잡히지 않는다면 그 역할을 해줄 교습자나 기관을 꼭 찾아야 한다.

기초가 탄탄하고 현행 강화 학습도 진행된 상태라면 그다음 단계인 '현행 심화 학습', 그리고 우리가 '예습'이라 부르는 '선행 기초 학습'의 목적을 설정하고 학원을 선택해야 한다. 이때부터는 전 단계에서의 공부 방법과 공부 실력을 유지한 채 학원 및 교재 수준을 단계적으로 끌어올려야 한다. 방법은 두 가지다.

(1) **난이도상의 위계** : 같은 시기, 같은 교과 과정의 학원 및 교재 중 난이도를 한 단계씩 올린다.

(2) **시간상의 위계** : 다음 학기·다음 학년에 배울 개념과 기본기를 '지금 수준'에 맞는 학원 및 교재로 미리 학습한다.

두 번째 방법에는 특히나 주의해야 할 점이 있다. 흔히들 '진도 뺀다' '훑는다'고 착각하는 선행 학습의 방식은 대단히 위험하다. 시간상의 위계를 올릴 때 가장 중요한 건 '진도를 빼는' 게 아닌, '개념을 완성하는 것'이다. 이를 위해선 선행 학습을 할 때도 반복과 복습을 통한 강화 학습이 필수로 적용되어야 한다.

개념의 완성 없이 위계를 올릴 수는 없다. 무리한 진도나 심화가 아니라 선행 기초 단계에서도 역시 개념이 완성되는 느낌을 받아야 한다. 때문에 처음 접하는 개념을 선행 학습함에 있어 난이도가 높은 교재를 선택하는 등의 욕심을 부려서는 안 된다. 이러한 선행 방식은 느린 학습자도 충분히 가능하다. 능력의 문제가 아니다. 방법의 문제다. 자신의 목적을 해결해줄 수 있는 교습자나 기관을 만나면 될 일이다.

지금까지 살펴본 학원 선택의 순서는 다음과 같다. 이 순서를 무시하면 반드시 문제가 생긴다.

위 네 단계 학습을 스스로 해낼 수 있는 학생이라면 오히려 일반적인 학원 선택에 시간과 비용을 할애해선 안 된다. 그들은 이미 스스로 충분히 해낼 수 있는 능력이 있는 최상위권 혹은 극상위권일 것이다. 이쯤 되면 부모는 가정 경제에 막대한 피해를 줄 정도가 아니라는 전제하에, 학군지로 이사를 가거나 라이딩을 해서라도 극상위권으로만 구성된 반을 운영하는 학원을 찾아가는 선택을 고민해야 한다.

학군지에는 극상위권을 위한 학원이 분명 존재한다. 이런 학원에 들어가길 원한다면 그 목적이 분명해야 한다. 앞선 네 단계 학습을 스스로 해낼 수 있는 학생들 중 아래 3가지 목적에 부합한다면 극상위권으로만 구성된 반을 운영하는 학원에 찾아갈 것을 추천한다.

- 특목·자사·극상위권 일반고(이른바 갓반고) 입학을 준비하는 학생
- 수능 심화 문제를 미리 대비하고 싶은 학생
- 경시 대회·수리 논술 등 극상위권만 접근 가능한 영역을 준비하고 싶은 학생

다시 말하지만 이런 학원들의 프로그램은 극상위권용으로 설계돼 있다. 현행 기초, 현행 강화, 현행 심화, 선행 기초까지 스스로 원

활하게 잘 해낼 수 있는 경우가 아니라면 극상위권 학원에는 접근하지 말아야 한다. 상위권이 다닌다는 이유로 무리해서 등원하게 되면 시간과 돈을 버릴 뿐만 아니라 공부가 싫어지고 자신감과 행복마저 무너지게 되니 각별한 주의가 필요하다.

중요한 건 화려한 간판이 아니라 내 아이에게 가장 맞춤인 학교 선택과 학습 설계다. 내가 성적을 충분히 낼 만한 학교와 환경, 커리큘럼을 선택한다면 불필요하게 무리할 이유가 없다. 그럼에도 불구하고 잘못된 학원 선택에 휘말리게 되면 스스로에게 '나는 해도 안 되는 아이' '나는 못 따라가는 아이'라는 낙인을 찍고 만다.

이것이야말로 가장 큰 비극이다. 인강이냐 학원이냐, 과외냐 공부방이냐의 문제가 아니다. 기준 없는 선택이 문제다. 학원 선택의 기준이 서 있지 않으면 인강도 과외도, 어떤 기관도, 어떤 방식도 효과를 내지 못한다. 모든 선택은 우리 아이의 학습 상태를 진단하는 것에서부터 시작해 목적에 맞춰 순서대로 가는 것이다.

학원 등록 상담

넘쳐나는 학원 정보와 광고들 속에서 우리 아이에게 가장 적합한 학원을 찾는 것은 큰 행운이다. 그러기 위해선 상담을 예약하고 직접 가서 묻고 답하는 과정이 필수다. 많은 학부모들이 막연하게 교습자의 인상이나 말솜씨에 의존해 학원을 선택하곤 하는데 이는 잘못이다. 학원을 선택하기 위한 등록 상담을 할 때는 우리 아이의 학습 상태와 목표를 해결해줄 수 있는 기관과 교습자인지, 목적에 부합하는 곳인지 반드시 확인하고 구체적으로 소통해야 한다.

등록 상담 시 부모가 가장 먼저 해야 할 일은 학원을 찾은 이유와 아이의 학습적 어려움에 대해 밝히는 것이다. 현장에서 등록 상담을 하다보면 종종 우리를 찾아온 학부모나 학생이 니즈나 사전 정보를 숨기거나 끝까지 설명하지 않은 채 대화를 마무리하는 경우가 있다.

그때 교습자는 자신들이 가진 다양한 커리큘럼과 역량 중 무엇이 가능하고 무엇이 불가능한지 솔직하게 답하기 어려워진다. 결국 학부모나 학생은 학원 측의 일반적인 설명만 듣게 되기 때문에 우리 아이에게 적합한 학원인지 아닌지 판단하기가 어렵다.

사전 정보가 부족하면 실제 등록 후 초기 학습 과정에서 시행착오가 생길 가능성이 크다. 어떤 학원을 선택하더라도 교습자와 학습자 간의 적응 기간은 필요하다. 학부모가 바라본 아이의 학습 상태와 교습자가 직접 파악한 학습 상태가 다를 수 있기 때문에 이런 차이를 조율하는 시간이 반드시 필요한 것이다. 하지만 학부모나 학생으로부터 얻은 사전 정보가 부족하거나 잘못되었을 경우 교습자가 이를 파악하는 데 더 많은 시간이 소요될 뿐만 아니라 잘못된 방향으로 초기 세팅이 진행될 우려가 있다.

학부모와 교습자의 니즈 조율 과정이 생략될 때 피해를 보는 것은 아이일 수밖에 없다. 예를 들어 부모는 아이의 영어 문법 기초 부족을 가장 큰 문제로 생각하는데 반해, 실제로는 문법은 괜찮지만 영어에 대한 흥미 저하가 더 큰 문제일 수 있다. 학부모의 니즈와 교습자가 판단하는 우선순위가 다른 것이다. 이럴 경우에는 교습자의 판단에 따라 단순히 문법을 강화하는 수업보다 영어에 대한 흥미를 살리고 아이에게 맞는 방식으로의 접근이 우선되어야 한다.

따라서 등록 상담 자리에서는 학부모가 자신의 니즈를 상세히 설명하고 그것이 학원에서 어떤 방식으로 충족될 수 있는지 확인하는 것이 중요하다. 가끔 상담 자리에서부터 불신을 전제로 학원을 평가하거나 비판적인 질문만 이어가는 학부모들이 있다. 꼼꼼히 확인하려는 태도는 필요하지만 질문 자체가 학원을 시험하는 방식으로 흐른다면 학원도 방어적으로 답할 수밖에 없다. 당연히 학부모가 가장 필요로 하는 중요한 대화(아이의 현재 상태, 목표, 지원 방법)도 줄어들게 된다.

신뢰와 협력 속에서 열린 대화를 이어가야만 아이에게 가장 적합한 학습 환경을 찾을 수 있다. 등록 상담은 단순한 절차가 아니라 학원과 학생이, 학원과 학부모가 서로를 알아가는 중요한 시간이다. 모든 일은 첫 단추를 잘 꿰는 것이 가장 중요하다.

등록 상담에서 해볼 수 있는 질문의 예시는 다음과 같다. 이러한 질문을 통해 학부모는 아이가 겪을 수 있는 어려움이나 결과, 대안에 대해 함께 이야기할 수 있다.

"아이의 현재 학습 수준이나 학습 결과를 어떤 방식으로 진단해 주시나요?"

"진단 결과를 바탕으로 개별적 커리큘럼 제공과 조정이 가능한가요?"

"만약 아이가 잘 따라가지 못하거나 앞서간다면 어떻게 대응하시나요?"

"학부모에게는 어떤 방식으로, 얼마나 자주 피드백을 주시나요?"

"아이가 학습에 흥미를 잃거나 자존감이 떨어질 때는 어떻게 지도하시나요?"

등록 상담은 학생과 함께하는 것이 바람직하다. 학부모가 아이의 특성과 원하는 목표를 구체적으로 밝히다 보면 학원도 가능한 것과 불가능한 것을 보다 솔직하게 답할 수 있다. 다만 선택을 전적으로 학생에게만 맡길 수는 없지만, 그렇다고 아이의 의견을 완전히 배제해서도 안 된다. 부모와 학생이 함께 의논하고 조율할 때 최선의 결정이 이루어진다. 학부모 입장에서는 우리 아이의 니즈를 해결해줄 수 있는 곳인지 확인하는 자리이고, 학원 입장에서는 학생을 이해하고 어떤 교육을 제공할 수 있을지 구상하는 자리다. 등록 상담은 생각보다 훨씬 중요한 시간이자, 아이가 성장하는 방향을 함께 모색하는 출발점이 된다.

청소년기의 교육은 성적뿐 아니라 삶의 태도를 만들어가는 데 큰 영향을 미친다. 따라서 학원을 선택할 땐 단순히 커리큘럼이나 시설이 아닌, 원장의 인성과 철학을 살펴보는 것이 중요하다. 등록 상담은 바로 그 지점을 확인할 수 있는 자리다. 원장이 학생을 어떤 시선으로 바라보는지, 어떤 철학으로 아이를 이끌어가는지를 확인하는 과정은 자녀가 어떤 환경에서 성장하게 될지를 결정하는 중요한 기준이 될 수 있다. 의외로 교육 철학이 맞지 않아 이후 소통에 문제가 생기는 경우도 종종 있다.

사실 학원의 커리큘럼과 교재는 크게 다르지 않고 강사의 기본 역량도 일정 수준 이상은 비슷하다. 결국 차이를 만드는 것은 '가르치는 사람이 어떤 사람이냐'에 달려 있다. 원장의 교육 철학과 인성은 특정 질문 몇 가지로 바로 드러나지 않는다. 커리큘럼을 어떻게 설명하는지, 학부모의 우려와 요구를 어떤 태도로 받아들이는지, 학생의 어려움에 얼마나 현실적이고 따뜻한 대안을 제시하는지 같은 대화 속에서 자연스럽게 드러난다. 특히 학생을 성적이나 숫자로만 보지 않고 아이의 눈을 바라보며 애정과 관심을 담아 대화하는 태도 속에서 교육자로서의 진심이 분명 느껴질 수 있다.

결국 학부모가 등록 상담에서 확인해야 할 핵심은 '아이의 특성과 상황에 맞는 교육 방식 및 운영 시스템이 있는가' 그리고 '그들의 교육 철학은 무엇인가'이다. 철학과 시스템이 뒷받침된다면 커리큘럼이 비슷하더라도 교육의 결과는 크게 달라질 수 있다. 커리큘럼보다 중요한 것은 사람이다. 등록 상담은 그 사람과 진심을 확인할 수 있는 소중한 기회다.

상담할 때는 가능하다면 피드백 양식, 과제 예시, 평가 주기 등의 샘플 자료를 직접 확인해보는 것도 도움이 된다. '누구나 상위권' '단기간 성적 향상' 같은 말이 난무하는 학원이라면 다시 생각해봐야 한다. 최대한 다양한 학원과 교습자를 만나 비교하며 우리 아이에게 가장 적합한 사교육을 선택해야 한다. 최종 선택은 감정이 아닌 기록을 바탕으로 이루어져야 한다. 상담 직후의 인상이나 느낌에 휘둘리지 말고 하루 이상 충분한 시간을 두고 차분히 메모와 자료를 정리한 뒤 선택해도 늦지 않다.

퇴원

학원을 그만둘 때에도 신중함이 필요하다. 학부모와 학생들은 종종 성적표 한 장, 선생님과의 작은 갈등, 순간의 불만 같은 것을 이유로 들어 어렵게 찾은 학원을 충동적으로 그만두곤 한다. 하지만 그와 같은 갑작스러운 퇴원 결정은 아이에게도, 학부모에게도 도움이 되지 않는다. 퇴원을 고민하기 전에는 충분히 관찰하고 소통하는 시간이 꼭 필요하다.

우선 처음 등록 상담 자리에서 들었던 약속들이 실제로 어떻게 실행되고 있는지 살펴보아야 한다. 학원의 관리와 피드백이 일관되게 이루어지고 있는지, 그 관리가 없으면 아이가 혼자 학습을 이어가기 어려운 상태인지 점검해야 한다. 만약 약속이 지켜지고 있고 아이가 학원의 도움을 받아 안정적으로 학습하고 있다면, 단기적인 성적

기복에 흔들리지 말고 신뢰를 가지고 꾸준히 다니는 편이 현명하다. 학원의 도움 없이도 아이가 스스로 학습을 이어갈 수 있겠다는 근거 있는 확신이 생겼을 때는 오히려 과감히 퇴원하는 것이 맞다.

많은 학부모가 기대만큼 성적이나 진도가 나오지 않으면 더 잘 가르치는 선생님을 찾아 서둘러 학원을 바꾸려 한다. 그러나 학원은 성적을 단번에 끌어올려주는 자판기가 아니다. 학원은 아이가 혼자 감당하기 어려운 부분을 도와주고 학습 과정에서 생기는 난관을 함께 해결해주는 공간이다. 공들여 찾은 학원을 섣불리 떠나면 다음 학원은 지금보다 더 좋지 않을 가능성도 배제할 수 없다.

퇴원은 오히려 아이가 스스로 설 수 있는 힘을 충분히 갖추었을 때 하는 건강한 이별이어야 한다. 퇴원의 시점은 원칙적으로 다르지 않다. 처음 학원을 선택할 때와 마찬가지로, 진단에서 시작해 목적을 세우고 과정을 순서대로 밟으며 기록과 데이터를 통해 성과를 평가해야 한다. 마지막 판단은 감정이나 상황이 아닌 객관적인 근거에서 나와야 한다는 사실을 명심하자.

특목고? 자사고? 일반고?
어떤 학교를
선택해야 할까?

우리 아이에게 잘 맞는 고등학교를 선택할 땐 '특목고나 자사고가 일반고보다 무조건 좋다'는 공식만으로 단순하게 결정해서는 안 된다. 학교마다 교육 과정, 학습 분위기, 평가 방식, 진학 전략 등 장단점이 뚜렷하게 다르며, 같은 학교라도 아이의 성향과 능력, 흥미, 생활 환경에 따라 맞는 정도가 크게 달라지기 때문이다. 자기주도학습 능력이 뛰어나고 멘탈이 강한 학생은 자사고에서 최상의 경쟁을 경험하며 성장할 수 있다. 하지만 과도한 경쟁과 심리적 압박에 쉽게 무너지는 학생이라면 일반고에서 차근차근 자기 역량을 쌓는 편이 입시에 훨씬 더 효과적일 수 있는 것이다.

제자 중에 전국단위 자사고(전사고)에 진학한 태민이라는 아이가 있었다. 태민이는 중학교 시절 이미 고3 수준의 수학 실력을 갖춘 극상위권이었고 과학고와 전국단위 자사고 사이에서 고민하다 전사고를 선택했다. 태민이는 고1 첫 모의고사에서 기대했던 대로 상위권 성적을 확보했지만, 한 달 뒤에 치러진 첫 학기 중간고사에서 처참하게 무너졌다.

전사고는 시험 범위 자체가 일반고에 비해 압도적으로 많다. 태민이는 정해진 시간 안에 시험 범위의 학습량을 모두 소화해내지 못했고 결국 내신에서 무너졌다. 설상가상으로 태민이는 멘탈까지 약했다. 수학만 붙잡고 버티며 겨우 자존감을 지탱했던 태민이는 다른 과목의 균형이 모두 무너진 채 고2 겨울 방학을 앞두고 우리를 찾아왔다. 잘못된 고교 선택으로 인해 2년이라는 천금 같은 시간을 잃어버린 태민이가 너무나 안타까웠다.

실제 수시 중심의 입시 체제에서 교과 전형으로 대학에 진학한 학생들의 사례를 보면 학교의 명성보다는 학생 개인의 위치와 성장 전략이 성패를 가르는 핵심 요인이 된다. 특목고에서 중도에 포기하거나 자존감을 잃은 학생들이 있는가 하면, 평범한 일반고에서 꾸준히 노력한 학생들은 기대 이상의 대학 진학 성과를 거두기도 한다. 아이의 성장과 가능성을 최우선으로 한 고교 선택이야말로 입시와 진로의 성패를 결정짓는 첫걸음이다.

01

특목고 & 특성화고 : 특정 분야에 능력과 흥미를 모두 갖춘 인재를 위한 학교

우리가 현장에서 가이드하는 고등학교 선택의 기준은 크게 세 가지 방향성이 있다. 첫 번째 선택지는 특목고와 특성화고다. 일반적으로는 상위권 성적 및 면학 분위기의 범주 안에서 특목고와 자사고를 한데 묶어 분류하지만, 우리는 놀랍게도 특목고와 특성화고를 묶어서 안내한다. 진학에 필요한 교과 성적만을 기준으로 봤을 때 특목고와 특성화고는 결코 함께 분류될 수 없는 관계처럼 보인다.

하지만 이 선택에서 우리는 단순히 '성적'보다 특정 분야에 '능력'과 '흥미'를 동시에 갖추고 있는가를 반드시 점검해야 한다고 강조한다. 만약 아이가 두 조건을 모두 충족한다면 흔히 특목고라 불리는 '특수목적고등학교'나, 여전히 '실업계'라는 표현으로 잘못 불리고 있는 '특성화고등학교'로의 진학을 고려할 수 있다. 이 길은 모든 학생에게 열려 있는 보편적인 선택지가 아니다. 반드시 '능력'과 '흥미'를 동시에 갖춘 경우에만 올바른 선택이 될 수 있다는 점을 분명히 해야 한다.

특목고는 특정 분야의 영재급 인재를 양성하기 위해 일반 교과 외에 해당 분야의 전문 교과를 집중적으로 가르치는 학교를 말한다. 일반적으로 과학고등학교, 외국어고등학교 등을 생각하면 이해가 쉽다. 반면, 특성화고등학교는 조리, 디자인, 관광, IT, 기계 등 특정 직업 분야에 뚜렷한 흥미가 있는 학생에게 직업 교육과 일반 교과를 함께 가르치는 학교다. 이론보다는 실무 중심의 교육을 하는 곳으로 졸업 후 곧장 취업을 하거나 기술을 활용한 진로를 선택하려는 학생들에게 적합하다.

특목고는 크게 다섯 가지 영역으로 구분된다.

과학고	과학 분야의 인재 양성
외국어고	외국어에 능숙한 인재 양성
국제고	국제 관계 전문 인재 양성
예술고	예술인 양성
체육고	체육인 양성

이 5 가지 영역 가운데 한 분야에 대해 아이가 뚜렷한 능력을 지닌 동시에 깊은 흥미를 보인다면, 조기에 준비하여 고등학교 진학 시

점에 필요한 자격을 갖추는 것이 바람직하다.

이때 단순히 영어를 다른 과목보다 잘한다거나 수학 과학 성적이 높다는 이유만으로 특목고 진학을 결정하는 것은 매우 위험한 선택이다. 특목고나 특성화고의 교육 과정은 '흥미'라는 동력이 결여될 경우 학업을 지속하지 못하고 중도에 탈락하거나 진로에 혼란을 야기하는 상황으로 이어지기 쉽기 때문이다. 당장의 성적이나 재능만으로 입학 자체는 가능할지도 모르지만 지속적인 학습과 성장은 흥미에서 비롯된다. 흥미가 없으면 기본 학업 역량이 뒷받침되지 않는다는 뜻이다.

특목고와 특성화고는 모두 국어, 영어, 수학 등의 일반 교과를 배우면서 동시에 특정 영역을 심화·특화하는 학교다. 특히 특목고는 기본 학업 역량이 뒷받침되지 않은 채 특화 능력 하나만을 근거로 진학을 결정한다면 일반 교과의 상대 평가에서 뒤처질 수밖에 없다. 그렇게 되면 입시 경쟁에서 우위를 확보하기는커녕, 그동안 쌓아온 자존감과 자신감이 무너지고 회복하기 어려운 좌절에 빠질 수 있다.

하지만 현실에서는 특목고를 목표로 하는 학생들 중 상당수가 자신이 원하는 교과만 편식하듯 학습하는 경향을 보인다. 특목고 중 일부 학교에서 반영 교과 외 과목을 블라인드 처리하는 제도를 운영하고 있는데, 이를 악용해 단기간의 입시 준비만으로 특목고에 합격하는 사례도 종종 발생하고 있다. 예술적 감수성이 전혀 보이지 않고 일반고 진학에도 실패할 것 같은 학생이, 입시 미술 학원에서 단기간 실기 스킬을 익히고 반영 교과 성적만 가까스로 확보하여 결국 예술고등학교에 진학해버리는 등의 사례가 바로 그것이다. 영어 교과만 A등급일 뿐, 나머지 과목은 일반고 진학조차 힘들 정도로 낮은 성취도를 받은 학생이 외국어고등학교에 합격하는 경우도 많다.

단순히 공부가 싫다는 이유로 도피하듯 특성화고 진학을 선택하는 학생들도 있다. 심지어 일반고 진학에 실패해 추가 모집 과정에서 반강제로 특성화고에 배정되는 경우도 비일비재하다. 특성화고는 직업 교육에 특화된 고등학교로서, 대학 학위가 필요 없는 기술직 근로자로 사회에 빠르게 진출할 수 있는 길을 열어준다. 4년 이상의 대학 교육 과정을 생략하고 곧바로 직업 세계로 나아갈 수 있는 빠른 선택지인 셈이다. 대학 학위를 요구하지 않는 직종은 곧 진입 장벽이 낮다는 뜻이며, 이는 곧 경쟁의 치열함을 의미한다.

이 시장에서는 개인의 실력과 숙련도가 절대적 기준이 된다. 특기, 흥미의 조건을 모두 충족하지 않은 아이가 단지 공부가 싫다는 이유만으로 특성화고를 선택했을 때, 이는 본래의 취지에서 완전히 어긋난, 잘못된 결정이 되고 만다. 그렇기 때문에 뚜렷한 특기나 흥미가 없다면 성급히 특성화고에 진학하기보다 일반고에서 자신을 더 탐색할 수 있는 시간을 갖는 편이 낫다. 공부가 두렵다는 이유로 진로의 폭을 좁힐 필요는 없다. 비록 상위권이 아니더라도 일반고에서는 더욱 다양한 선택지와 기회를 만날 수 있다.

영어 혹은 수학·과학과 같은 특정 교과 성적이 아닌, 전 과목 성적이 나름 우수함에도 불구하고 특목고에 진학해선 안 되는 경우도 있다. 학습 역량을 충분히 강화하지 않은 채 소위 ‘학원빨’로 만들어진 중학교 성적을 최상위권이라 착각한 아이들이 이에 해당한다. 이들은 특목고 진학 후 진짜 공부 실력으로 만들어진 ‘진또배기’ 최상위권 학생들 앞에서 상대 평가의 희생양이 되고 만다.

방대한 공부량과 최상의 학습 난이도를 감당해낼 충분한 공부 실력을 갖추지 못한 이 아이들은 보통 한 학기, 길면 1년 안에 더 이상 버티지 못하고 무너지게 된다. 회복 탄력성이 부족한 유리 멘탈 학생들은 특히 더 위험하다. 패배자가 되었다는 아픔과 열패감을 안고 우리를 찾아왔을 땐 이미 시간이 너무 지체된 경우를 수없이 목격해왔다. 잘못된 고교 선택으로 인해 아이가 받을 고통과 혼란스러움을 생각한다면 참으로 안타까운 일이 아닐 수 없다.

02

자사고 & 갓반고 :
자기주도학습 능력과
강철 멘탈을 소유한
최상위권들의 집합소

　　두 번째 선택지는 자사고, 특히 전국단위 자사고(전사고)와 각 지역 내에서 진학 실적이 탁월한 소위 '갓반고'다. 자사고란 자율형 사립고등학교의 줄임말로, 정부의 보조금을 받지 않아 교육 과정, 학사 운영, 학생 선발 등 학교 운영의 자율성이 보장되는 사립고등학교를 말한다. 일반고와 달리 일부 교과 과정에서 심화 및 특화된 교육 프로그램을 제공하기 때문에 상위권 학생들의 선호도가 높고 명문대 진학 실적 또한 높다. '갓반고'란 'God(갓)'과 '일반고'의 합성어로, 특목고·자사고가 아님에도 불구하고 명문대 및 의대에 많은 합격자를 배출하는 극상위권 일반고등학교를 말한다.

　　최근 특목고의 인기가 주춤하고 자사고의 인기가 폭발적으로 올라간 이유는 수시 위주의 입시 체제가 확산되었기 때문이다. 물론 특목고 또한 여전히 수시에서 압도적 우위를 점한다는 사실엔 변함이 없지만, 자사고는 특목고보다 진로·진학의 스펙트럼을 더 넓힐 수 있다는 장점이 있다. 특목고가 특정 분야의 재능과 흥미 모두를 기준으로 진학을 결정해야 했다면, 자사고는 이런 기준들에서 비교적 자유롭다. 수학·과학에 능력은 있지만 흥미가 부족한 상황에서 일반고를 선택하기 싫다면, 자사고는 최고의 대안이 될 수 있다.

자사고, 특히 전사고 혹은 갓반고를 선택할 때도 역시나 전제가 따른다. 자기주도학습 능력이 바로 그것이다. 중학교 교과 성적이 좋다고 해서, 혹은 선행을 많이 했다고 해서 전사고나 갓반고로의 진학을 결정한다면 이것 역시 상대 평가의 희생양이 되는 지름길이다. 대부분의 전사고는 기숙사 생활과 강제 야간 자율 학습을 통해 학원에 의존하지 않고 공부할 수 있는 환경을 제공한다.

이곳에 모인 학생들은 이미 탄탄한 공부 실력과 학업 역량, 자기주도학습 능력을 갖춘 아이들이며, 그들을 대상으로 한 시험은 그 난이도와 범위가 통상적인 수준을 훨씬 뛰어넘는다. 내신을 따라가기 위한 노력만으로도 수능 대비가 가능할 정도다. 정신적 회복 탄력성이 부족한 아이라면 이런 구조 속에서 성적은 물론 자존감까지 무너질 수 있다. 전사고 혹은 갓반고는 실력뿐만 아니라 최상위권들의 치열한 상대 평가 경쟁 속에서 포기하지 않고 도전을 이어갈 수 있는 건강한 정신력을 갖춘 학생들에게 어울리는 곳이다.

상대 평가 경쟁에서 버텨낼 수 없다면 수시 전형을 목표로 자사고 혹은 갓반고에 진학하는 것은 합리적인 선택이 아니다. 공부에 대한 열정과 각오, 자기주도학습 능력을 전제로, 정신적으로 무너지지 않으면서 정시 대비까지 도전할 수 있는 건강한 멘탈을 지닌 학생이라면 자사고 혹은 갓반고 입학을 적극 권장할 수 있다.

물론 현실적인 문제도 있다. 자사고 학비는 일반고의 3~8배에 달할 정도로 상당히 비싼 편이기 때문에 가정 경제에 부담을 주는 것도 사실이다. 일부 학생들의 경우 금요일에 귀가하는 시스템을 이용해 주말 동안 고액의 사교육을 병행하는 등 현행 학습을 따라가는 데 많은 돈과 시간을 할애하는 모습을 보이기도 한다.

학교 교육만으로 최고 수준에 도달하고 싶은 학생, 그리고 그럴 능력이 충분히 되는 학생이라면 자사고와 갓반고는 분명 의미 있는 선택이다. 하지만 학교 교육만으로는 버티지 못해 고액의 사교육에 의존해야 한다면 과연 그 선택이 옳은 것인지 의문이 들 수밖에 없다. 과도한 사교육비는 학생에게 심리적 부담감을 줄 뿐만 아니라 부모의 노후까지 위태롭게 만드는 위험한 선택이 될 수 있다.

결국 원칙은 분명하다. 자사고 혹은 갓반고로의 진학은 자기주도학습 능력과 강인한 멘탈이 뒷받침되는 학생에게만 권장되어야 한다. 학교 교육만으로도 충분히 따라갈 수 있는지, 아님 고액의 사교육에 의존해야 하는지, 이 질문에 대한 답이 자사고 진학 여부를 가르는 중요한 기준이 되어야 하겠다.

03

일반고 :
평범함 속 꾸준한 노력으로
상대적 우위를 확보하자

세 번째 선택지는 일반고다. 일반고등학교는 말 그대로 가장 일반적이고 대중적이며 평범한 다수의 학생들이 선택해야 할 학교다. 만약 특별한 재능이 없고 특별히 흥미를 보이는 분야도 없으며 상위권들 속에서 치열한 경쟁을 하고 싶지 않은 아이라면 가장 가까운 거리의 일반고로 진학하는 것이 현명하다. 통학 거리가 멀수록 피로와 학업 스트레스가 커지기 때문이다.

일반고는 평범한 아이들이 모여 상대 평가 경쟁을 하는 구조다. 그런데 간혹 일반고 중에서도 공부를 잘하는 학교, 못하는 학교로 나누어 서열을 매기는 학생과 학부모들이 있는데 이는 의미 없는 구분이다. 일반고의 성과는 학교의 이름이 아니라 그 속에서 내가 어떤 위치를 차지하는가에 따라 달라진다. 그 안에서 상대적으로 높은 위치를 확보하면 수시, 특히 교과 전형에서 특목고나 자사고보다 유리한 기회를 잡을 수 있다.

이때 중학교 시절의 성취도 등급만을 믿고 있다간 큰 낭패를 볼 수 있다. 절대 평가인 중학교 시절 올 A등급을 받았다고 해서 고등학교 진학 후 모두가 상위권에 안착할 수 있는 게 아니다. 우리 학교에서 나의 위치가 상위 30%인지, 20%인지 정확히 파악하고 그것을 받아들이는 훈련을 해야 한다. 3년 동안 꾸준히 노력했다는 것을 전제로 나의 위치가 비슷한 곳에 머무른다면 그 등급에 맞는 교과 전형 수시 결과를 미리 예상하고 납득하며 대학 진학을 준비하는 것이 바람직하다. 반대로 그 결과가 마음에 들지 않는다면 정시(수능) 준비를 통해 교과 내신보다 더 높은 수준의 대학을 목표로 삼을 수 있다.

가장 중요한 것은 상대 평가 구조 속에서 자신의 위치를 받아들이고 꾸준히 노력을 이어가는 자세다. 평범한 자리에서 작은 성취를 쌓아올리는 성실함을 통해 아이들은 결국 스스로의 가치를 증명하게 될 것이다.

수면 관리부터 방학 특강까지, 슬기로운 방학 생활의 모든 것

부모는 일터에, 아이는 학교와 학원에 가기 바빠 하루 중 서로 얼굴 볼 시간이 거의 없는 학기 중과는 다르게, 방학이 되면 부모와 청소년 자녀가 집에서 함께 머무는 시간이 길어지게 마련이다. 평소 부모와 자녀가 대화를 나누기 쉽지 않은 상황이었다면 서로 얼굴 볼 일 많아진 방학이 가족관계를 돈독하게 만드는 소중한 기회가 될 수도, 혹은 갈등이 심화되는 위기가 될 수도 있다.

"방학 때 집에 있는 아이, 왜 이렇게 꼴보기가 싫죠?"

방학 중 학부모들과 상담을 하다 보면 이런 하소연이 종종 들려오곤 하는데, 이를 통해 방학은 자녀에게도 부모에게도 쉽지 않은 시간임을 짐작할 수 있다. 정오가 다 되도록 늦잠을 자고 세 끼 식사를 모두 집에서 해결하며 하루 종일 휴대폰을 손에서 놓지 않다 새벽 늦게야 잠에 드는 아이, 그리고 이를 지켜보는 부모 사이에는 필연적으로 갈등이 발생한다. 부모는 자녀 관리에 대한 심리적 부담을 느낄 뿐만 아니라 하루 세 끼를 챙겨야 한다는 신체적 부담까지 이중고를 겪게 된다. 아이는 그런 부모의 잔소리에 스트레스를 받는다. 일상의 리듬이 깨지면서 부모와 자녀 간의 마찰과 갈등이 더욱 잦아지는 것이다.

방학 동안 아이와의 갈등을 줄이기 위해서는 억지로 긴 대화를 시도하기보다 짧더라도 꾸준히 생활 속 이야기를 나누는 것이 더 효과적이다. 아침이나 저녁 식사 자리에서 건네는 짧은 칭찬과 응원만으로도 아이에게는 충분하다. 작은 칭찬거리는 주변에 얼마든지 있다. 아침에 스스로 일어나는 모습, 반찬 투정하지 않고 잘 먹는 모습, 게으름 피우지 않고 숙제를 잘 해 가는 모습 등 사소해 보이는 부분이라도 언급해주면 대화가 기분 좋게 흘러간다. 그렇게 시작한 대화는 아이에게 하루를 열심히 살아갈 힘이 된다.

혹 이 책을 읽는 독자들 중 "우리 아이는 칭찬거리라곤 눈꼽만큼도 없어요" 또는 "나도 어릴 때 부모와 대화를 해본 적이 없어서 어렵다"라고 말하는 분들이 계실지 모르겠다. 그러나 아이가 늘 배우고 성장해야 하듯, 부모 역시 아이와 함께 자신을 단련하고 성장해야 한다. 아이들은 완벽한 부모를 통해 세상을 배우는 것이 아니다. 완벽한 부모 밑에서 자란 아이들은 오히려 자신이 그 기준에 미치지 못할 때 더 큰 상처를 받기도 한다.

중요한 것은 완벽한 부모가 되는 것이 아니라, 불완전하지만 성장하려고 노력하는 부모의 모습을 보여주는 것이다. 실패해도 다시 시도하고 더 나아지려는 태도를 보여주는 부모를 통해 아이들은 세상을 대하는 방식을 배워간다. 모델링은 가장 강력한 교육 방식이다. 아이가 올바르게 성장하는 모습을 바란다면 부모 역시 노력하는 태도를 먼저 보여주어야 한다. 부모의 태도는 곧 아이의 거울이 된다.

방학은 가족 관계를 돈독히 할 수 있는 기회의 시간인 동시에 우리 아이의 변화와 성장을 위한 중요한 변곡점이 될 수 있다. 청소년들에게 방학은 단순히 휴식을 위한 시간이 아니다. 방학은 어떻게 활용하느냐에 따라 집중력과 의욕을 상실한 채 그 자리에 멈춰 서는 커다란 공백이 되기도 하고, 가능성과 기회를 확인하는 도약의 발판이 되기도 한다. 선택은 독자들의 몫이다.

여름 방학과
겨울 방학의 차이점

흔히들 알고 있는 정규 학사 일정은 '1학기 → 여름 방학 → 2학기 → 겨울 방학'의 순서로 진행되기 때문에 많은 사람들이 여름 방학을 먼저라고 여기기 쉽다. 그러나 실제 학습의 관점에서 보면 새로운 학년을 위한 준비를 시작하는 기간인 겨울 방학을 첫 번째 방학으로 보는 것이 더 합리적이다. 겨울 방학을 충실히 보내야 다음 학년을 안정적으로 맞이할 수 있다. 여름 방학은 그보다 짧은 시간 동안 2학기를 대비하는 연결 고리에 불과하다. 때문에 우리는 '겨울 방학 → 1학기 → 여름 방학 → 2학기'라는 흐름에 따라 아이들을 지도한다.

일반적인 학사 일정과는 달리, 우리는 2학기 기말고사가 끝난 직후부터 이듬해 4월 초까지를 겨울 방학이라 부른다. 짧게 잡아도 2월 말까지다. 우리는 항상 중간고사와 기말고사를 기준으로 학습 기간을 구분하기 때문에, 1학기 중간고사가 있는 4월 말을 기준으로 3주 전까지가 겨울 방학 기간인 것이다. 이렇게 계산하면 겨울 방학은 상당히 길다. 12월 초에 시험이 끝난다면 100일 이상을 다음 학년 1학기 준비 기간으로 활용할 수 있다.

장기 로드맵을 세워 긴 겨울 방학을 알차게 보낸 학생들은 1학기뿐만 아니라 2학기까지 대비하는 힘을 미리 길러 놓을 수 있다. 결국 같은 100일이 주어져도 어떤 아이는 여유 속에서 멈춰 있지만, 어떤 아이는 1학기와 2학기 모두를 아우르는 공부를 완성한다. 이 작은 차이가 새 학년, 새 학기의 성적과 아이의 자신감을 크게 갈라놓는다.

여름 방학은 조금 다르다. 겨울 방학과 비교하면 여름 방학은 매우 짧다. 실제로 비슷한 계산을 해보면 여름 방학은 보통 7월 초에서 9월 초까지, 겨울 방학의 절반에 불과한 약 50일 정도다. 그렇다고 해서 2학기의 공부량이 1학기에 비해 절반으로 줄어드는 것은 아니다. 오히려 교육 과정상 더 난이도가 높고 깊이 있는 내용과 과목들이 2학기에 배치되어 있다.

예를 들어 수학만 보아도 '극한' 단원보다 '정적분' 단원이 훨씬 어렵다. 물론 고교 학점제가 시행되면서 고등학생은 1학기와 2학기의 무게 차이가 그리 크지 않을 수도 있다. 하지만 중학생은 분명 다르다. 1학기에는 비교적 쉬운 단원을 배우고 2학기에는 더 높은 수준의 내용을 다루는 경우가 많다. 결과적으로 쉬운 내용을 100일 동안 배우고 어려운 내용을 50일 동안 배우게 되니, 조금은 합리적이지 못한 구조라고 할 수 있다. 많은 아이들이 1학기보다 2학기 성적이 떨어지는 경우가 있는데 이는 겨울 방학 동안 1학기 대비에만 집중했기 때문인 탓도 있다.

이런 이유에서 우리는 아이들에게 여름 방학을 크게 강조하지 않는다. 여름 방학은 그저 '2학기 준비 기간'일 뿐이다. 우리는 여름 방학은 짧다는 점을 강조하며 아이들에게 약간의 긴장감을 준다. 물론 쉬는 것도 중요하다. 하지만 성적을 올리고 싶다는 목표가 확실하다면 방학을 공부에만 집중하는 시간으로 채우는 것이 오히려 가장 값진 선택이 될 수 있다.

겨울 방학은 다음 학년 전체의 기초를 다지고 기반 학습을 실천하며 때론 새로운 시도를 해보기도 하고 원하는 공부를 마음껏 할 수 있는 무한한 가능성의 시간이다. 반대로 짧고도 치열한 여름 방학에는 오직 2학기를 준비하는 데에만 집중해야 한다. 같은 '방학'이지만 이 둘에 대한 접근 방식은 완전히 달라야 한다는 것을 꼭 기억하자.

방학 중 가족여행 가야 할까, 말아야 할까?

각자의 삶을 사느라 대화 한번 제대로 나누기 힘들었던 가족들도 방학이면 으레 가족여행을 계획하게 된다. 부모 입장에서는 방학이라는 시기를 놓치고 싶지 않다. 아이가 크면 곧 부모의 품을 떠나게 되니 조금 무리가 되더라도 지금이 아니면 안 된다는 생각이 강하게 드는 것이다.

이렇게 가족여행을 떠나는 것은 아이에게도 단순한 휴식 이상의 의미가 있다. 익숙하지 않은 공간에서 새로운 사회·문화적 체험을 하고, 가족과 대화를 나누며 돈독한 관계를 쌓는 경험은 무엇과도 바꿀 수 없는 소중한 자산이 된다. 때로는 공부를 조금 더 잘하는 것보다 가족과 함께한 그 시간들이 아이의 마음에 평생 남을 보물이 되기도 한다.

그러나 문제는 그 경험의 여파가 오래간다는 점이다. 수학여행을 가기 전, 아이폰을 선물받을 때 설레고 들떠서 공부가 손에 잡히지 않듯 가족여행도 마찬가지다. 8박 9일 가족과 함께하는 해외여행은 준비하는 과정에서부터 여행이 끝난 후 정리 및 여독을 푸는 시간까지, 몇날 며칠이 흘러간다. 열흘 이상의 시간이 금세 사라져버리는 것이다.

방학 중 가족여행이 아이의 학습에 방해가 될 것 같아 걱정되지만 품안의 자식인 지금 이 시기를 놓치고 싶진 않은 부모 입장에선 난감한 상황이 아닐 수 없다. 그렇다면 방법은 하나다. 부모가 큰 결심으로 여행을 선택했다면 그만큼 학업의 흐름이 잠시 끊기거나 2학기 성적이 기대만큼 오르지 않아도 그 결과를 덤덤하게 받아들이는 것이다.

가족여행은 당장의 학업이나 성적과 바꿔 얻은 또 다른 중요한 가치이며 그 책임은 다른 누구도 아닌 부모와 학생 모두가 져야 한다. 아이만 탓해서도 안 되며 부모 스스로 선택의 무게를 받아들이는 의연한 태도가 필요하다.

특히 입시를 치르고 있는 고등학생의 경우 부모가 "괜찮다, 여행이 더 중요하다"고 말하더라도 아이 스스로 학습 공백이 생긴다는 사실에 불안감을 크게 느낄 수 있다. 때문에 부모의 의도와 달리 여행이 아이에게 심리적 부담으로 작용할 수 있는 것이다. 따라서 부모는 마음만 앞서 무작정 여행을 밀어붙이기보다는 아이가 여행 이후 학습 공백으로 인한 불안에 빠지지 않도록 신중하게 의견을 조율해야 한다.

중요한 것은 여행 자체가 아니라, 부모와 아이가 대화와 합의를 거쳐 여행을 선택하는 과정이다. 여행을 통해 얻은 값진 추억을 진심으로 즐기되, 그로 인한 학습 공백과 불안까지 함께 감당할 준비가 되어 있다면 가족여행은 결코 잘못된 선택이 아니다.

방학 중 수면 관리 어떻게 해야 할까?

평소 등교를 위해 아침 일찍 일어나던 아이가 방학이 되면 오후까지 늦잠을 자는 경우가 많다. 부모 입장에서는 답답하거나 화가 나기도 하고, 반대로 '방학이니까 좀 자는 것도 괜찮겠지'라며 안쓰럽게 여기기도 한다. 그러나 방학 중 늦잠 습관은 단순히 잠을 많이 자는 것으로 끝나는 문제가 아니라 생체 리듬이 바뀌어버린다는 점에서 위험하다.

잠드는 시간에 따라 편차가 있긴 하지만, 많은 아이들이 방학을 맞이하여 점심시간 전인 오전 11시쯤 일어나 하루를 시작하게 된다. 이는 평소 기상 시간보다 약 4시간가량 늦은 것이다. 개학 후 다시금 오전 7시로 기상 시간을 앞당기게 될 경우, 이 아이들에겐 4시간 정도의 시차 적응 문제가 생기게 된다.

대한민국과 4시간 안팎의 시차가 발생하는 대표적인 지역은 인도 뉴델리다. 우리는 방학 중 늦잠을 자다 개학 후 힘겨워하는 아이들에게 우스갯소리로 '인도 뉴델리 지역을 여행하다 지금 막 입국한 몸 상태'라고 말하곤 한다.

생체 리듬상 1시간 정도의 수면 주기를 바꾸려고 할 때 1~2일 정도의 시간이 소요된다. 같은 셈법으로 4시간을 앞당기는 데 필요한 시간은 4~8일이다. 개학 후 오전 수업을 비몽사몽한 반수면 상태로 흘려보내는 데 일주일이란 시간이 낭비되는 것이다.

방학 중 늦잠 습관은 이렇듯 생활 관리와 학습 효율 면에서 큰 손실을 가져온다. 스스로도 컨트롤할 수 없는 상태에서 개학 후 1주일을 낭비해버린 아이들은 곧 있을 시험에 대한 불안과 초조감이 더욱 커질 수밖에 없다. 이 과정이 반복되면 새 학기 전체가 무너질 수도 있다.

하위권 학생들의 방학 패턴을 보면 방학 중 늦잠 습관의 위험성이 잘 드러난다. 많은 아이들이 방학을 맞이했다는 해방감에 들떠 방학식 날부터 밤샘 파자마 파티를 하거나 노래방·볼링장·PC방·당구장을 돌아다니며 몸을 극도로 지치게 만든다. 새벽 4시, 심지어 6시까지 깨어 있다가 아침에 잠시 일어나 첫 끼를 먹고 곧장 다시 잠이 들면 자연스럽게 오후 1시쯤 기상하게 된다. 이후에는 대충 시간을 보내다가 학원에 가고 밤 10시쯤 다시 집으로 돌아와 새벽까지 게임·유튜브·SNS로 시간을 보낸다. 일부 학생들은 바닷가나 야외에서 친구들과 어울리기도 한다. 다음 날도, 그다음 날도 이러한 패턴은 반복되고 이들의 기상시간은 자연스럽게 오후 1시로 맞춰지게 된다.

그러는 와중에도 아이들은 '나는 단지 늦잠을 잘 뿐, 학원도 숙제도 빼먹지 않았고 공부도 나름 열심히 했다'는 자기 합리화를 하게 된다. 공부도 하면서 친구들과의 관계도 돈독해졌으니 성공적인 방학 생활을 보내고 있다고 착각하게 되는 것이다. 개학 이후의 상황은 동일하다. 기상 시간을 무려 6시간이나 앞당겨야 하는 몸은 심각한 스트레스 상태에 놓이게 되고 이들의 새 학기는 뒤죽박죽 엉망진창인 채 흘러가게 된다. 실제로 방학이 무너진 하위권 친구들 중 갑자기 대안 진로를 찾겠다며 예체능이나 특성화 계열을 선택하는 경우도 적지 않다.

방학 중 수면 관리의 핵심은 일어나는 시간, 즉 기상 시간을 일정하게 유지하는 것이다. 아이에게 충분한 수면이 필요하다면 늦잠을 허용할 것이 아니라 취침 시간을 앞당겨야 한다. 부모는 억지로 생활을 통제하기보다 아이가 일정한 시간에 기상할 수 있도록 도와주고 이후 하루의 루틴을 함께 설계해주는 것이 필요하다. 방학 중 수면 관리 하나만 성공해도 개학 이후의 적응력과 학습 태도, 학습 효율은 크게 달라진다. 방학을 어떻게 보내느냐가 아이의 다음 학기를 좌우한다는 사실을 잊지 말아야 한다.

04

방학 중 생활 루틴 세팅하는 법

앞서, 방학 중 기상 시간을 늦추지 말고 평소 등교 시간에 맞춰 일어날 것을 당부했다. 하지만 아무리 일찍 일어난다 하더라도 집에만 있으면 긴장감이 풀리고 집중은 흐려져 생활 패턴이 깨지기 십상이다. 따라서 학기 중과 동일하게 등교 시간에 맞춰 집밖을 떠나는 게 좋다. 그러려면 집을 떠나있는 시간을 어떻게 활용하면 좋을지에 대해 구체적으로 생각해보아야 한다.

우선 학교에 도착하는 시간에 맞추어 도서관이나 스터디 카페로 갈 것을 추천한다. 스터디 카페의 면학 분위기에 대해 염려하는 경우도 종종 있는데, 방학 중에는 공부를 하고자 하는 학생들만 이곳을 이용하기 때문에 더욱 쾌적하게 이용할 수 있다. 점심시간이 되면 집 근처에서 평소 좋아하는 메뉴로 가볍게 배를 채운다. 너무 거하게 먹거나 자극적인 음식을 먹으면 오후에 졸음이 쏟아지고 집중이 어려울 수 있으니 주의한다. 다시 스터디 카페나 도서관으로 돌아가 공부를 이어가다 학기 중 스케줄에 맞추어 학원에 간다.

방학이라고 해서 학원 시간을 크게 변경하는 것은 오히려 생활 관리에 방해가 된다. 강의가 조금 더 필요하다면 인터넷 강의를 활용하면 된다. 즉, 방학은 학교라는 공간만 도서관이나 스터디 카페로 바뀔 뿐, 모든 루틴이 학기 중과 동일하게 유지되도록 노력해야 하는 시기인 것이다.

만약 오전 시간을 공부로만 채우고 싶지 않다면 오후 시간에 영향을 받지 않는 선에서 대안 활동을 하는 것도 좋다. 예를 들어 수영을 배우거나 헬스장에서 운동을 하거나 다이어트를 시작하는 것도 좋다. 음악이나 악기 등을 배우는 것도 가능하다. 방학을 활용하여 평소 하고 싶었던 활동을 경험해보는 것은 매우 건강한 일이다.

방학은 책 읽기에도 좋다. 학기 중에는 책 읽을 시간이 부족하지만 방학 동안에는 관심 있는 책을 읽을 수 있다. 대학들이 제시하는 권장 도서 목록을 섭렵해가는 것도 큰 성취감을 줄 수 있다. 학생들이 읽기에는 조금 어렵게 보일 수 있지만 방학 동안이라면 충분히 도전해볼 만하다. 자신의 진로와 목표에 맞는 폭넓은 교양 서적을 읽는 것도 적극 추천한다. 방학은 공부뿐만 아니라 다양한 경험을 할 수 있는 소중한 기회이다. 학기 중에는 하기 어려운 공부와 경험을 균형 있게 채우며 의미 있는 방학을 보내는 것이 중요하다.

05

방학 캠프,
방학 특강 보내면
성적이 폭발적으로 상승할까?

학원 입장에서는 방학이 최대 성수기이기 때문에 방학 캠프, 방학 특강이라는 이름으로 다양한 프로그램을 운영하게 된다. 방학 동안 아침부터 밤 늦게까지 학원에 머물며 단기 집중 특강을 듣고 자습을 하는 프로그램, 기숙형 캠프, 통학형 프로그램 등 그 종류도 천차만별이다. 학부모 입장에선, 방학 집중 특강을 통해 다음 학기 성적을 폭발적으로 상승시킬 수 있을 것이라는 기대 반, 뭘 하든 집에서 늘어져 있는 것보다 낫지 않겠냐는 마음이 반인 상태로 등록을 서두르게 된다.

반면 아이들이 방학 중 특강이나 캠프에 의존하는 이유는 학기 내내 빡빡한 일정 속에서 시간을 스스로 관리해본 경험이 부족하기 때문이다. 자유롭게 쓸 수 있는 시간이 주어지면 늦잠을 자거나 유튜브, SNS에 빠질까 염려돼 자연스럽게 외부 관리 시스템에 기대고 싶어진다.

방학 특강이나 캠프 자체가 나쁘다는 것이 아니다. 다만 반드시 주의해야 할 점이 있다. 학부모들은 방학 캠프나 특강을 통해 아이의 성적이 획기적으로 변화할 것이라고 기대하지만 투자 대비 효과는 생각보다 크지 않다는 것이다. 대규모 학원에서 운영하는 한두 달 단기 집중 프로그램인 썸머스쿨이나 윈터스쿨은 학생 수에 비해 교사 수가 부족해 개별 관리의 질이 떨어진다. 또한 부모의 기대와는 다르게, 하루 종일 강의만 듣다 보면 공부에 흥미가 떨어져 공부 효과를 기대하는 데 한계가 있을 수밖에 없다.

실망한 부모는 "방학 때 그렇게 투자했는데 성적이 이게 뭐야?"라는 말을 하게 되고 아이와의 관계는 악화된다. 결국 아이가 시간을 허비하지 못하게 붙잡아두는 생활 관리 측면에서는 일정한 의미가 있을지 몰라도, 공부 자체의 효과는 미미하다고 볼 수 있다.

강사의 설명을 들으면 더 이상 궁금증이 생기지 않는다. 내가 무엇을 모르는지도 모른 채 친절하고 유려한 설명만 듣고 '다 안다'고 착각하며 그냥 넘어가 버리는 것이다. 이것이 바로 하루 종일 강의만 듣는 구조의 위험성이다. 공부의 핵심은 배운 내용을 자기 것으로 만드는 복습에 있다. 아침부터 저녁까지 꽉 채운 과목별 특강은 복습을 위한 시간을 충분히 제공하지 않기 때문에, 배우는 양에 비해 실제로 아이가 소화하는 양은 적다. 특강이라는 이름으로 퍼붓는 강의의 양만으로는 공부의 성패가 갈리지 않는다.

때문에 방학 특강을 고려한다면 반드시 자녀의 학습 속도와 학습 상태를 고려해야 한다. 아이가 1시간 강의를 들었을 때 복습 시간은 얼마나 필요한지 먼저 파악하여 수업을 조절하고, 하루에 여러 과목 특강을 몰아넣기보다 요일별로 한 과목씩만 수강할 것을 추천한다. 월요일은 국어, 화요일은 수학, 수요일은 영어를 배치하는 식으로 일정을 조절하면 과목별 복습 시간도 충분히 확보할 수 있다. 하루에 한 과목만 수강하고, 그날 배운 것은 그날 안에 반드시 복습을 끝내 낼 것으로 만드는 것을 원칙으로 정한다.

하루 종일 이어지는 무리한 특강 일정은 자칫 아이의 억울한 감정이나 보상 심리를 자극해 '학원 끝났으니 이제는 좀 놀아야 한다'는 생각에 빠지게 할 수 있다. 아이의 상태에 따라 기상 시간, 식사 시간, 학원 시간, 학습 시간을 정하고 그에 맞는 학원을 적절하게 선택하는 지혜가 필요하다.

공부를
안하는 게 아니라
못하는 겁니다

초판 1쇄 발행 2025년 12월 24일
3쇄 발행 2026년 1월 12일

지은이 공부장첸, 손지은, 백유담, 고승윤
펴낸곳 ㈜에스제이더블유인터내셔널
펴낸이 양홍걸 이시원

홈페이지 siwonbooks.com
블로그 · 인스타 · 페이스북 siwonbooks
주소 서울시 영등포구 영신로 166 시원스쿨
구입 문의 02)2014-8151
고객센터 02)6409-0878

ISBN 979-11-7550-556-8 03370

시원북스는 ㈜에스제이더블유인터내셔널의 단행본 브랜드입니다.

독자 여러분의 투고를 기다립니다.
책에 관한 아이디어나 투고를 보내주세요.
siwonbooks@siwonschool.com